★

ZHUANLIFA YANJIU

专利法研究

2020

国家知识产权局条法司　编

知识产权出版社

全国百佳图书出版单位

—北京—

图书在版编目（CIP）数据

专利法研究.2020/国家知识产权局条法司编. —北京：知识产权出版社，2021.11
ISBN 978-7-5130-7811-5

Ⅰ.①专… Ⅱ.①国… Ⅲ.①专利权法—研究—2020—年刊 Ⅳ.①D913.04-54

中国版本图书馆 CIP 数据核字（2021）第 220185 号

内容提要

本书分《专利法》第四次修改导读专栏、专利、商标、知识产权基本法 4 个专题，汇集 23 篇文章，围绕近年来的知识产权领域热点问题展开研究。相关文章是专利法相关领域的最新研究成果，可以为从事专利法研究的人员提供借鉴和参考。

责任编辑：王祝兰   责任校对：王 岩
封面设计：韩建文   责任印制：刘译文

专利法研究 2020

ZHUANLIFA YANJIU 2020

国家知识产权局条法司 编

出版发行：知识产权出版社 有限责任公司	网 址：http://www.ipph.cn
社 址：北京市海淀区气象路 50 号院	邮 编：100081
责编电话：010-82000860 转 8555	责编邮箱：wzl_ipph@163.com
发行电话：010-82000860 转 8101/8102	发行传真：010-82000893/82005070/82000270
印 刷：天津嘉恒印务有限公司	经 销：各大网上书店、新华书店及相关专业书店
开 本：720mm×960mm 1/16	印 张：19.75
版 次：2021 年 11 月第 1 版	印 次：2021 年 11 月第 1 次印刷
字 数：335 千字	定 价：99.00 元
ISBN 978-7-5130-7811-5	

目　录

商　标

知识产权基本法

《专利法》第四次修改概述

杨红菊[❶]

摘 要

2020 年 10 月 17 日，第十三届全国人民代表大会常务委员会第二十二次会议表决通过《全国人民代表大会常务委员会关于修改〈中华人民共和国专利法〉的决定》，国家主席习近平签署中华人民共和国主席令（第五十五号）予以公布。这是中国专利制度发展史上的又一个里程碑。

关键词

专利法修改 专利制度 激励创新 专利运用 专利保护

---

❶ 作者单位：国家知识产权局。

一、《专利法》的制定和修改历史

1950 年，我国颁布了《保障发明权与专利权暂行条例》等法规，对实施专利制度作出了初步探索。党的十一届三中全会以后，我国专利工作逐步走上正规化轨道。1984 年 3 月 12 日，第六届全国人大常委会第四次会议审议通过了《中华人民共和国专利法》（以下简称《专利法》），于 1985 年 4 月 1 日起施行。此后经过几次修改，《专利法》在鼓励发明创造、推动发明创造的应用、提高创新能力、促进技术进步和经济社会发展等方面发挥了重要作用。1992 年 9 月，为适应深化改革、扩大开放和建立社会主义市场经济体制的需要，我国对《专利法》进行了第一次修改。这次修改延长了专利权的期限，简化了授权前的程序，增加了专利复审的范围，扩大了专利保护的技术领域，强化了专利权人的权利。2000 年 8 月，为适应加入世界贸易组织后我国经济建设和改革开放的形势，我国对《专利法》进行了第二次修改。这次修改明确了促进科技进步与创新的立法宗旨，简化、完善了专利审查和维权程序，与国际条约相协调，明确了通过《专利合作条约》（PCT）途径提交国际申请（以下简称"PCT 申请"）的法律依据等。2008 年 12 月，为进一步提高自主创新能力，服务创新型国家建设，落实《国家知识产权战略纲要》相关要求，我国对《专利法》进行了第三次修改。这次修改明确了提高创新能力、促进经济社会发展的立法宗旨，提高了专利授权标准，进一步完善了专利审查程序，加强了专利权保护，增加了遗传资源保护以及药品和医疗器械行政审批例外相关规定。可见，《专利法》的每一次修改都是根据国家发展需要和实践需求、结合时代要求对专利法律制度作出的重要调整和完善。

自《专利法》第三次修改以来，我国在专利保护方面开展了大量扎实有效的工作，相继实现了年发明专利申请量和国内有效发明专利拥有量"两个一百万件"的重大突破，PCT 申请量已经跃居世界第一，专利行政保护和司法保护全面加强，营商环境持续改善，全社会的知识产权意识不断提高。在中共中央政治局第二十五次集体学习时，习近平总书记对知识产权事业发展给予充分肯定，指出"我国知识产权事业不断发展，走出了一条中国特色知识产权发展之路，知识产权保护工作取得了历史性成就，全社会尊重和保护知识产权意识明显提升"。

二、《专利法》第四次修改的背景

党的十八大以来，党中央把知识产权保护工作摆在更加突出的位置。习近平总书记指出"创新是引领发展的第一动力，保护知识产权就是保护创新"，提出"加强知识产权保护是完善产权保护制度最重要的内容，也是提高中国经济竞争力最大的激励"，要求"着力营造尊重知识价值的营商环境，全面完善知识产权保护法律体系"。党的十八大、十八届三中全会、十八届四中全会，十九大、十九届三中全会、十九届四中全会都对加强知识产权保护提出了要求。党中央、国务院发布了多个重要文件，从不同角度对知识产权工作作出部署。其中，《中共中央 国务院关于深化体制机制改革加快实施创新驱动发展战略的若干意见》提出"实行严格的知识产权保护制度""让知识产权制度成为激励创新的基本保障"。《中共中央 国务院关于完善产权保护制度依法保护产权的意见》提出，"加大知识产权侵权行为惩治力度，提高知识产权侵权法定赔偿上限，探索建立对专利权、著作权等知识产权侵权惩罚性赔偿制度，对情节严重的恶意侵权行为实施惩罚性赔偿，并由侵权人承担权利人为制止侵权行为所支付的合理开支，提高知识产权侵权成本。"中共中央办公厅、国务院办公厅印发的《关于强化知识产权保护的意见》提出"加快在专利、著作权等领域引入侵权惩罚性赔偿制度。大幅提高侵权法定赔偿额上限，加大损害赔偿力度"。

另外，随着技术发展和市场竞争加剧，专利领域的新问题、新矛盾也不断出现：专利权保护效果与专利权人的期待有差距，专利维权存在举证难、成本高、赔偿低等问题，跨区域侵权现象增多；滥用专利权现象时有发生；专利技术转化率不高，专利许可供需信息不对称，转化服务不足；为适应加入相关国际条约的需要，进一步便利发明人及设计人，专利审查授权制度有待完善等。2014 年，全国人大常委会对《专利法》实施效果进行了检查，在肯定专利工作成绩和进步的同时，也指出了一些问题，包括专利质量水平较低、侵权行为时有发生、专利运用能力不足、专利公共和市场服务能力不强等。

为贯彻落实党中央、国务院关于知识产权保护的决策部署，进一步完善专利法律制度，解决实践中存在的问题，切实维护专利权人合法权益，增强创新主体对专利保护的信心，充分激发全社会的创新活力，2020 年我国对《专利法》进行了第四次修改。

三、《专利法》第四次修改的过程

2014 年下半年，国家知识产权局启动了《专利法》第四次修改的准备工作，开展了十余个专题的研究论证，经过多次调研论证，形成《专利法修订草案（送审稿）》，于 2015 年 7 月报送国务院。按照立法程序，由原国务院法制办公室对送审稿进行审查。原国务院法制办公室于 2015 年 12 月向社会公开征求意见，于 2017 年 8 月完成审查，修改形成《中华人民共和国专利法修正案（草案）》，提请国务院常务会议审议。该草案在根据机构改革情况和实际需要作进一步调整和完善后，于 2018 年 12 月 5 日由国务院常务会议审议通过。2018 年 12 月 23 日，第十三届全国人大常委会第七次会议进行了第一次审议。2020 年 6 月 28 日，第十三届全国人大常委会第二十次会议进行了第二次审议。2020 年 10 月 17 日，第十三届全国人大常委会第二十二次会议审议通过。

《专利法》第四次修改坚持民主立法、科学立法，修改过程中在不同阶段曾分别由国家知识产权局、司法部（原国务院法制办公室）和全国人大常委会法制工作委员会公开征求意见、组织专题论证。修改过程中国内外高度关注，社会各界参与的广度和深度达到历史新高。许多企业、专家学者、服务和管理人员积极建言献策，为修改工作的顺利完成贡献了智慧和力量。

四、《专利法》第四次修改的指导思想和要点

《专利法》第四次修改的指导思想是：全面贯彻落实党的十八大和十九大、十九届三中全会、十九届四中全会精神，以及《中共中央 国务院关于深化体制机制改革加快实施创新驱动发展战略的若干意见》《国务院关于新形势下加快知识产权强国建设的若干意见》等要求，紧紧围绕工作大局，以建设知识产权强国为目标，立足国情，放眼世界，针对突出问题，提出解决措施，实行严格的专利保护制度，保护创新者的合法权

益，促进专利实施与运用，充分激发全社会的创新活力，为深化科技和经济体制改革、转变经济发展方式、实施创新驱动发展战略、建设创新型国家提供法律保障。

《专利法》第四次修改新增 7 条，修改 22 条，删除 1 条，在加强专利保护、促进专利创造运用和完善专利审查制度等方面都有重要修改点：一是加强对专利权人合法权益的保护，包括加大对侵犯专利权的赔偿力度，对故意侵权行为规定一到五倍的惩罚性赔偿，将法定赔偿额上限提高到五百万元，完善举证规则，加强专利行政保护，新增诚实信用原则，新增专利权期限补偿制度和药品专利纠纷早期解决程序有关条款等；二是促进专利的创造和运用，包括完善职务发明制度，新增专利开放许可制度，扩大专利信息传播，加强专利转化服务，同时防止专利权滥用等；三是完善专利授权制度，着力提升专利质量，并为国内企业"走出去"创造有利环境，包括进一步完善外观设计保护制度，增加对局部外观设计的保护，增加新颖性宽限期的适用情形，完善专利权评价报告制度等。

《专利法》第四次修改显示出我国加强专利保护、促进专利运用、提高专利质量的立场和决心，是基于我国多年实践经验、参考国际成熟做法、立足国情的慎重选择。修改内容坚持了问题导向，顺应了时代要求，将利于维护专利权人的合法权益，增强创新主体对专利保护的信心，进一步激发全社会的创新活力。我们相信，随着修改后《专利法》的实施，我国专利保护水平将迈上新台阶，营商环境会进一步优化，知识产权事业将呈现高质量创造、高效益运用、高标准保护、高水平治理的新发展格局。

关于加大专利权人合法权益保护力度相关条款介绍

张　熙❶

摘　要

为了切实保护专利权人的合法权益，解决实践中存在的问题，《专利法》第四次修改进行了一系列调整。本文聚焦司法领域涉及加大权利人权益保护的条款，重点介绍专利侵权惩罚性赔偿制度、法定赔偿额提高、举证妨碍制度等修改内容，以及本次《专利法》修改中如何通过制度完善解决专利侵权纠纷中的赔偿低、举证难等问题。

关键词

加强知识产权保护　《专利法》第四次修改　专利侵权　惩罚性赔偿　法定赔偿　证据规则完善

❶ 作者单位：国家知识产权局条法司。

一、背景情况

2008 年《中华人民共和国专利法》（以下简称《专利法》）第三次修改以来，我国在专利保护方面开展了扎实有效的工作，取得了举世公认的成绩和进步。近年来，党中央、国务院高度重视知识产权保护，习近平总书记多次就完善知识产权法律制度、加强知识产权保护等作出重要指示，强调加强知识产权保护是完善产权保护制度最重要的内容，也是提高中国经济竞争力最大的激励；要着力营造尊重知识价值的营商环境，全面完善知识产权保护法律体系；要加大知识产权侵权违法行为惩治力度，让侵权者付出沉重代价。

但同时，随着技术发展和市场竞争加剧，专利保护领域的新问题、新矛盾不断出现。2014 年全国人民代表大会常务委员会执法检查组在《关于检查〈中华人民共和国专利法〉实施情况的报告》中指出，专利保护效果与创新主体的期待存在较大差距。专利维权存在"时间长、举证难、成本高、赔偿低""赢了官司、丢了市场"以及判决执行不到位等状况，挫伤了企业开展技术创新和利用专利制度维护自身合法权益的积极性。例如在浙江座谈的 12 家企业、6 家高校和科研机构中，有 11 家企业、5 家高校和科研机构反映专利保护不力，中小企业反映尤为强烈。其中，在司法保护领域方面，还存在专利审判队伍建设和专利司法执法能力有待进一步提高、专利侵权诉讼中确权程序复杂、侵权举证难度大、判决赔偿额往往无法弥补权利人遭受的损失等问题。而这些问题，很多需要通过法律制度的完善来予以解决。

本次《专利法》修改过程中，针对实践中存在的专利侵权"成本低"、专利维权"赔偿低、举证难"等问题，打出了一套"组合拳"。本文聚焦司法领域相关规定，对加大专利权人合法权益保护力度的相关规定进行简单介绍。

二、关于解决"赔偿低"问题

专利侵权赔偿低，是专利权保护中存在的主要问题，也是本次《专利法》修改着力解决的问题。为此，本次修改新增了惩罚性赔偿制度，提高了法定赔偿额的上下限，并规定在此之外单独计算合理开支。

（一）新增惩罚性赔偿制度

在民事侵权领域，计算赔偿数额时一般都采用"填平原则"，即侵权人给予权利人的赔偿仅用来补偿权利人的实际损失，其数额不能超过权利人因侵权所受损失。专利权属于民事权利，侵犯专利权的行为是民事侵权行为，因此我国《专利法》中对于专利侵权一直遵循"填平原则"。

但是，知识产权有其特殊性，在侵权赔偿中实行"填平原则"，不仅难以遏制侵权行为，而且还在一定程度上"纵容"了侵权。一方面，知识产权具有无形性，其真正的价值并不仅仅存在于产品本身，还有其背后巨大的研发成本，一旦被侵权，对于权利人来说，受到的损失可能难以具体估计，在损害赔偿中如果严格执行"填平原则"，对权利人来说显失公平。另一方面，对于侵权人而言，其最大代价莫过于被发现后交出侵权获利，不会有任何损失，如果未被发现则会获得"丰厚"的非法获利。同时，知识产权侵权行为还具有隐蔽性，难于被发现，因此，从事知识产权侵权活动的"收益"远远大于其"代价"或者"风险"。正因如此，很多侵权人心存侥幸，不愿意通过合法途径获得许可，而是先用了再说，致使现实中故意侵权现象屡禁不止。从实践来看，侵犯知识产权比侵犯有形财产风险更小、代价更低，而保护知识产权比保护有形财产的保护成本更高、难度更大。因此"填平原则"对权利人而言是极为不合理的，需要进行理论创新，在特定情况下引入知识产权侵权的惩罚性赔偿，虽然形式上突破了"填平原则"，但能够充分补偿权利人的损失，并对潜在的故意侵权者产生足够的威慑力，从而实现实质上的公平。

惩罚性赔偿，是指当侵权人以故意、恶意、欺诈等方式实施侵权行为时，法院判决被告承担超过权利人实际损失的赔偿，以对故意侵权人进行惩罚。该制度源于英美法系，美国在产品责任法、知识产权法等多个领域都确立了这一制度。如对于专利侵权行为，美国专利法第 284 条第 2 款规定了最高三倍的惩罚性赔偿，不论由陪审团确定还是由法院估定，法院均可以将损害赔偿金增加到原确定或估定数额的三倍。

我国在 1993 年制定《中华人民共和国消费者权益保护法》时，便已经引入惩罚性赔偿制度。而关于知识产权领域是否引入惩罚性赔偿的讨论和研究也早已有之。2012 年，国家知识产权局就知识产权领域是否建立惩罚性赔偿分别进行研究，结论均是有必要引入惩罚性赔偿，其能在一定程度上破解知识产权领域侵权赔偿低的困局。在此基础上，国家知识产权局形成《知识产权侵权惩罚性赔偿专题研究报告》并报送国务院有关部门。随着研究和讨论不断深入，在知识产权侵权领域引入惩罚性赔偿的观点不断被接受和认可，并在有关政策文件和知识产权相关立法中陆续得以体现。

2018年，习近平总书记在首届中国国际进口博览会开幕式主旨演讲中明确提出引入知识产权侵权惩罚性赔偿制度。2019年党的十九届四中全会进一步提出要"建立知识产权侵权惩罚性赔偿制度"。《中共中央国务院关于完善产权保护制度依法保护产权的意见》《关于强化知识产权保护的意见》等文件中也一再要求建立知识产权侵权惩罚性赔偿制度。

在知识产权立法实践中，2013年《中华人民共和国商标法》（以下简称《商标法》）修改时首次引入了惩罚性赔偿，规定对恶意侵犯商标专用权，情节严重的，可以在依法确定数额的一倍以上三倍以下确定赔偿数额。2019年修改《商标法》时，将惩罚性赔偿的倍数由"一倍以上三倍以下"提高到"一倍以上五倍以下"。《中华人民共和国民法典》（以下简称《民法典》）虽然未设定知识产权编，但在侵权责任编中明确规定："故意侵害他人知识产权，情节严重的，被侵权人有权请求相应的惩罚性赔偿。"此外，《中华人民共和国反不正当竞争法》《中华人民共和国著作权法》修改中，都对侵犯知识产权的行为规定了一倍以上五倍以下的惩罚性赔偿。可以说知识产权领域基本全面建立了惩罚性赔偿制度。

在《专利法》修改中，为提高侵权成本，增加法律威慑力，遏制侵权行为，同时更为有效地保护权利人的合法权益，国家知识产权局在2015年报送国务院的送审稿中提出了增加惩罚性赔偿制度的立法建议，即对于故意侵犯专利权的行为，情节严重的，将按照"填平原则"所确定数额的一倍以上三倍以下确定赔偿数额。在国务院审议过程中，各界均对该制度的必要性表示了认可，有意见认为惩罚力度还可以视情况进行加大；同时考虑到与《商标法》等的一致性，最终通过的版本中将惩罚性赔偿的倍数扩大到了一倍以上五倍以下。

需要注意的是，《专利法》规定的惩罚性赔偿主要适用于司法审判过程中对专利侵权赔偿数额的判定，其只是在特殊情形和严格条件下对"填平原则"的例外。因此在司法领域具体适用时，应当持谨慎态度，在满足以下条件的情况下适用：一是惩罚性赔偿适用的首要条件便是损害赔偿责任的存在，即侵权行为、损害后果、因果关系、主观过错四个要件均存在。二是侵权人主观上存在侵权故意。由于惩罚性赔偿具有惩罚性质，只有在侵权人故意侵权的情况下，对侵权人进行惩罚才具有正当性。三是要侵权情节严重。适用惩罚性赔偿时，应综合考虑侵权手段、次数，侵权行为的持续时间、地域范围、规模、后果，侵权人在诉讼中的行为等因素。四是要依当事人请求，即权利人必须明确提出惩罚性赔偿要求。

（二）提高法定赔偿额

考虑到专利侵权案件的复杂性，实践中很多被侵权的专利权人无法精准计算出赔偿数额。为了保障专利权人的合法权益，提高司法效率，《专利法》第三次修改时，增加了法定赔偿的相关规定，赔偿区间为一万元以上一百万元以下。本次《专利法》修改中，考虑到社会发展、物价上涨，特别是结合专利权人的维权成本、专利的市场价值和研发成本等因素，将法定赔偿额从一万元以上一百万元以下提高至三万元以上五百万元以下。

在《专利法》修改过程中，各界对提高法定赔偿额上限基本没有异议，但对下限有较多的争论。有意见认为，应当进一步提高法定赔偿额的下限，从而对侵权行为进行威慑，充分体现我国打击侵权、保护创新的决心。也有意见认为，应当保持法定赔偿额下限不变甚至取消下限，因为对于一些轻微的专利侵权案件，将法定赔偿额下限提高，或许会引起滥诉行为。

在立法过程中，法定赔偿额的下限几经调整：最初由国家知识产权局报送给国务院的送审稿中，建议法定赔偿额的下限为十万元，并经国务院常务会议采纳通过。在全国人大常委会征求意见过程中，有意见认为，实践中相当比例的专利（主要是外观设计和实用新型）市场价值较低，十万元的赔偿数额下限偏高，当事人责任过重，建议下调或者取消。有的则提出，《商标法》对商标侵权的法定赔偿额没有规定下限，建议与之衔接保持一致。还有一些意见提出，取消法定赔偿额的下限与加强专利权人合法权益保护的导向不符，建议恢复；如果认为十万元下限太高，可以适当降低一些。经过综合考量，立法机关认为规定下限确实有利于强化对专利权人合法权益的保护，但同时也要考虑到实践中相当比例的专利市场价值较低、侵权人生产经营规模较小的实际情况。经反复研究

斟酌，最后将法定赔偿额的下限调整为三万元。❶

在讨论过程中，国家知识产权局一直建议保留法定赔偿额下限，并适当提高数额。因为与商标、作品相比，专利技术前期研发投入更多、授权难度更大、市场潜在价值更高，从权利保护角度来看，专利保护力度应更强、保护标准应更高，因此《专利法》在引入法定赔偿额之初就规定了下限。而实践中，创新主体反映"赢了官司输了钱"的问题较为突出，除能够证明的合理开支外，当事人维权耗费的人力物力往往难以计算，需要适当予以考虑。提高法定赔偿额下限，体现了我国加大知识产权保护的力度和决心，可以进一步提高侵权成本，对侵权行为形成威慑，引导社会公众增强知识产权保护意识。反之，取消法定赔偿额下限，则容易引起社会误解，与我国加强知识产权保护、鼓励创新的方向不尽一致。

需要说明的是，法定赔偿只在无法确定权利人实际损失、侵权人侵权获利或专利许可使用费时才适用，反之能够证明相应数额的则不必适用。《专利法》还规定，能够证明产品合法来源的销售者可以免除赔偿责任，从而合理减轻了善意销售者的责任。关于是否会引发"滥诉"问题，此次修改的《专利法》已增加诚实信用原则，将对滥用专利权行为予以规制。

（三）完善合理开支计算方式

修改前的《专利法》将"赔偿数额还应当包括权利人为制止侵权行为所支付的合理开支"置于有关法定赔偿的第 2 款之前，即合理开支是在以权利人的损失、侵权人的获利或者使用费的合理倍数确定赔偿数额的基础上另行附加计算的赔偿；而如果上述三种方式均难以采用，法院最终以法定赔偿的方式确定数额的，则不能在法定赔偿之外另行附加合理开支，而应当包含在法定赔偿数额之内。本次《专利法》修改则将合理开支的规定单列一款，作为《专利法》第71条的第3款，这意味着今后将可以在计算法定赔偿之后另行附加计算合理开支，使得合理开支部分无需受到法定赔偿额上限的限制，进一步加大知识产权保护力度。此外，在适用本次修法增加的惩罚性赔偿方式计算时，也可以另行附加计

❶ 陈扬跃，马正平. 专利法第四次修改的主要内容与价值取向［J］. 知识产权, 2020
（12）：6-19.

算合理开支。

三、解决"举证难"问题

(一) 完善证据规则

"谁主张、谁举证"是各国民事诉讼的基本规则，也适用于专利侵权民事诉讼中。但由于专利权客体"无形性"的特点，侵权行为具有较强的隐蔽性，"举证难"成为专利保护中的突出问题，并与"赔偿低"问题密切相关。

在国家知识产权局发布的《知识产权保护社会满意度调查报告》中，历年来"举证责任负担"（反映各层面人员对知识产权案件中，权利人"举证难"现象及改善情况的看法）满意度均较低。而中南财经政法大学2013 年发布的《知识产权侵权损害赔偿案例实证研究报告》显示，在我国的知识产权中的这一侵权案件中，大部分判赔案件适用的是法定赔偿标准，其中专利侵权案件中的这一比例达到 97.25%。造成这一现象的主要原因是损害赔偿的事实难以查明，不得不依赖于法官的自由裁量，而由于缺乏足够的证据，法官裁定的赔偿额也往往偏低。因此，要解决赔偿低的问题，不能仅靠引入惩罚性赔偿，还需要进一步完善相关证据规则。

专利侵权损害赔偿计算方法有四种：原告因侵权而受到的损失、被告因侵权而获得的利益、专利许可使用费的合理倍数以及法定赔偿。举证以上事实需要权利人提交的证据一般包括原告的财务审计报告、被告的财务账册、专利许可相关的证据、原告为制止侵权行为所支付的合理开支等。通常原告不太可能掌握被告的财务信息，而原告自身的财务数据变化与侵权行为的关系也很难得到证实（如原告利润并未因侵权行为存在而有下降）。因此，常出现原告"不能"或"不愿"举证的情形。

我国目前尚无独立的证据法，民事证据规则主要被规定在《中华人民共和国民事诉讼法》（以下简称《民事诉讼法》）及相关司法解释中，但针对专利权保护中的特殊问题，有必要在《专利法》中作出专门规定。2013 年修改后的《商标法》第 63 条第 2 款规定："人民法院为确定赔偿数额，在权利人已经尽力举证，而与侵权行为相关的账簿、资料主要由侵权人掌握的情况下，可以责令侵权人提供与侵权行为相关的账簿、资料；侵权人不提供或者提供虚假的账簿、资料的，人民法院可以参考权利人的主张和提供的证据判定赔偿数额。"此规定是举证妨碍制度（也称"文书提供令"）在知识产权单行法上的首次体现，具有积极的意义，值得借鉴。此外，相关司法解释对举证妨碍也有一定的规定。最高人民法院在2001年出台的《最高人民法院关于民事诉讼证据的若干规定》第75条规定："有证据证明一方当事人持有证据无正当理由拒不提供，如果对方当事人主张该证据的内容不利于证据的持有人，可以推定该主张成立。"

众所周知，举证难是专利保护中的突出难题，与赔偿低的问题紧密相关。本次《专利法》修改借鉴了《商标法》的相关规定，引入举证妨碍制度，规定在法院确定赔偿数额时，如果权利人已经尽力举证而侵权行为相关的证据主要由侵权人掌握时，法院可以责令由侵权人承担举证责任，即侵权人不提供或者提供虚假的账簿、资料的，人民法院可以参考权利人的主张和提供的证据判定赔偿数额，从而敦促侵权人承担相应的举证责任，便于法院合理确定赔偿数额。

在本条款的适用中要注意以下两点：一是该制度仅适用于确定侵权损害赔偿数额相关的证据，对于是否构成侵权行为的证据则不能适用。在《专利法》修改过程中，曾有意见建议将举证妨碍制度适用于整个专利侵权案件中，但经过反复讨论，立法机关认为，在是否构成侵权行为的举证中，专利权人对自己的专利技术更为熟悉，由其举证更为合理；对于专利权人较难举证的新产品制造方法的发明专利，《专利法》中已经规定了被控侵权人的举证责任，因此没有必要将举证妨碍制度适用于整个侵权案件中。二是该规定并非举证责任倒置，也没有改变"谁主张、谁举证"的一般规则。考虑到实践中，专利权人的实际损失往往难以确定，而能反映被控侵权人收益的账簿资料又不在权利人手中的情况比较普遍，因此，在专利权人尽量举证后，且侵权行为相关的证据主要由侵权人掌握时，后者才承担一定的举证责任。

（二）完善确定赔偿数额的顺序和方式

关于赔偿数额的计算方式，是根据司法实践中的需求不断调整变化的。《专利法》第二次修改时，为了便于司法实践中确定专利侵权损害赔偿数额，明确了关于赔偿数额计算方法的规定，但在当时的司法适用中，权利人的损失与侵权人的获利是没有先后顺序的。后来在《专利法》第三次修改时，考虑到二者的计算结果可能有差异，明确了二者的司法适用顺序，即在确定赔偿数额时，要先计算权利人因被侵权所受到的实际损失；无法确定的，再计算侵权人因侵权所获得的利益；都无法确定的，才按照专利许可使用费的倍数确定。

《专利法》第四次修改中，特别是在全国人大常委会审议阶段，有意见认为：实践中，权利人的损失和侵权人的获利都不易计算，而要求法院先论证权利人的损失能否确定，再论证侵权人的获利能否确定，实际上增加了法院判断和当事人举证的负担，建议取消关于适用顺序的规定。立法机关采纳了此建议，取消了二者的适用顺序，在《专利法》第71条第1款中规定"侵犯专利权的赔偿数额按照权利人因被侵权所受到的实际损失或者侵权人因侵权所获得的利益确定；权利人的损失或者侵权人获得的利益难以确定的，参照该专利许可使用费的倍数合理确定。"从而使得当事人可以自行选择更有利于其自身权利保护的赔偿数额计算方法，❶ 既能减轻当事人的举证负担，也一定程度上提高了司法审判效率。

（三）完善专利权评价报告制度

根据修改前的《专利法》规定，专利权评价报告的性质是审理和处理实用新型和外观设计专利侵权纠纷的证据，人民法院或者管理专利工作的部门可以要求专利权人或者利害关系人出具评价报告。因此，是否提交评价报告基本取决于专利权人（包括利害关系人）的意愿：当评价报告结论有利、专利权的稳定性高时，专利权人会主动提交；反之专利权质量不高、稳定性差时，专利权人常常选择不提交或者拖延提交，没有提交评价报告并不会影响其主张权利，也不会影响专利权的有效性，更不会导致对其不利的法律后果。而按照当事人"谁主张、谁举证"的原则，证据是否提交取决于当事人意愿，不宜强制要求。

为了更好发挥专利权评价报告在专利保护和运用中的作用，防止权利人滥用诉权，保障双方当事人的举证权利，本次《专利法》修改中根据创新主体的需求，将专利权评价报告请求主体扩大到专利权人、利害关系人和被控侵权人，即在修改后的《专利法》第66条第2款最后增加"专利权人、利害关系人或者被控侵权人也可以主动出具专利权评价报告"。

如此一来，如果专利权人因为专利权评价报告结论对自己不利而不

---

❶ 陈扬跃，马正平. 专利法第四次修改的主要内容与价值取向［J］. 知识产权，2020（12）：6-19.

愿提交，被控侵权人可以选择主动提交专利权评价报告作为审理证据。这样可以帮助人民法院和专利行政机关尽快对技术性较强的专利侵权案件作出裁判，发挥专利权评价报告定分止争的作用，也能防止权利人滥用诉权、侵犯他人权益。同时能够进一步发挥专利权评价报告在专利实施与运用方面的促进作用，使专利权人对其专利权有较为清晰的认识，从而提高专利质量，保障交易安全。

四、其他适应性修改

修改后的《专利法》对原有较为细致的诉前保全、证据保全、诉讼时效规定进行简化。主要考虑如下：

《专利法》第三次修改时增加了侵犯专利权的诉前临时措施和诉前证据保全，而当时的民事诉讼法尚无相应规定。2012 年《民事诉讼法》修改后，对诉前临时措施、诉前证据保全等作出了统一规定，《专利法》需要与之一致。另外，《与贸易有关的知识产权协定》（TRIPS）对知识产权临时措施有专门规定，为避免误解，《专利法》仍宜保留相应条款。为此，本次《专利法》修改时参照《商标法》相关规定，对侵犯专利权的诉前临时措施（修改后的《专利法》第 72 条）和诉前证据保全（修改后的《专利法》第 73 条）作出了衔接性规定，具体程序则适用《民事诉讼法》的规定，即在相关法条中采用了"依法"的表述，同时删除了具体程序性规定。同时，根据《民法典》关于诉讼时效的统一规定，本次《专利法》修改也将侵犯专利权的诉讼时效调整为 3 年（修改后的《专利法》第 74 条）。

此外，在关于保全措施的规定上，修改前《专利法》仅有"责令停止有关行为"的规定，在全国人大常委会审议过程中，有意见提出，为保护我国专利权相关当事人的合法权益，建议进一步完善《专利法》关于保全措施的规定，明确对于他人实施的妨碍专利权人、利害关系人实现权利的行为，专利权人、利害关系人可以在起诉前依法向人民法院申请采取责令作出一定行为或者禁止作出一定行为的措施，❶ 即将《专利法》第 72 条修改为"专利权人或者利害关系人有证据证明他人正在实施

---

❶ 陈扬跃，马正平. 专利法第四次修改的主要内容与价值取向［J］. 知识产权，2020（12）：6-19.

或者即将实施侵犯专利权、妨碍其实现权利的行为，如不及时制止将会使其合法权益受到难以弥补的损害的，可以在起诉前依法向人民法院申请采取财产保全、责令作出一定行为或者禁止作出一定行为的措施"。经研究，立法机关采纳了这一意见。

本次《专利法》修改立足实践需求，以问题为导向，进行了上述多处调整，定将为加强知识产权保护、维护权利人合法权益提供更加强有力的法律保障。

专利权期限补偿和药品专利纠纷早期解决机制

高　鹏❶

摘　要

2020 年 10 月 17 日，全国人大常委会通过了关于修改《专利法》的决定。修改后的《专利法》新增了专利授权期限补偿、药品专利期限补偿和药品专利纠纷早期解决机制，进一步加大了专利保护力度，更好地维护权利人合法权益。本文就《专利法》修改过程中，建立上述制度的相关修改背景、调研论证情况和条文演变过程进行了探讨，供各位读者参阅。

关键词

专利授权期限补偿　药品专利期限补偿　药品专利纠纷早期解决机制

❶　作者单位：国家知识产权局条法司。

党中央、国务院高度重视知识产权保护，对知识产权工作作出了一系列决策部署。加强知识产权保护，有利于鼓励创新，有利于充分激发全社会创新活力，有利于加快推动知识产权强国建设。为落实党中央、国务院决策部署，《专利法》第四次修改过程中就进一步加强专利权保护增加了有关规定，包括专利授权期限补偿、药品专利期限补偿和药品专利纠纷早期解决机制，以更好地维护权利人合法权益。下文将围绕上述制度展开讨论。

一、专利授权期限补偿制度

（一）修改背景

近年来，党中央、国务院提出要加强知识产权审查能力建设，就提高知识产权审查质量和审查效率作出了决策部署。专利审查工作是专利保护的源头和整个专利制度运行的基础，国家知识产权局为贯彻落实有关决策部署，通过一系列举措提升专利审查能力、提高审查质量、压减审查周期。"十三五"期间，在提升专利审查能力方面，完成 4 次《专利审查指南》修改，审查标准日趋完善，各项任务完成量较"十二五"显著增长，发明专利申请审结 437.3 万件，是"十二五"时期的 2.2 倍，PCT 申请国际检索完成 26 万件，是"十二五"时期的 2.4 倍；在提高审查质量方面，通过实施质量提升工程持续完善审查质量保障体系和审查业务指导体系，建立全流程各业务类型审查质量评价机制，审查质量用户满意度连续 11 年保持在满意区间；在压减审查周期方面，发明专利审查周期从"十二五"末的 21.9 个月降低至 2020 年的 20 个月，并且高价值专利审查周期为 14 个月。❶

我国《专利法》规定了发明专利申请被授予专利权后，保护期限为自申请日起的 20 年，发明专利权自公告之日起生效；对于专利权人或者利害关系人来说，只有在专利权被公告之后，才可就专利侵权纠纷向人民法院提起诉讼或者向国家知识产权局请求处理。如上所述，我国专利申请审查周期已进一步压减，与其他国家或地区相比保持在低位运行，

---

❶ 国家知识产权局. 多措并举提质增效 谱写专利审查新篇章：一图读懂"十三五"专利审查成就［EB/OL］.（2021-05-24）［2021-07-12］. http：//www.cneip.org.cn/html/11/41244.html.

通常不会影响权利人行使权利，但一些案件仍可能存在审查周期相对较长，特别是并非因为申请人的原因造成专利授权延迟的情形。在这种情况下，专利权人所获得的专利权保护期限实际上会被缩短。为解决该问题，引入专利授权期限补偿制度，对不合理的授权延迟给予相应的专利权期限补偿，有利于更好地维护专利权人的合法权益，充分激发其进行发明创造的积极性和全社会创新活力。

（二）论证过程

2018 年 12 月 23 日，第十三届全国人大常委会第七次会议对《中华人民共和国专利法修正案（草案）》进行了第一次审议，其后，全国人大常委会法制工作委员会向社会公开征求意见。为配合立法机关推进《专利法》修改进程，国家知识产权局同时开展了相关调研论证工作。其间，有的意见提出，发明专利申请在审查授权过程中，对于不是因为申请人原因引起的不合理延迟，应给予相应的专利权期限的补偿。

针对上述意见，国家知识产权局围绕专利授权期限补偿开展了专题调研论证，主要涉及以下几个方面。

1. 关于可给予期限补偿的条件

该制度旨在补偿在专利授权过程中，因为可能存在的较长时间的审查授权周期，对不是因为申请人原因延误的不合理延迟给予相应的期限补偿。那么，自发明专利申请日或者实质审查请求之日起，发明专利申请经过多长时间被授予专利权才属于经历了较长时间的审查授权周期，应给予其相应的期限补偿，需要在加强对专利权人合法权益的保护和维护社会公众利益之间作出平衡。

关于该问题，考虑到我国审查实践，同时借鉴美国❶、韩国❷等国家的做法，将其规定为自发明专利申请日起满 4 年，且自实质审查请求之日起满 3 年后授予发明专利权的，专利权人可以提出期限补偿请求。调研论证过程中，调研对象对上述时间没有提出异议，但有的意见认为，

---

❶ 专利授权期限补偿制度起源于美国，其专利法规定，期限补偿主要适用于三种情形：一是美国专利商标局（USPTO）未在规定期限内采取行动而导致的延迟，例如在收到申请人的答复后 4 个月内未处理；二是审查授权总时间超过 3 年；三是由于权属纠纷、保密审查以及纠正错误驳回造成的延迟。

❷ 韩国专利法规定，自申请日起超过 4 年或者自提出实质审查请求之日起 3 年，以后到日期为准，可以提出期限补偿请求。

在表述上应将其规定为自申请日起满 4 年或者自实质审查请求之日起满 3 年，以较晚日期为准。关于此，两种表述方式实质上相同，但"自发明专利申请日起满 4 年，且自实质审查请求之日起满 3 年后授予发明专利权的"更加符合我国《专利法》的表述习惯。

2. 关于提交期限补偿请求的时间

关于该问题，美国在专利申请被授权后，自动计算应予补偿的期限；韩国则规定可在专利授权公告后 3 个月内提出期限补偿请求。国家知识产权局在提出立法建议时，基于我国国情和审查实践有关状况，借鉴韩国做法，建议将其规定请求人可以在专利授权公告后 3 个月内向国务院专利行政部门提出请求。调研论证过程中，调研对象对 3 个月的时间没有提出异议，但有的意见认为，可将提出请求的时间规定为原专利权期限届满前的一定时间内。考虑到在相关专利申请被授予专利权后的一定时间内确定补偿期限，可尽早给予专利权人和社会公众更加明确的预期，有利于相关研发活动的开展，并且也可以与药品专利期限补偿等制度更好地衔接，建议将提出请求的时机规定为专利授权公告后的 3 个月内。

3. 关于因申请人原因导致的不合理延迟

在发明专利申请审查授权过程中，可能存在因申请人原因引起的不合理延迟，对这部分时间给予期限补偿将无法有效平衡社会公众利益，所以，在计算专利授权补偿期限时，需要扣除这部分时间。现已建立该制度的美国、韩国等均采用类似做法。

关于申请人原因引起不合理延迟的具体情形，主要包括：①没有在指定期限内答复国家知识产权局发出的通知；②申请延迟审查；③援引加入优先权文件等。除上述情形外，因专利申请权归属引发纠纷或采取保全措施而中止有关程序造成的延迟，或者同一申请人同日对同样的发明创造既申请实用新型专利又申请发明专利，且实用新型专利申请被授予专利权的，对发明专利授权期限不予补偿。调研论证过程中，调研对象对以上情形没有提出异议。

4. 关于复审和诉讼程序

关于是否对复审程序延误的期限予以补偿，在调研论证过程中，多数意见认为应对复审程序中不合理延误的期限予以补偿；同时有的意见提出，对于复审程序占用时间的补偿，应排除专利申请人在复审程序中修改申请文件而被授予专利权的情形，因为这种情形并不属于国务院专利行政部门的原因所造成的不合理延迟。

关于是否对诉讼程序延误的期限予以补偿，有的意见建议对诉讼程序造成的不合理延迟不予补偿；有的意见认为诉讼程序占用的时间不是国务院专利行政部门在专利审查中延误的时间，没有必要予以补偿。

（三）条文演进

基于调研论证有关情况，国家知识产权局在进一步征求相关部门意见后，立足我国国情，同时借鉴其他国家经验，在全国人大常委会对专利法修正案草案进行第二次审议前，向全国人大常委会法制工作委员会报送了关于专利授权期限补偿的立法建议，内容如下：自发明专利申请日起满 4 年，且自实质审查请求之日起满 3 年后授予发明专利权的，专利权人可以就发明专利在授权过程中的不合理延迟请求补偿专利有效期，但由申请人引起的不合理延迟除外。该条建议被立法机关所采纳，2020年 6 月 28 日由第十三届全国人大常委会第二十次会议对《中华人民共和国专利法修正案（草案）》（二次审议稿）进行了第二次审议。

2020 年 10 月 17 日，第十三届全国人大常委会第二十二次会议对《中华人民共和国专利法修正案（草案）》（三次审议稿）进行了第三次审议，通过关于修改《专利法》的决定。修改后的《专利法》第 42 条第 2款规定，自发明专利申请日起满 4 年，且自实质审查请求之日起满 3 年后授予发明专利权的，国务院专利行政部门应专利权人的请求，就发明专利在授权过程中的不合理延迟给予专利权期限补偿，但由申请人引起的不合理延迟除外。

该条对专利授权期限补偿作出原则性规定：一是明确专利授权期限补偿程序依专利权人的请求启动；二是规定仅可针对发明专利申请日起满 4 年，且实质审查请求之日起满 3 年后（以较晚的日期为准）授予的发明专利权，提交专利授权期限补偿请求；三是明确在计算专利授权期限时，需要扣除申请人原因造成的不合理延迟。

此外，对于提出专利授权期限补偿请求的时机、补偿期限的计算方法、属于因申请人原因引起的不合理延迟的主要情形等内容，将在《中华人民共和国专利法实施细则》等中作进一步细化规定。

二、药品专利期限补偿

(一) 修改背景

习近平总书记在主持中共中央政治局第二十五次集体学习时指出，创新是引领发展的第一动力，保护知识产权就是保护创新。就药品研发创新而言，充分有效的知识产权保护可以激励新药研发企业研发新药，在出现新的疾病时不会出现无药可用的窘境，以满足社会公众用药需求，提高药品可及性，保障公共健康。

近年来，随着医药科技创新步伐加快，公众健康意识不断增强，国家医疗卫生投入持续增长，我国医药产业保持快速发展，创新药（境内外均未上市的药品）快速发展并进入商业化阶段，医药产业进入新旧动能转化的关键时期。❶ 特别是自 2016 年以来，创新药的政策环境不断优化，创新活力不断释放，创新药受理的数量呈逐年递增的态势（参见图 1），批准的创新药数量也逐年增加（参见图 2）。❷

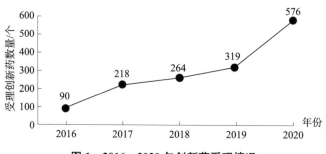

图 1　2016～2020 年创新药受理情况

我国《专利法》规定，发明专利申请在被授予专利权后可获得 20 年的保护期限，这一规定适用于所有的技术领域。但在药品领域，药品上市需要开展较长时间的临床试验，并经过药品监督管理部门的审批，证

❶ 李利. 新发展阶段药品监管工作面临的形势和任务 [J]. 中国食品药品监管，2021（2）：7.

❷ 王婧璨，张宁，蒲嘉琪. 浅析"十三五"期间鼓励药品创新政策的发展变化 [J]. 中国食品药品监管，2021（5）：16.

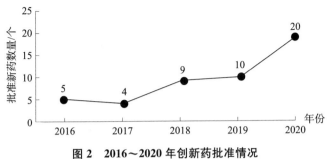

图2　2016～2020年创新药批准情况

明其安全有效后才可上市，而这一过程通常会占用一定时间的专利权保护期，从而缩短了药品上市后因专利权保护而享有的市场独占期，对于有的药品来说，其可能仅剩数年时间，致使新药研发企业可能无法回收研发成本并获得合理利润，影响其研发新药的积极性。针对这种情况，引入药品专利期限补偿制度，对因临床试验和上市审批实际占用的相关药品专利权保护期限给予补偿，有利于激励新药研发企业研发新药的积极性，提高药品可及性，维护公共健康。

（二）论证过程

2017年10月，中共中央办公厅、国务院办公厅印发了《关于深化审评审批制度改革鼓励药品医疗器械创新的意见》，在"促进药品创新和仿制药发展"部分明确提出，开展药品专利期限补偿制度试点，对因临床试验和审评审批延误上市的时间，给予适当专利期限补偿。2019年11月，中共中央办公厅、国务院办公厅印发了《关于强化知识产权保护的意见》，在"完善新业态新领域保护制度"部分提出探索建立药品专利期限补偿制度。为落实党中央、国务院决策部署，国家知识产权局、国家药品监督管理局等部门开展了一系列相关工作，围绕适用药品和专利范围、补偿期限及其计算方法、补偿期间的专利权保护范围、请求主体和条件等内容进行了调研论证，有关情况主要如下。

1. 关于适用药品范围

（1）关于化学药、生物制品和中药是否均适用该制度

药品通常包括化学药、生物制品（生物药）和中药。关于适用药品专利期限补偿制度的药品范围，在调研论证过程中，调研对象普遍认为上述三类药品均应适用该制度；仅个别调研对象表达了一些顾虑，认为

中药在临床试验、申请专利等方面存在一定的特殊性，还需要进一步分析。现已建立药品专利期限补偿制度的美国、欧洲、日本、韩国、加拿大等国家和地区，规定该制度适用于化学药和生物制品。

鉴于中医药是中华民族瑰宝，在维护人民健康、促进中国特色卫生健康事业发展等方面发挥着重要作用，为加强中医药知识产权保护，传承创新发展中医药，我国在建立该制度时，除适用于化学药、生物制品外，还应适用于中药，以鼓励我国医药企业针对化学药、生物制品、中药开展新药创制研发活动，促进我国医药产业结构调整和技术创新，提高我国医药产业竞争力，满足公众临床需要。

（2）关于新药的概念和范围

关于药品分类，2020 年 1 月 22 日公布、自 2020 年 7 月 1 日起施行《药品注册管理办法》规定，化学药注册按照化学药创新药、化学药改良型新药、仿制药等进行分类；生物制品注册按照生物制品创新药、生物制品改良型新药、已上市生物制品（含生物类似药）等进行分类；中药注册按照中药创新药、中药改良型新药、古代经典名方中药复方制剂、同名同方药等进行分类。关于创新药和改良型新药的具体含义，国家药品监督管理局于 2020 年 6 月发布了《化学药品注册分类及申报资料要求》《生物制品注册分类及申报资料要求》，并于 2020 年 9 月发布了《中药注册分类及申报资料要求》，相关概念适用上述文件的规定。据了解，在我国，相关部门和业界普遍认为可以将"新药"理解为包括创新药和改良型新药，即在中国境内外均未上市的药品。此外还了解到，如果某药品已在其他国家或地区提交上市许可申请后，但在获得上市许可前，又在我国提交上市许可申请的，可以按照创新药或者改良型新药分类申报注册。

关于适用该制度的新药范围，调研论证过程中，调研对象多认为专利法中关于"新药"的概念宜与药品监管法律制度中新药的概念保持一致；但是，就适用药品专利期限补偿制度新药的具体范围来说，对包括创新药不持异议，对是否包括改良型新药有不同意见。赞同包括改良型新药的主要理由在于：一是虽然我国医药行业目前正在加大研发投入，创新能力也在逐渐提高，但与跨国药企相比，研发能力仍相对较弱，基础研究也较为薄弱，这一现状在短时间内无法改变，将改良型新药纳入该制度，将在未来的一段时间内有利于我国医药产业的转型和发展；二是改良型新药与创新药一样，在我国是指境内外均未上市的药品，因上市同样需要经过自行开展临床试验证明其安全性和有效性，且需要经过行政审批，而上述过程均会占用一定的专利权保护期，所以对其给予专利期限补偿具有合理性。不赞同包括改良型新药的主要理由在于：我国引入药品专利期限补偿制度的目的在于激励医药企业创新，促进医药产业转型升级，如果规定该制度适用改良型新药，有可能使医药企业将研发重心放在改良型新药，无法有效实现制度设立目的。此外，赞同包括改良型新药的调研对象还对所适用的改良型新药的范围提出了不同意见，多数意见认为应当包括对活性成分本身作出改进和涉及新适应证的改良型新药，排除新剂型、新处方工艺、新给药途径、新复方制剂等改良型新药，否则，相关药企可能会利用外围专利战略布局形成"常青专利"，进而影响药品可及性。美国、欧洲、日本、韩国、加拿大等对创新药给予专利期限补偿。关于改良型新药适用范围，各国有所不同，多数包括对活性成分本身作出改进且具有明显临床优势的改良型新药，有的包括涉及新适应证的改良型新药。

2. 关于可给予期限补偿的专利类型

就专利而言，其类型包括产品专利和方法专利，具体到药品领域，方法专利还包括制备方法专利和医药用途专利。调研论证过程中，大部分调研对象认为上述三类专利只要符合药品专利期限补偿条件的，均应给予期限补偿。个别调研对象建议对制备方法专利不给予期限补偿。考虑到制备方法也可能涉及药品核心技术，特别是生物制品，所以，对产品专利、制备方法专利和医药用途专利，符合期限补偿条件的，均应给予期限补偿。

3. 关于补偿期限计算方法

现已建立药品专利期限补偿制度的国家和地区中，主要存在两种计算方法：一是美国模式，补偿期限为临床试验时间的 1/2 与行政审批时间之和，且需要扣除因药品上市许可申请人原因而延误的时间（下文简称"未尽责时间"）；二是欧洲模式，补偿期限为药品获得上市许可之日减去专利申请日，再减去 5 年。

在调研论证过程中，建议采用美国模式和建议采用欧洲模式的意见占比大致相等，认为：采用美国模式的优点在于计算出的补偿期限更加准确，可以对临床试验和行政审批所占用的专利权期限进行精确的计算，但缺点在于计算复杂，需要确定临床试验、行政审批的起止时间以及未尽责时间，容易引发纠纷；采用欧洲模式的优点在于药品上市许可日和专利申请日容易确定，计算简单、便于操作，可以给医药企业明确的补偿期限预期，缺点在于计算较为笼统。

关于该问题，我国借鉴欧洲模式，将补偿期限的计算方法规定为药品获得上市许可之日减去专利申请日再减去 5 年，一是可给予新药研发企业明确预期，更有利于激励药企研发新药的积极性；二是美国模式计算方法复杂，需要一系列配套制度设计保障运行，我国在制度建立初期，借鉴欧洲模式计算，有利于保障专利权人创新收益，避免纠纷产生，节约行政、司法资源，降低制度运行总体成本。

4. 关于补偿期限

关于补偿期限，美国、欧洲、日本、韩国等规定不超过 5 年；此外，美国还规定药品获得上市许可后的总有效专利权期限不超过 14 年，欧洲将其规定为 15 年。在调研论证过程中，社会各界普遍认为我国宜采用类似做法，上述两个期限条件需要同时满足。

为使新药研发企业能够在回收新药研发成本的基础上获得合理回报，充分激发其研发新药的积极性，同时兼顾仿制药行业发展和药品可及性问题，宜在立足我国国情的基础上，借鉴国外立法经验，明确可给予补偿的专利权期限最长不超过 5 年，且药品获得上市许可后的总有效专利权期限不超过 14 年。需要说明的是，补偿期限依据相应规则计算得出，自原专利权期限届满日开始计算；药品获得上市许可后的总有效专利权期限是指新药获得上市许可时的原剩余专利权期限与补偿期限之和。

5. 关于补偿期间的专利权保护范围

实践中，药品领域专利被授予专利权后，通常会包括若干技术方案，有时可能会有数十个，但与经药品监管部门审批上市的药品直接相关的仅涉及其中极为个别的技术方案。考虑到授权专利中与上市药品无关的技术方案，并没有为了满足药品上市审批相关要求而导致专利技术无法实施，即没有因为临床试验和行政审批而实际占用这部分技术方案所涉及专利权的保护期限，不存在给予期限补偿的前提和基础，据此，仅应针对与上市药品直接相关的技术方案给予专利期限补偿。调研论证过程中，各方意见均对此表示赞同。美国、欧洲、日本、韩国、加拿大等也采用此种做法。

基于此，我国在建立药品专利期限补偿制度时，宜将补偿期间的专利权保护范围限定为与经国务院药品监督管理部门批准上市的新药活性成分及其适应证直接相关的技术方案。具体地，对于产品专利，补偿期间的专利权保护范围限于国务院药品监督管理部门批准上市的新药活性成分，且限于经其批准的医药用途；对于制备方法专利，补偿期间的专利权保护范围限于国务院药品监督管理部门批准上市新药活性成分的制备方法；对于医药用途专利，补偿期间的专利权保护范围限于国务院药品监督管理部门批准上市新药活性成分的被批准的医药用途。

6. 关于提出请求的主体

关于提出请求的主体，在调研论证过程中，有的意见认为，除专利权人外，药品上市许可持有人等也可提出期限补偿请求。实践中，在药品上市许可持有人不是专利权人的情况下，其通常为被许可人。考虑到是否给予专利期限补偿将直接影响专利权人相关权利的行使，被许可人只有在经专利权人许可的情况下，才可实施相关专利，所以，宜将提出期限补偿请求的主体限定于专利权人。

7. 关于请求条件

（1）关于提出期限补偿请求的时间

药品专利期限补偿请求针对的是经国务院药品监督管理部门批准上市的药品。关于期限补偿请求的提交时间，各国或地区将其规定为在药品获得上市许可之日起的一定时间内。其中，美国为60日，日本、韩国为3个月，欧洲、加拿大为6个月。调研论证过程中，各方赞同应在药品获得上市许可后的一定时间内提出请求，关于时间范围，未提出具体意见。经综合考虑，将可以提出期限补偿请求的时间规定为药品获得上市许可之日起3个月内，一方面可以给予专利权人较为充足的时间提出请求，另一方面也有利于仿制药企业尽早获知专利权人是否会针对原研药提交专利期限补偿请求等相关信息，便于其开展后续的仿制药研发活动。

此外，为避免出现在专利权因保护期限届满而终止后，又因给予期限补偿而生效的情形，应在原专利权保护期限届满前提交期限补偿请求。

（2）关于提交请求时药品及其专利应当满足的条件

关于提交请求时药品及其专利应当满足的条件，除日本规定一个药品可针对多项专利提出期限补偿请求，一项专利可针对多个药品获得期限补偿外，美国、欧洲、韩国、加拿大等均规定，如果一个药品受多项专利保护，仅可针对该多项专利中的一项提出补偿请求；如果一项专利保护多个药品，仅可针对该多个药品中的一个，就该专利提出补偿请求。在调研论证过程中，多数建议借鉴美国、欧洲、韩国、加拿大等的做法，认为给予药品合理的期限补偿，使原研药企业可以在回收新药研发成本的基础上获得合理收益即可，采用日本做法，将有可能不合理地过度延长药品所能够享有的市场独占期。

基于此，采用与美国、欧洲、韩国、加拿大等类似的做法，规定一个药品仅可针对一项专利提出期限补偿请求，一项专利仅可针对一个药品获得期限补偿，可以更好地平衡原研药企业、仿制药企业和社会公众的利益。

8. 关于制度实施时是否溯及既往相关问题

关于修改后的《专利法》生效实施时，该制度适用于何时批准上市的相关药品及其专利，调研论证过程中，不同主体提出了不同意见。

关于专利，有的意见认为，实践中，通常在提交专利申请后才开始进行药物临床试验，如果仅适用于新《专利法》施行后才提交申请的专利，将有可能在制度实施数年后，才有专利权人能够提出期限补偿请求。

关于药品，主要提出三种意见：一是适用于新《专利法》施行后向国务院药品监督管理部门提交上市申请的药品；二是适用于新《专利法》施行后由国务院药品监督管理部门批准上市的药品；三是适用于新《专利法》施行时已经上市的药品。若采用第一种意见，将有可能在新《专利法》施行一段时间之后，才有专利权人可以针对相关新药提出期限补偿请求，影响制度实施效果。若采用第三种意见，可能会对仿制药产业发展和公众用药产生不利影响。若采用第二种意见，可以相对更好地平衡创新药企业、仿制药企业和社会公众的利益，提高药品可及性和可获得性。

此外，还需要说明的是，《立法法》第93条对新法实施时，相关制度是否溯及既往作出了规定，即"法律、行政法规、地方性法规、自治条例和单行条例、规章不溯及既往，但为了更好地保护公民、法人和其他组织的权利和利益而作的特别规定除外"。据此，该问题需要在《专利法》等的修改过程中一并作出规定。

（三）条文演进

基于我国医药产业发展状况和创新主体需求，第十三届全国人大常委会在 2018 年 12 月 23 日对《中华人民共和国专利法修正案（草案）》进行第一次审议时，就药品专利期限补偿增加了如下规定：为补偿创新药品上市审评审批时间，对在中国境内与境外同步申请上市的创新药品发明专利，国务院可以决定延长专利权期限，延长期限不超过 5 年，创新药上市后总有效专利权期限不超过 14 年。

在全国人大常委会对《中华人民共和国专利法修正案（草案）》进行了第一次审议后，就草案向社会公开征求了意见。与此同时，国家知识产权局为配合立法机关推进《专利法》修改进程，也开展了相关调研论证工作。其间，有的意见提出，建议删除在中国境内与境外同步申请上市的要求，或者将其修改为首先在中国境内获得上市许可或者在中国境内与境外同步获得上市许可的创新药品，因国内药企首先选择在国内上市相关创新药品的，将无法满足上述条件。此外，有的意见还提出，建议将"创新药品""创新药"改为"新药"，认为"新药"为药品监管法律制度中现已使用的概念❶，据此，对已上市药品活性成分作出实质性改进的改良型新药，符合期限补偿条件的，也应对其相关专利权给予期限补偿。

基于调研论证有关情况，并进一步征求相关部门意见后，在全国人大常委会对《中华人民共和国专利法修正案（草案）》（二次审议稿）进行第二次审议前，国家知识产权局向全国人大常委会法制工作委员会报送了条款修改建议，内容如下：为补偿新药上市审评审批占用时间，对在中国获得上市许可的新药发明专利，国务院专利行政部门可以应专利权人的请求给予期限补偿。补偿期限不超过 5 年，新药上市后总有效专利权期限不超过 14 年。该条建议被立法机关所采纳，在 2020 年 6 月 28 日由第十三届全国人大常委会进行第二次审议后，向社会公开征求了意见。

2020 年 10 月 17 日，第十三届全国人大常委会对《中华人民共和国专利法修正案（草案）》（三次审议稿）进行了第三次审议，通过了关于修改《专利法》的决定。与第二次审议相比，第三次审议通过的条文内容作出了个别文字调整，修改后的专利法增加规定：为补偿新药上市审

---

❶ 根据《国务院关于改革药品医疗器械审评审批制度的意见》，"新药"可包括创新药和改良型新药。

评审批占用的时间，对在中国获得上市许可的新药相关发明专利，国务院专利行政部门应专利权人的请求给予专利权期限补偿。补偿期限不超过 5 年，新药批准上市后总有效专利权期限不超过 14 年。

该条对药品专利期限补偿作出原则性规定：一是明确适用该制度的药品为在中国获得上市许可的新药；二是明确药品专利期限补偿是依专利权人请求启动的程序；三是规定补偿期限不超过 5 年，且新药批准上市后总有效专利权期限不超过 14 年。其中，补偿期限依据相应方法计算得出，自原专利权期限届满日开始计算，同时，新药获得上市许可时的原专利权剩余期限与补偿期限之和不超过 14 年，上述两个条件需同时满足。

作为《专利法》配套法规，《专利法实施细则》将就适用药品和专利范围、补偿期限计算方法、补偿期间保护范围、请求条件等内容作进一步细化规定。

三、药品专利纠纷早期解决机制❶

（一）修改背景

一般而言，在仿制药的上市审评审批过程中，仅需考虑其安全性、有效性等问题；在仿制药上市后，如果专利权人或者利害关系人认为仿制药企业的相关行为侵犯了其专利权，可以向法院提起诉讼或者请求行政机关处理。但是，仿制药获得上市许可后，在原研药相关专利期限届满前就开始制造、销售仿制药，可能会面临侵犯专利权的风险。一旦法院判决侵权，仿制药企业因停止侵权行为，为生产该仿制药而进行的前期投入将无法收回，同时还要向原研药企业赔偿损失，患者用药在一定程度上也可能会受到相应影响。实践中，部分国家或者地区建立了药品专利链接制度，将仿制药上市审批程序与专利纠纷解决程序相衔接，在仿制药企业提交上市许可申请后即可寻求解决部分潜在的专利纠纷，以平衡原研药企业和仿制药企业的利益，保障公共健康。结合我国医药产业发展现状，借鉴国外成熟经验，引入药品专利纠纷早期解决机制，一

---

❶ 我国在建立该制度时，没有将其命名为"药品专利链接制度"，而是采用"药品专利纠纷早期解决机制"，本部分内容将对有关考虑予以说明。本部分内容中，在谈及国外制度时，采用"药品专利链接制度"这一表述，在涉及我国制度时，采用"药品专利纠纷早期解决机制"这一表述。

方面可以更好地维护专利权人的合法权益，另一方面也有利于促进仿制药产业发展，提高药品可及性。

（二）论证过程

药品专利纠纷早期解决机制是药品上市审批过程中的制度设计，现已建立该制度的国家中，通常在药品监管相关法律制度中就其主要内容作出规定，在《专利法》中就专利权人等可以在仿制药提交上市许可申请后提起诉讼的权利作出规定。下文将就该制度以及《专利法》修改过程中相关问题的调研论证情况进行说明。

1. 关于药品专利纠纷早期解决机制的主要内容

国务院专利行政部门配合国务院药品监督管理部门起草了《药品专利纠纷早期解决机制实施办法（试行）》（下文简称"实施办法"），就该机制主要内容作出规定。一是原研药专利信息登记公示。国务院药品监督管理部门组织建立中国上市药品专利信息登记平台，原研药企业在申请新药上市时，需要根据实施办法等规定的专利范围，在平台上登记相关专利信息，该专利信息向社会公开。二是仿制药专利声明。仿制药企业申请仿制药上市时，需要核对原研药企业登记在平台上的专利信息，针对每件专利提出专利声明，包括平台没有登记相关专利，平台登记的专利已过期，仿制药企业将在平台登记的专利到期后才开始制造、销售仿制药，平台登记的专利应当被宣告无效或者认为仿制药企业申请的仿制药不侵犯平台中登记的专利。三是仿制药批准等待期。在化学仿制药申请人作出相应声明，认为其申请的仿制药不侵犯平台中登记的专利权时，专利权人等可以向法院提起诉讼；或者，专利权人、利害关系人或者仿制药企业还可以向国务院专利行政部门请求行政裁决或者宣告专利权无效，国务院药品监管部门将在规定期限内中止审批，等待人民法院作出生效判决，或者等待国务院专利行政部门作出行政裁决或者无效决定。如果人民法院在批准等待期内未作出生效判决，或者国务院专利行政部门未作出行政裁决或者无效决定，国务院药品监管部门可以在批准等待期届满后批准仿制药上市。四是首仿药市场独占期。第一家成功挑战原研药专利并获得上市许可的仿制药企业，将享有一定期限的市场独占期。该机制主要流程具体参见图 3。

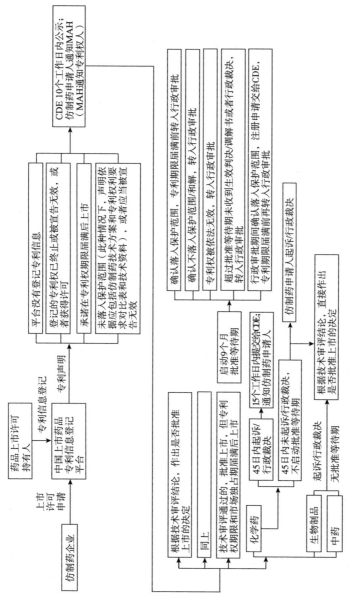

图3 药品专利纠纷早期解决机制流程

注：1. CDE 即国家药品监督管理局药品审评中心。

2. MAH 即药品上市许可持有人。

3. 45 日自 CDE 公开上市许可申请之日起算。

4. 批准等待期自立案/受理之日起计算，只设置一次，不停止技术审评。

2. 关于药品专利纠纷早期解决机制与药品专利链接制度

药品专利链接制度源于美国。美国在 1984 年通过药品价格竞争与专利期恢复法案（Hatch-Waxman 法案）建立了药品专利链接制度，并在 2009 年通过生物制品价格竞争和创新法案（BPCIA）建立了药品专利"舞蹈"制度。其中，药品专利链接制度仅适用于化学药，规定在化学仿制药提交上市许可申请后，专利权人等提起诉讼的，将启动批准等待期，如果在批准等待期内未能解决相关专利纠纷，美国食品药品监督管理局将不会批准仿制药上市，直至批准等待期届满。与药品专利链接制度不同，药品专利"舞蹈"制度没有就批准等待期作出规定，即便专利权人提起诉讼，也不会影响美国食品药品监督管理局对生物类似药的上市审批。据此，在一定情况下，"药品专利链接制度"会被理解为具有特定含义，即在该制度中，通过设置批准等待期，将相关药品的上市审批与部分潜在专利纠纷的解决直接相关联。

我国没有采用"药品专利链接制度"这一表述，而是使用"药品专利纠纷早期解决机制"，主要原因在于：我国在建立该制度时，考虑其同时适用于化学药、生物制品和中药，即对上述三类药品在提交上市许可申请后，均可就相关专利纠纷提起诉讼或者请求行政裁决；不同的是，三类药品就批准等待期采用不同的制度设计，具体而言，仅对化学药设置批准等待期，对生物制品和中药则不设置批准等待期，专利权人等可以通过申请保全措施寻求救济。

3. 关于专利权人等可以提起诉讼的理由

关于"诉由"，美国专利法规定了"拟制侵权"条款，将提交仿制药上市许可申请的行为本身认定为侵犯专利权行为，专利权人等可以据此提起"侵权之诉"。韩国专利法规定了两个"诉由"：一是依据韩国专利法第 126 条，专利权人等可以向法院提起诉讼，要求正在侵犯或者可能侵犯其专利权的人中止或者停止侵权；二是依据韩国专利法第 135 条，专利权人等可以向韩国知识产权局提起确认专利权范围的审判请求，根据韩国药事法的规定，依据韩国专利法请求确认专利权范围的审判即为请求确认申请注册药品的技术方案是否落入原研药相关专利权保护范围。加拿大在其专利药品（批准通知）条例［Patented Medicines（Notice of Compliance）Regulations］中规定，专利权人等可以请求法院确认制造、使用、销售该药品将侵犯其在药品专利登记簿中所列出的专利。

美国在建立药品专利链接制度时，通过"拟制侵权"条款将仿制药申请上市的行为硬性规定为侵权行为。但是，包括现已建立药品专利链接制度的韩国、加拿大等在内的国家和地区并没有采用这种做法，因为世界各国和地区普遍认为传统专利侵权行为包括制造、使用、销售、许诺销售、进口等，提交药品上市许可申请行为本身并不涉及实施专利，将其认定为侵犯专利权的行为与专利法律制度基本理念不符。据此，为解决专利权人等可以在相关药品上市审评审批过程中提起诉讼或者请求行政裁决这一问题，在《专利法》中将"诉由"规定为请求确认仿制药技术方案是否落入专利权保护范围即可。在调研论证过程中，大部分意见均对此表示赞同。

4. 关于通过行政途径解决相关专利纠纷

我国在建立药品专利纠纷早期解决机制时，在《专利法》中明确规定通过行政与司法两条途径解决专利纠纷可以更好地平衡专利权人、仿制药企和社会公众各方的利益，主要考虑如下：一是行政和司法两条途径"优势互补、有机衔接"的保护模式是我国专利法律制度设计的基本理念，在该制度设计中，宜坚持这一理念，确保专利保护机制的协调统一；二是行政裁决具有高效、便捷等特点，有利于及时化解纠纷，加快仿制药上市，促进我国医药产业发展，提高药品可及性，保障公共健康；三是在药品专利纠纷早期解决机制中引入行政途径是经国际实践证明切实可行的制度安排，例如，韩国设置有司法和行政两条途径，其制度设计和实践对我国具有较强的借鉴意义；四是可以为当事人提供更多可供选择的纠纷解决途径，有利于化解纠纷，降低制度运行成本。

在调研论证过程中，大部分意见认为提供更多可供选择的途径有利于当事人解决纠纷，且可以避免对仿制药上市产生不合理的影响。

5. 关于提起诉讼或者请求行政裁决的主体

在韩国，专利权人可以向法院提起专利侵权之诉，也可以向韩国知识产权裁判与上诉委员会（KIPTAB）请求确认仿制药技术方案落入相关专利权保护范围；同时，仿制药申请人也可以向 KIPTAB 请求确认仿制药技术方案不落入相关专利权保护范围。

对于我国，除规定专利权人等可以在相关药品上市审批过程中提起诉讼或者请求行政裁决外，还规定药品上市许可申请人也可以提起诉讼或者请求行政裁决，请求确认申请上市药品相关技术方案不落入中国上市药品专利信息登记平台记载的相关专利权保护范围，有利于避免因原研药企业滥用权利而不合理地延迟仿制药上市，进一步平衡原研药企业和仿制药企业的利益，提高药品可及性、保障公众健康。

6. 关于适用药品专利纠纷早期解决机制的专利范围

在美国，橙皮书是建立药品专利链接制度的基础。原研药企业在提交新药上市许可申请时，需要提交新药相关专利信息，并记载在橙皮书中，专利权人等仅可针对橙皮书中记载的专利提起基于药品专利链接制度的诉讼。此外，现已建立药品专利链接制度的韩国和加拿大等，也通过建立药品专利目录或者药品专利登记簿，对适用该制度的专利范围作出限制。采用此种做法，一是可以公示原研药相关专利信息，有利于仿制药企业开展仿制药研发活动；二是对适用药品专利链接制度的专利范围作出限定，可以避免原研药企业就外围专利和不相关专利提起诉讼，对仿制药企业造成过度负担，影响仿制药上市和药品可及性。

基于上述原因，可考虑借鉴美国、韩国、加拿大等国经验，就原研药专利信息登记制度作出类似规定，将适用药品专利纠纷早期解决机制的专利范围限定在中国上市药品专利信息登记平台中记载的相关专利。其中，关于化学药，可以考虑登记药物活性成分化合物专利、含活性成分的药物组合物专利、医药用途专利，同时排除晶型、中间体、代谢物、包装、制备方法专利等；关于生物制品，可以考虑登记序列结构专利和医药用途专利；关于中药，可以考虑登记中药材组合物专利、中药提取物专利、医药用途专利。

在调研论证过程中，有的观点认为，如果不对平台记载的专利进行审核，那么对平台应当记载的专利范围作出限制将可能失去意义。关于该问题，可考虑在后续司法诉讼或者行政裁决中一并解决，降低制度运行总体成本。

（三）条文演进

2017 年 10 月，中共中央办公厅、国务院办公厅印发了《关于深化审评审批制度改革鼓励药品医疗器械创新的意见》，提出要探索建立药品专利链接制度。文件发布后，国家知识产权局即配合国家药品监督管理局，就建立该制度开展了一系列相关工作，其中包括对该制度主要内容和《专利法》修改相关条款的研究论证。

全国人大常委会在 2018 年 12 月 23 日对《中华人民共和国专利法修

正案（草案）》进行了第一次审议之后，就草案向社会公开征求了意见。其间，有的意见提出，为加强对专利权人合法权益的保护，在仿制药上市前部分解决潜在的专利纠纷，避免仿制药上市后因专利侵权而导致前期投入无法挽回的损失，促进我国医药行业发展，有必要建立药品专利纠纷早期解决机制，并在《专利法》修改过程中，就专利权人等可以在仿制药企业提交仿制药上市许可申请后提起诉讼等内容作出规定。

基于我国医药产业发展现状和相关调研论证情况，在全国人大常委会对《中华人民共和国专利法修正案（草案）》（二次审议稿）进行第二次审议前，国家知识产权局配合国家药品监督管理局，向全国人大常委会法制工作委员会报送了关于该机制的相关立法建议，规定："专利权人或者利害关系人认为申请上市药品的相关技术方案落入中国上市药品专利信息登记平台登载的相关专利权保护范围的，可以自国务院药品监督管理部门公示药品上市许可申请之日起三十日内向人民法院提起诉讼或者向国务院专利行政部门申请行政裁决。专利权人或者利害关系人逾期未提起诉讼或者请求行政裁决的，药品上市许可申请人可以请求人民法院或者国务院专利行政部门确认申请上市药品的相关技术方案不落入中国上市药品专利信息登记平台登载的相关专利权保护范围。""人民法院或者国务院专利行政部门自专利权人或者利害关系人请求受理之日起九个月内作出生效裁判或者行政裁决的，对技术审评通过的化学药品上市许可申请，国务院药品监督管理部门可以根据人民法院裁判或者国务院专利行政部门行政裁决，作出是否批准药品上市的决定。当事人对国务院专利行政部门行政裁决不服的，可以自收到行政裁决之日起十五日内向人民法院起诉。""国务院药品监督管理部门会同国务院专利行政部门制定药品上市许可审批与药品上市许可申请阶段专利纠纷解决的具体衔接办法，报国务院同意后实施。"

该建议稿被立法机关所采纳，由全国人大常委会在 2020 年 6 月 28 日进行了第二次审议。该建议稿主要规定了以下几方面内容：一是明确专利权人提起诉讼或者请求行政裁决的权利；二是明确除专利权人外，仿制药上市许可申请人也可以提起诉讼或者请求行政裁决；三是明确该机制所涉相关药品专利范围；四是明确行政链接和司法链接两条途径；五是明确批准等待期；六是规定具体衔接办法由国家药品监督管理局会同国家知识产权局共同制定。

在第二次审议后，有的意见提出，药品专利纠纷早期解决机制的内容已超出专利法的范畴，建议《专利法》仅作原则性规定，并授权国务院或相关部门制定具体办法。❶ 2020 年 10 月 13 日，全国人民代表大会宪法和法律委员会的《关于〈中华人民共和国专利法修正案（草案）〉审议结果的报告》指出，药品专利纠纷早期解决机制属于新确立的制度机制，涉及药品专利权人和仿制药申请人利益平衡，应当稳妥推进；对于其中涉及专利的法律问题，《专利法》宜作原则规定、提供必要的法律依据，具体内容可由有关主管部门、司法机关依法予以细化并在实践中不断完善。据此，建议将相关规定整合修改后单列一条，规定："药品上市审评审批过程中，药品上市许可申请人与有关专利权人或者利害关系人，因申请注册的药品相关的专利权产生纠纷的，相关当事人可以向人民法院起诉，请求就申请注册的药品相关技术方案是否落入他人药品专利权保护范围作出判决。国务院药品监督管理部门在规定的期限内，可以根据人民法院生效裁判作出是否暂停批准相关药品上市的决定。""药品上市许可申请人与有关专利权人或者利害关系人也可以就申请注册的药品相关的专利权纠纷，向国务院专利行政部门请求行政裁决。""国务院药品监督管理部门会同国务院专利行政部门制定药品上市许可审批与药品上市许可申请阶段专利权纠纷解决的具体衔接办法，报国务院同意后实施。"❷

该条建议最终形成了全国人大常委会在 2020 年 10 月 17 日表决通过的《中华人民共和国专利法修正案（草案）》（三次审议稿）中关于该机制的相关内容。修正后的《专利法》新增的第 76 条中：

第 1 款规定了在药品上市审评审批过程中，专利权人等可以通过司法途径寻求解决部分潜在专利纠纷的权利，具体而言：一是在相关药企提交仿制药上市许可申请后，专利权人或者利害关系人可以向人民法院提起诉讼，请求解决相关专利纠纷；二是请求解决相关专利纠纷的主体，除专利权人或者利害关系人外，还包括药品上市许可申请人，即仿制药企业；三是相关当事人可以就"申请注册的药品相关的专利权"提起诉讼，关于该"相关的专利权"范围，将在其他文件中予以明确；四是与侵权诉讼不同，此类诉讼的诉由为请求确认仿制药相关技术方案是否落

---

❶❷　王瑞贺. 中华人民共和国专利法释义［M］. 北京：法律出版社，2021：317-318.

入相关专利权保护范围；五是明确国务院药品监督管理部门可以根据人民法院生效判决，在规定期限内作出是否暂停批准相关药品上市的决定，即该机制下有关批准等待期的适用。

第 2 款明确除司法途径外，专利权人、利害关系人或者药品上市许可申请人还可以通过行政途径解决上述专利纠纷。

第 3 款主要是为药品上市审评审批程序和药品专利纠纷解决程序的衔接预留了接口。

专利行政保护措施的完善

纪登波[1]

摘　要

专利行政保护是我国专利制度的重要特点，实践中为快速、高效解决专利侵权纠纷发挥了积极作用。随着技术创新特点的不断变化，特别是在群体侵权、网络侵权多发的背景下，第四次修正前的《专利法》中涉及专利行政保护的条款存在着一定的不足之处。本文针对这些实践中存在的不足，分析第四次《专利法》修正完善相关行政保护条款的意义。

关键词

专利行政保护　重大影响的专利侵权纠纷　合并处理　跨区域

---

❶　作者单位：国家知识产权局条法司。

保护知识产权是有效实现知识产权制度价值的重要前提，是建设创新型国家的内在需求。改革开放以来，我国逐步建立并完善了具有中国特色的专利行政保护体系。为适应我国改变经济发展方式的新形势，解决技术不断发展带来的新问题，《中华人民共和国专利法》（以下简称《专利法》）第四次修改对专利行政保护相关措施进行了新的调整，以期不断强化专利行政保护的执法效果，促进创新型国家建设。

一、专利行政保护制度简介

自专利制度建立之初，我国即在《专利法》中规定了行政保护与司法保护"两条途径、协调运作"的保护模式。广义上的专利行政执法包括对专利侵权纠纷的处理、对假冒专利行为的查处以及对专利纠纷的调解。其中，对专利侵权纠纷的处理属于行政裁决，对假冒专利的查处属于行政处罚，对专利纠纷的调解属于行政调解。对于专利侵权纠纷，当事人可以自行协商解决，也可以选择司法、行政裁决、调解等方式解决。当前我国创新主体以中小微企业居多，其专利产品更新快、市场周期短，对快速维权的需求迫切。多元化的纠纷解决途径，可以满足不同创新主体的多种需求。

为提升专利行政执法效率和效果，国家知识产权局不断完善、细化专利行政保护程序，出台了《专利行政执法办法》《专利行政执法操作指南（试行）》《专利侵权判定和假冒专利行为认定指南（试行）》《专利行政执法文书表格》等部门规章及规范性文件，有效提升全系统办案工作的规范化水平。

多年的实践表明，专利行政保护具有简便、快捷、便民和低成本等优势，尤其是对于事实相对清楚、侵权易于判定的纠纷，优先通过行政途径解决，可以实现快保护，满足创新主体需求，是我国知识产权保护体系中具有中国特色的重要组成部分。行政保护与司法保护优势互补、有机衔接，在及时化解纠纷以及维护专利权人和社会公众权益方面发挥了积极作用。

二、专利行政保护存在的问题

随着技术创新特别是电子商务和现代物流业的不断发展，专利侵权行为呈现链条化、网络化、复杂化的新特点，专利侵权现象时有发生，专利权人普遍反映专利维权存在举证难、周期长、赔偿低、成本高、效果差等突出问题，专利保护状况与创新主体的需求存在较大差距，严重挫伤了企业创新的积极性。特别是专利行政保护权限不足、手段少、力量弱，其便利、快捷、费用少、效率高的优势没有充分体现，不能有效弥补司法保护的不足。此次《专利法》修改之前，专利行政保护存在的问题具体体现在以下四点。

（一）处理专利群体侵权行为效率不高

随着新技术的发展，专利侵权产品制造、扩散的范围和速度大大增加，大面积群体侵权现象时有发生。对于侵犯同一专利权的群体侵权案件，专利管理部门只能分别处理。为此，专利权人必须就每个侵权案件分别提出维权诉求，不堪其累，尤其是对一些市场寿命较短的产品，经常束手无策，甚至不得不放弃专利维权。这不仅挫伤了创新者的信心，客观上还纵容了侵权行为，不利于营造良好的创新环境。

（二）处理跨地域侵权案件效果不好

实践中，随着现代物流业的发展和商品流通的加快，针对同一专利权的侵权行为往往分布在多个地区。根据职能，地方专利管理部门只能处理本行政辖区内的专利侵权案件，对于侵权行为发生在不同行政辖区内的案件，往往难以协调处理，不能全面认定侵权事实，难以满足权利人及时制止侵权行为的诉求。

（三）对于复杂涉外等在全国有重大影响的案件缺乏国家层面处理职能

根据修改前《专利法》的规定，国家知识产权局承担指导地方知识产权行政执法的职能，但不能对专利侵权纠纷作出行政裁决。现阶段，重大、复杂的侵权案件时有发生。一是对于在全国有重大影响的专利侵权案件，跨地区侵权行为越来越多，给权利人维权造成极大的困扰，由某个地方专利管理部门处理跨省区市的群体侵权、跨地区侵权等复杂案件存在难度。二是对于涉外案件，涉外因素增加了处理的难度和敏感度，可能对全国范围的侵权纠纷处理工作产生影响。地方专利管理部门仅负责处理本行政区域内的侵权案件，面对上述两类案件时往往能力有限，影响专利保护效果。

（四）处理侵权纠纷时缺失行政调查措施

"举证难"问题是专利维权中的突出问题之一。专利权的客体具有无形性，侵权行为具有极强的隐蔽性，权利人在维权过程中常常处于无法取证的尴尬境地，在很大程度上限制了专利权人维权的积极性和有效性。而修改前的《专利法》仅就查处涉嫌假冒专利行为的调查取证手段作出了规定，没有明确规定针对专利侵权行为的调查取证手段，致使管理专利工作的部门在处理专利侵权纠纷时不能主动采取相关行政调查措施，如现场调查，查阅、复制有关资料等，难以帮助专利权人摆脱举证困境。

三、完善措施及条款解读

为完善专利行政保护，解决现行规定的不足，第四次修改《专利法》过程中，对涉及专利行政保护的条款作出了以下调整。

（一）根据机构改革方案调整执法机关，加大对假冒专利行为处罚力度

修改后的《专利法》第 68 条规定："假冒专利的，除依法承担民事责任外，由负责专利执法的部门责令改正并予公告，没收违法所得，可以处违法所得五倍以下的罚款；没有违法所得或者违法所得在五万元以下的，可以处二十五万元以下的罚款；构成犯罪的，依法追究刑事责任。"该条修改之处有两点：

一是落实机构改革要求，调整相关执法机关。2018 年国家机构改革后，国家市场监督管理总局、国家知识产权局"三定"（职能配置、内设机构、人员编制）方案均规定："国家知识产权局负责对商标专利执法工作的业务指导，制定并指导实施商标权、专利权确权和侵权判断标准，制定商标专利执法的检验、鉴定和其他相关标准，建立机制，做好政策标准衔接和信息通报等工作。国家市场监督管理总局负责组织指导商标专利执法工作。"

根据上述改革方案要求，本次《专利法》将查处假冒专利行为的执法机关由管理专利工作的部门调整为负责专利执法的部门（具体指市场监督管理部门），处理侵权纠纷仍由管理专利工作的部门负责（具体指国家知识产权局及地方知识产权局）。除该条外，修改前的《专利法》第 64 条在修改后变为第 69 条，对其中的执法机关也进行了适应性调整。

二是提高了对假冒专利行为的行政处罚力度。目前，随着互联网技术应用及跨境电商等产业发展，我国部分地区侵犯专利权和假冒专利的问题比较突出。由于侵权成本低、互联网环境下违法行为隐蔽性强，违法者往往存在侥幸甚至毫无忌惮，大量假冒专利行为多次反复实施，不仅扰乱了市场经济运行和专利管理秩序，也严重影响我国创新能力的提升。因此，本次《专利法》修改加大了对假冒专利行为进行行政处罚的力度，针对有违法所得的情形，将处违法所得"四倍以下"罚款提高到"五倍以下"；在没有违法所得或者违法所得在五万元以下的情况下，将处"二十万元以下"罚款提高到"二十五万元以下"。

（二）增加管理专利工作的部门处理侵权纠纷时的调查措施

《专利法》修改之前，管理专利工作的部门在处理专利侵权纠纷时，不能主动采取相关行政调查措施，如现场调查、查阅复制有关资料等，难以帮助专利权人摆脱举证困境。为有针对性地完善解决"举证难"的问题，《专利法》第69条增加第2款规定，管理专利工作的部门应专利权人或者利害关系人的请求处理专利侵权纠纷时，可以询问有关当事人，调查与涉嫌违法行为有关的情况，对当事人涉嫌违法行为的场所实施现场检查，检查与涉嫌违法行为有关的产品。通过上述完善措施，提升调查取证效率，充分发挥行政机关处理侵权纠纷便利、快捷的优势。

值得注意的是，管理专利工作的部门在处理专利侵权纠纷时，不能够参照专利行政执法机关查处假冒专利，采取查阅、复制与涉嫌违法行为有关的合同、发票、账簿以及查封、扣押等行政调查及强制措施。上述规定主要考虑到与假冒专利行政执法不同，处理专利侵权纠纷是行政机关对民事主体的纠纷进行行政裁决；与法院司法诉讼不同，行政机关不能对赔偿数额予以直接认定。考虑到处理专利侵权纠纷的上述性质，没有必要增加行政机关查询账簿、查封扣押等措施。此外，考虑到查封、扣押等对企业生产经营活动影响较大，也不宜在认定专利侵权过程中行使。因此本次修改规定管理专利工作的部门仅能采取询问当事人、实施现场检查以及检查相关产品等相关措施，不能查阅账簿以及查封扣押。

（三）进一步完善侵权纠纷处理机制

为进一步完善行政机关专利侵权纠纷处理机制，《专利法》修改新增第70条，规定"国务院专利行政部门可以应专利权人或者利害关系人的请求处理在全国有重大影响的专利侵权纠纷。地方人民政府管理专利工作的部门应专利权人或者利害关系人请求处理专利侵权纠纷，对在本行政区域内侵犯其同一专利权的案件可以合并处理；对跨区域侵犯其同一专利权的案件可以请求上级地方人民政府管理专利工作的部门处理。"

该条规定从三个方面完善了侵权纠纷处理机制：

一是明确国务院专利行政部门可以处理在全国有重大影响的专利侵权纠纷。根据修改前《专利法》的规定，国家知识产权局承担指导地方知识产权行政执法的职能，但不能直接受理专利侵权纠纷及作出行政裁决，这就导致地方管理专利工作的部门处理在全国有重大影响的专利侵权案件以及跨地区侵权案件时，往往难度较大，效果受限。此次修改明确国务院专利行政部门可以处理在全国有重大影响的专利侵权纠纷，进一步合理解决涉及国家贸易、产业战略发展、国家卫生安全等具有重大影响的纠纷，提高专利侵权纠纷处理水平，统一侵权认定标准，充分发挥国务院专利行政部门在指导协调全国专利行政保护工作方面的作用，健全专利行政保护体系。

二是明确地方专利管理部门可以合并处理本行政区域内侵犯同一专利权案件。通过健全侵权纠纷处理程序，依法快速对侵权案件进行处理，解决群体侵权等情况下权利人只能就每一个被控侵权人分别提出侵权处理请求，而专利管理部门只能分别单独进行立案、调查、认定的突出问题，提高案件处理效率，更大限度发挥专利行政保护便捷高效的特点。

三是明确跨区域专利侵权案件可由上级专利管理部门处理。明确跨区域专利侵权案件可以由上级专利管理部门处理，对于跨区域侵权案件，能够满足权利人尽快制止侵权行为的诉求，降低权利人维权成本，进一步完善侵权纠纷处理机制，增强专利保护效果。

外观设计制度的完善

孙　迪[❶]

摘　要

《专利法》第四次修改进一步完善了外观设计制度，引入了局部外观设计、外观设计本国优先权，延长了外观设计的保护期限。本文从制度发展的回顾和态势分析入手，从修改背景、制度思考、条款解读三个方面对上述修改内容进行阐述。

关键词

局部外观设计　保护期限　本国优先权

---

❶　作者单位：国家知识产权局条法司。

随着人类社会的不断发展进步，公众对样式新颖、风格时尚、美观大方、赏心悦目的产品的需求不断增加。在激烈的国内外市场竞争中，当产品的质量、性能相同或者相当时，其外观设计的优劣往往成为影响消费者选择的决定性因素。改善产品的外观设计对扩大市场份额有很大促进作用，这主要通过设计创新产生。授予外观设计专利权的主要目的在于促进产品外观的改进，增强产品的市场竞争力，美化生活或者工作的环境和氛围。❶ 在《中华人民共和国专利法》（以下简称《专利法》）第四次修改中进一步完善了外观设计制度❷，引入了局部外观设计、外观设计本国优先权，延长了外观设计的保护期限。

一、我国外观设计制度发展的回顾和态势分析

我国于 1985 年 4 月 1 日实施了《专利法》，并于 1992 年、2000 年、2008 年、2020 年四次对《专利法》进行了修正。外观设计制度从无到有，不断发展和完善。

下面就与《专利法》第四次修改相关的制度发展进行回顾。我国《专利法》在立法之初引入了外观设计制度，外观设计的定义当时规定在《中华人民共和国专利法实施细则》（以下简称《专利法实施细则》）中，是指对产品的形状、图案、色彩或者其结合所作出的富有美感并适于工业上应用的新设计。外观设计专利权的保护期限为 5 年，可以续展 3 年；引入了外国优先权制度。1992 年，第一次《专利法》修改，将外观设计的保护期限延长为 10 年，引入了发明、实用新型的本国优先权制度。2001 年，考虑到色彩难以单独构成被授予专利权的设计方案，在《专利法实施细则》修改中将外观设计的定义修改为对产品的形状、图案或者其结合以及色彩与形状、图案的结合所作出的富有美感并适于工业应用的新设计。2008 年，第三次《专利法》修改，将外观设计的定义转移到专利法中；引入了相似外观设计制度，允许同一申请人围绕其核心设计对同一产品提出一组彼此略有不同，但又整体相似的外观设计方案。

表 1 展示了我国外观设计制度发展态势，分别选取了 1985 年、1992

---

❶ 尹新天. 中国专利法详解 [M]. 北京：知识产权出版社，2011：23.

❷ 陈扬跃，马正平. 专利法第四次修改的主要内容与价值取向 [J]. 知识产权，2020 (12)：6-19.

年、2000 年、2008 年和 2019 年五个时间点统计了外观设计国内、国外受理量和向外申请量。

表 1　我国外观设计专利申请受理量和向外专利申请量　　单位：件

名称	1985 年	1992 年	2000 年	2008 年	2019 年
国内受理量❶	269	7568	4.7 万	29.9 万	69.2 万
国外受理量❷	371	789	0.4 万	1.4 万	2.0 万
向外申请量❸	——	——	268	2240	2.3 万

从数据可以看出，在外观设计制度建立之初，我国国外专利申请受理量略高于国内专利申请受理量，随着三十多年来的不断发展，制度保护和激励设计创新的作用逐渐显现。一是国内的外观设计专利申请受理量不断增长，反映出我国设计行业创新能力不断提升，寻求外观设计保护的需求不断增强。二是国外外观设计专利申请受理量稳步增长，反映随着我国营商环境不断优化，国外设计企业进入我国市场寻求专利保护的需求稳定提高，对我国专利保护的信心不断增强。三是我国申请人向外申请外观设计专利的量近年来增长较快，特别是近十年来增长近十倍，反映出我国企业"走出去"到国外寻求外观设计保护的需求增长迅速。

在《专利法》第四次修改过程中，经过了广泛深入的调查研究，坚持以问题为导向，引入了局部外观设计、外观设计本国优先权，延长了外观设计的保护期限。下面分别从修改背景、制度思考、条款解读三个方面对上述修改内容进行分析。

二、局部外观设计

（一）修改背景

近年来，设计行业对保护局部设计创新的需求越来越强烈。在设计创新的实践中，设计师有时候会做出具有颠覆性的产品整体设计创新，但更多时候是对产品的某些部分进行改良性的局部设计创新。尤其是对

---

❶　数据来自国家知识产权局官网统计年报。

❷　数据来自国家知识产权局官网统计年报。

❸　数据来自世界知识产权组织官网数据中心。

于一些设计空间越来越小的产品，不同企业之间产品的差异，往往就在于局部的设计特征。2014 年的一次问卷调查结果显示，有超过 50％的被调查者认为局部设计创新占有重要比重。局部创新逐渐成为设计创新的主要方式，对局部外观设计的保护是工业设计发展到一定阶段的必然要求。同时，设计不仅关系到产品是否具有美感，还关系到企业无法替代的产品形象和品牌形象。企业产品的风格虽然经常出现新的变化，但其不断变化中仍然会保持一定的继承性，即"设计 DNA"。通过优良设计长期营造出来的"设计 DNA"以及其附带的值得信赖的产品形象和品牌形象往往更具价值。由于"设计 DNA"往往是通过某些局部设计特征来体现的，对这些局部设计特征的保护需求也越来越强烈。

同时，世界上大部分国家或地区都有保护局部外观设计的制度。世界知识产权组织提供的调查结果显示，参与调查的 42 个国家和地区中，有 31 个保护局部外观设计。由于第四次《专利法》修改前我国只保护整体外观设计，局部设计创新也只能依附于整体产品而提出申请，因此我国申请人向外申请部分外观设计保护时，通常不能以其在国内的整体外观设计在先申请为基础享有优先权，不利于我国申请人在国外更好地获得知识产权保护。

（二）修改思路及过程

保护局部外观设计有以下三个方面的优点：

一是可以满足创新主体需求，弥补外观设计整体保护的局限。一方面，消费者越来越关注细节设计而不仅仅是整体，企业也越来越多地将设计关注点放在产品细节上、局部上，保护局部外观设计有利于鼓励设计领域的创新。另一方面，构成侵权的整体模仿行为越来越多地转向难以被认定为侵权的抄袭、模仿局部创新，并会有意在整体上不构成近似，因此保护局部外观设计更有利于权利人权益保障。

二是符合知识产权国际发展趋势，有利于我国企业"走出去"。美国、日本、欧洲、韩国等国家和地区均对局部外观设计予以保护，我国企业要"走出去"，参与国际竞争就必须熟悉和运用国际规则。缺少局部外观设计保护制度，不利于我国申请人在国外获得外观设计保护。

三是有利于提高专利申请质量。保护局部外观设计后，申请人可以仅对其关键局部外观设计进行保护，不必再提交局部设计与产品整体大量组合的申请，从而减少大量不必要的专利申请，有利于提高专利申请质量。

为此，本次《专利法》修改将第 2 条第 4 款修改为："外观设计，是指对产品的整体或者局部的形状、图案或者其结合以及色彩与形状、图案的结合所作出的富有美感并适于工业应用的新设计。"将外观设计的保护客体扩大到了局部外观设计。

在立法过程中，曾有社会公众担心引入局部外观设计保护制度会导致申请量的大幅度增长。对于这个问题从以下几个方面进行分析。第一，近年来我国外观设计专利申请量总体稳定，说明社会公众对外观设计专利的认知趋于理性。第二，局部外观设计保护制度在授权阶段会有严格的标准，国家知识产权局可以通过对保护客体的具体规定调控局部外观设计专利的授权数量，确保授权质量。第三，实施局部外观设计保护制度后，会出现申请人只提交产品核心设计的情况，也会出现同时提交产品整体设计与局部设计的情况。前一种情况将会进一步优化外观设计专利的申请结构，降低申请量，提升专利质量；后一种情况可能会导致申请量有所增长，但是专利权人也需要同时缴纳多份外观设计专利的申请费及年费，理性的申请人会从经济角度权衡需要提交的局部外观设计专利申请数量。因此，引入局部外观设计保护制度后，短期内外观设计专利申请量大幅增长的可能性极低。❶

关于"局部"的用语选择，局部外观设计的英文为"partial design"，在之前的研究中曾有学者翻译为"部分外观设计"。考虑到该制度的实质是为某些相对完整的设计单元提供保护，而汉语中"局部"相对于"部分"语义略窄，指向性更为明确，更加符合该制度的实质，因此考虑在法律条文中使用"局部"一词。

申请人在准备局部外观设计专利申请时需要考虑以下几个方面。一是局部外观设计应当是能够与其他外观设计进行比较的相对完整的设计单元，涉及多个部分时，所有多个部分应具有整体性，不能作为完整设计单元比较的部分一般不能成为局部外观设计的保护对象；二是局部外观设计的专利申请文件需要准备整体产品的视图，可以将欲获得外观设计专利保护的部分用实线绘制，其他部分用虚线绘制；三是可以将请求

---

❶ 严若菡，郭静娴. 引入局部外观设计保护制度的必要性和规则制定：从实务视角的研究[M]//国家知识产权局条法司. 专利法研究 2019. 北京：知识产权出版社，2020：75-76.

保护与非请求保护部分的区分方式记载于外观设计简要说明中。关于局部外观设计专利申请的具体要求将在《专利法实施细则》和《专利审查指南》中规定，比如：明确如何提交局部外观设计专利申请的视图，如何表明所需要保护的内容等。

三、外观设计本国优先权

（一）修改背景

2008 年修改后的《专利法》增加了"相似外观设计"概念，规定同一产品两项以上的相似外观设计，可以作为一件申请提出。但由于没有外观设计本国优先权制度，申请人在我国申请了外观设计专利之后，又在我国提交该设计的相似外观设计的专利申请的，会因前后两件申请属于同样的发明创造导致在后申请不能获得授权。因此，国内申请人只能在产品的所有设计构思完全成熟、相似设计已经全部完成后，于同一天提出合案申请。相比之下，申请人在国外首次提出一件外观设计专利申请后可不断完善，并在优先权期限内，向中国提交包含首次申请在内的、最多 10 项相似外观设计的合案申请。这样的相似外观设计专利申请不但可以被授予专利权，而且其中要求了外国优先权的设计项还可以享受外国优先权，这给了外国申请人完善设计、调整保护范围的机会。

（二）修改思路及过程

引入外观设计本国优先权主要有以下三个方面的优点：

一是完善相似设计合案申请制度的需要。增加外观设计本国优先权制度后，中国申请人可以享受和国外申请人同样的待遇，从而减少由"相似外观设计"和"外国优先权制度"所带来的国内外申请人权利不对等问题。

二是引入局部外观设计保护制度的需要。外国申请人在国外提交局部外观设计专利的首次申请，以其为优先权基础在中国提出申请时，按照我国目前对优先权相同主题的认定方式，既可以把虚线描实，以整体来保护，也可以继续以局部设计来保护，均可以享有外国优先权。但是，由于没有本国优先权制度，中国申请人如果想在产品整体与局部之间转换，就无法得到对自己有利的申请日。例如，申请人在中国就某产品整体申请了外观设计专利之后，再以产品的局部提交外观设计专利申请，为了避免在先申请构成在后申请的抵触申请，申请人必须主动撤回在先申请；但是由于没有本国优先权，即使在后申请的设计方案在很早之前已经完成，其也无法享受在先申请的申请日。这既不利于保护申请人发明创造的积极性，也使本国申请人在申请日和保护范围方面相比外国申请人处于劣势。因此，我国若建立局部外观设计保护制度，也需要相应建立本国优先权制度作为补充，才能保证国内、国外申请人权利平等，保护我国专利权人的合法权益。

三是加入国际协定的需要。如果加入《工业品外观设计国际注册海牙协定》（以下简称《海牙协定》），我国拟不提出"禁止自我指定"的声明，即申请人可以提交海牙国际申请并指定中国。申请人在中国提出外观设计专利首次申请，6个月内就同一主题提出海牙国际申请并指定中国，可以享有其在中国在先申请的优先权，相当于变相享受了本国优先权。而未通过《海牙协定》、直接在中国提交的在后外观设计专利申请不能享受在先申请的本国优先权。同一申请会因申请途径不同，在能否享受本国优先权的问题上得到不同的结论，这既造成了权利的不公平，也会导致制度上的混乱。如果增加本国优先权制度，就可以很好地解决上述权利不对等的问题。因此，建立外观设计本国优先权制度是我国加入《海牙协定》后的迫切需要和对法律体系的有力补充。

我国于1992年在《专利法》中引入了本国优先权制度，其在发明和实用新型专利领域已运行多年，这为在外观设计专利领域制定符合自身特色的本国优先权制度奠定了法律基础和理论支持。同时，外观设计的本国优先权与外国优先权对相同主题的判断原则基本相同，具有较好的实践基础，外观设计本国优先权制度可以很快被广大申请人以及审查员所适应并良性运行。

本次《专利法》修改时，在第29条第2款中增加了"或者自外观设计在中国第一次提出专利申请之日起六个月内"，新增加了外观设计本国优先权制度。发明、实用新型和外观设计专利申请均可以作为外观设计本国优先权的基础。外观设计专利申请的申请人要求本国优先权，在先申请是发明或者实用新型专利申请的，可以就附图显示的相同主题提出外观设计专利申请；在先申请是外观设计专利申请的，可以就相同主题提出外观设计专利申请。但是，提出后一申请时，在先申请已经要求外国优先权或者本国优先权的，或者已经被授予专利权的，或者属于按照规定提出的分案申请的，不得作为要求本国优先权的基础。需要注意的是，要求外观设计本国优先权的，如果其在先申请为外观设计专利申请，则自后一外观设计专利申请提出之日起，在先申请将被视为撤回。

四、延长外观设计的保护期限

（一）修改背景

随着中国企业"走出去"步伐持续加快，在境外获得外观设计保护的需求明显增加。实践中，企业反映向外获得外观设计保护的主要障碍和困难在于费用高、程序复杂。对于广大中国企业来说，海牙体系通过"一次申请、多国保护"的方式，可以满足企业对简便、快捷的外观设计多边注册程序的需求，大大降低我国企业参与国际竞争的成本。但是，目前我国外观设计专利的保护期限还不能满足《海牙协定》1999 年文本要求缔约方提供不低于 15 年的保护期的最低要求。这成为我国加入《海牙协定》的法律障碍，不利于我国企业更便利地在国外获得外观设计保护。

同时，外观设计涉及领域广泛，产品生命周期长短不一，对产品外观设计保护周期的需求也存在多样性。延长保护期限有利于满足需要较长的保护期限的行业的需求，且并不会对需要较短的保护期限的行业产生负面影响。另外，对企业而言，延长外观设计保护周期对于品牌产品的风格延续、畅销经典产品的保护都具有重要的实际意义。

（二）修改思路及过程

从世界范围内的立法情况来看，延长外观设计的保护期限是国际趋势：欧盟及多数欧洲国家的外观设计保护期限是自申请日起 25 年，初始 5 年，可以进行 4 次续展；日本、韩国近年来相继将本国的外观设计保护期限从 15 年分别修改为 25 年、20 年；美国为了加入《海牙协定》，于 2015 年将外观设计专利权的保护期限由自授权日起 14 年改为 15 年。

延长外观设计保护期限主要有两点优点：

一是满足创新主体多元化需求。延长外观设计保护期限，会对维持年限较长的优秀外观设计产生积极的作用，有利于鼓励设计创新，❶ 同时

---

❶ 陈扬跃，马正平. 专利法第四次修改的主要内容与价值取向 [J]. 知识产权，2020（12）：6-19.

也不会对维持年限较短的外观设计专利产生不利影响。

二是与《海牙协定》保护期限协调。加入《海牙协定》，我国需要承担的主要义务是承认国际注册的效力，即对国际注册的外观设计在规定期限内未发现实体驳回理由的，应承认该外观设计与我国授权的外观设计专利具有同等效力，并对该外观设计提供不低于 15 年的保护。如果维持现行《专利法》规定的外观设计保护期限，会造成通过国内途径提交的申请受到保护的期限明显短于通过限海牙途径提交的申请，两者没有享受同等的权益，将不利于国内申请所涉及的相关主体。因此需要考虑通过修改《专利法》，延长外观设计保护期限与《海牙协定》保护期限协调一致，以消除差异并使国内主体享有同等权益。

结合我国现有工业设计发展水平，将外观设计保护期限延长到自申请日起 15 年，既可以强化我国外观设计专利权的保护，也为我国加入《海牙协定》创造条件，满足创新主体向外申请和保护期限多元化的需求。

关于期限延长的方式，在本次《专利法》修改过程中，曾有意见建议采用续展制。我国《专利法》曾经采用过续展模式，后被逐渐舍弃，因为续展制在实践中会增加主管部门和权利人的管理成本，还会增加权利丧失的风险。实际上，权利人要维持专利权或者放弃专利权，完全可以通过是否缴纳年费来选择，不必设置单独的程序。因此，本次《专利法》修改继续采用了直接延长至 15 年的方式延长外观设计专利权保护期限。

关于完善职务发明制度
相关条款介绍

张　熙[1]

摘　要

职务发明法律制度作为调整单位和发明人权利和利益分配的基础制度，对于促进专利转化运用起到了重要作用。《专利法》第四次修改中，对职务发明成果的处置及激励措施进行了进一步明确。本文聚焦高校和科研院所职务发明转化过程中遇到的问题，介绍《专利法》职务发明制度完善过程中存在的争议和最终解决方案，并就修改后的条款进行分析，以期读者能够更好地进行法律理解和适用。

关键词

《专利法》第四次修改　高校　科研院所　职务发明　转化运用

---

[1]　作者单位：国家知识产权局条法司。

一、职务发明成果转化运用过程存在的问题

(一) 存在问题

随着现代科技的发展，技术研究开发活动越来依靠团队协作，职务发明数量和比例的增长都非常迅速。据统计，2006 年国家知识产权局授权的国内发明专利中，职务发明的数量占 73.4%[1]；而到 2020 年，国家知识产权局授权的国内发明专利中，职务发明占比已经高达 96.2%[2]。职务发明法律制度作为调整单位和发明人权利和利益分配的基础制度，对调动单位及其研发人员的创新积极性、促进发明成果的转移转化起到非常重要的作用。而职务发明制度在运行过程中，尤其是高校和科研院所的职务发明在转化过程中，出现了一些新问题和新需求。

我国高校和科研院所积聚了大量高层次人才，承担了很多国家科研任务，积累了大量基础性和原创性科研成果，拥有相当一部分专利权。但总体来看，我国高校和科研院所专利转化情况并不理想。《2020 年中国专利调查报告》显示，我国国内有效专利转化率为 34.7%，高校、科研院所专利实施率分别只有 3.8% 和 11.3%[3]，这与我国创新驱动发展的形势及需求不相适应。

(二) 问题分析

高校和科研院所的专利的转化实施率较低是由多方面因素造成的。

一方面，高校、科研院所自身的转化实施条件有所不足。目前主管部门对高校、科研院所工作的评价指标仍以教学和科研为核心，科技成果转化工作占比很少，因此论文和科研成果数量是其关注重点。在主管部门评价指标体系没有大的改变前，其从事科技成果转化的内生动力不足。同时，高校、科研院所的科技成果从实验室研发成果阶段到市场化阶段还需要一定时期的继续研究和过渡，而实践中负责研发的人员和负责科技成果转化的人员是两班人马，难以做到有效对接。

---

[1] 参见：国家知识产权局 2006 年度报告。

[2] 参见：国家知识产权局 2020 年度报告。

[3] 参见：国家知识产权局战略规划司、国家知识产权局知识产权发展研究中心发布的《2020 年中国专利调查报告》。

另一方面，高校、科研院所在科技成果转化中还存在一些体制机制上的障碍。如因为科技成果的价值很难准确预测和评估，在转让、许可或者技术入股过程中，如果估值不准确可能会造成"贱卖"国有资产，导致国有资产流失，从而使得相关负责人在实际转化运用过程中顾虑重重。科技成果转化的审批和监管程序也较为复杂，诸如价值评估要求、事后备案、税收等程序还需要进一步完善。

二、破解难题的举措与尝试

（一）法律法规及政策规定

为了促进高校、科研院所科技成果转化，国家陆续出台了一系列举措，取得了一定进展。

2011 年财政部发布《关于在中关村国家自主创新示范区进行中央级事业单位科技成果处置权改革试点的通知》和《关于在中关村国家自主创新示范区开展中央级事业单位科技成果收益权管理改革试点的意见》，拉开了科技成果"三权"改革的序幕，将科技成果的使用权、收益权和处置权交还给单位。

2014 年 9 月，财政部、科学技术部（以下简称"科技部"）和国家知识产权局联合发布《关于开展深化中央级事业单位科技成果使用、处置和收益管理改革试点的通知》，在部分单位开展科技成果使用、处置和收益管理改革试点。一是不再区分金额，所有科技成果的处置都不再审批；二是处置收益全部留归单位所有。

2015 年修改的《中华人民共和国促进科技成果转化法》将上述试点改革经验法律化，进一步推广至全国，其新增的第 18 条规定：国家设立的研究开发机构、高等院校对其持有的科技成果，可以自主决定转让、许可或者作价投资，但应当通过协议定价、在技术交易市场挂牌交易、拍卖等方式确定价格。该法第 19 条规定：国家设立的研究开发机构、高等院校所取得的职务科技成果，完成人和参加人在不变更职务科技成果权属的前提下，可以根据与本单位的协议进行该项科技成果的转化，并享有协议规定的权益。

2020 年 5 月，科技部等九部门印发《赋予科研人员职务科技成果所有权或长期使用权试点实施方案》，进一步提出"通过赋予科研人员职务科技成果所有权或长期使用权实施产权激励，完善科技成果转化激励政策，激发科研人员创新创业的积极性"。

（二）地方有关实践

除中央及有关部委的相关规定，各地方也在不断先行先试，下放科技成果的处置权和收益权。

2012 年，武汉开展试点，允许科研机构和高校与发明人协商实施专利，并明确发明人的收益比例，在试点地区内取得了很好的效果。2015 年发布《武汉市知识产权促进和保护条例》规定，"高等学校、科研院所可以与项目研发团队就该项目知识产权的归属、处置以及收益分配比例等作出书面约定。利用财政性资金形成的研发成果，其知识产权按照国家、省有关规定办理。"

北京市在 2014 年初通过地方规范性文件，赋予高校对科技成果的自主处置权，并明确规定发明人实施转化的收益比例。2019 年，《北京市促进科技成果转化条例》提出："政府设立的研发机构、高等院校，可以将其依法取得的职务科技成果的知识产权，以及其他未形成知识产权的职务科技成果的使用、转让、投资等权利，全部或者部分给予科技成果完成人，并同时约定双方科技成果转化收入分配方式。"

（三）高校、科研院所尝试

在此过程中，高校、科研院所本身也采取了诸多尝试。

有高校探索实施了职务科技成果混合所有制改革，即允许职务发明人与单位共同拥有职务发明专利权；将专利作价入股成立创业公司或者转让给第三方时，发明人和学校共同持有新设公司的股权，以此来提高发明人从事研发和转化的积极性。

还有高校则是以全资资产公司的名义与社会资本建立成果转化的项目合作公司，并在与职务科技成果发明团队事先做好股权分配约定的前提下，将科技成果专利权入资项目公司，在工商注册时将股权分配到全资公司和奖励给科研团队。

另有科研院所在科技成果转化环节，其下属各院所根据各自学科与专业特色，采用了不同类型的科技成果转化模式。除多数院所科技成果转化采用传统科技成果许可和转让形式外，为提高科研人员科技成果转化积极性，科技成果作价入股转化方式也被广泛采用。由于各院所科技成果转化涉及主体专业内容的不同，科技成果作价入股的具体方式也有差异❶。

三、《专利法》相关修改过程

（一）有关争议

促进专利的实施运用是《中华人民共和国专利法》（以下简称《专利法》）第四次修改的重要任务之一。如何进一步完善职务发明制度曾引发了广泛的讨论，主要聚焦于以下几点。

1. 关于是否有必要对职务发明制度进一步细化

国家知识产权局在《专利法》第四次修改过程中，曾研究从职务发明的定义、归属、奖励报酬等多个方面对该制度进行完善，以进一步保障职务发明人的合法权益，平衡发明人及其所在单位的权利和义务，充分激发发明人和单位双方的创新积极性，推动科技创新和经济社会发展。

但在国务院审议阶段对外征求意见过程中，社会各界有很多不同意见。其中企业较为反对对职务发明进行过度规定，理由为：创新成果的利益分配应交由市场解决，政府不宜过多干预，职务发明规定过细会影响企业行使经营自主权，从而影响企业的创新积极性。而国有单位、高校、科研院所则希望能够进一步为职务发明成果转化运用"松绑"，希望在《专利法》中进一步完善职务发明有关制度，但对于如何完善，各方也有不同意见，其中最大的争议在于《专利法》第四次修改前的规定是否就是职务科技成果混合所有制改革的障碍。

2. 《专利法》第四次修改前的规定是否构成职务科技成果混合所有制改革的障碍

在高校职务科技成果混合所有制试点改革探索中，有意见认为该改革举措与第四次修改前的《专利法》第 6 条的规定不一致，因为该条规定执行单位任务完成的发明创造属于职务发明创造，其专利权归属于单位。该条仅规定利用单位物质技术条件的发明创造可以约定其权属，则意味着执行单位任务所完成的发明创造不能约定权属。

对此问题，国家知识产权局曾进行了深入调研，开展了专项课题研

---

❶ 国家知识产权局条法司委托课题研究成果《促进高校、科研院所科技成果转化的国有资产监管体系调研论证》。

究，认为混合所有制所采取的约定职务发明权属的做法并不违反该条的规定。

该条规定：执行单位任务或者主要利用单位物质技术条件完成的发明创造属于职务发明创造，其专利权属于单位所有。2000 年《专利法》第二次修改时，将国有单位的职务发明创造专利权的关系由"持有"修改为"所有"，明确了单位对职务发明专利拥有完整的所有权，包括使用、收益、处置等权利。而科技成果"三权"试点改革的核心也是将科技成果所获知识产权的处置权、使用权和收益权交给单位。其中关于"处置"的概念，在 2011 年财政部发布的《财政部关于在中关村国家自主创新示范区进行中央级事业单位科技成果处置权改革试点的通知》中指出："中央级事业单位科技成果处置是指，中央级事业单位对其拥有的科技成果进行产权转让或注销产权的行为，包括无偿划转、对外捐赠、出售、转让等。"因此，单位与发明人约定共同享有专利权，应当属于单位行使处置权的行为，并不违反《专利法》第四次修改前的相关规定。

但是，由于国有高校、科研院所的专利权属于国有资产，有关国有资产监管的规定对于单位是否可以将其专利权无偿转让给单位员工应当还有一定的监管措施，但这种限制并没有规定在第四次修改前的《专利法》中。因此混合所有制改革所面临的困难，实质上是在国有高校和科研院所国有资产监管措施方面的困难。

（二）解决方式及条款解读

鉴于实践中对第四次修改前的《专利法》第 6 条的规定存在不同理解，为了促进高校和科研院所科技成果转化和消除法条理解分歧，国家知识产权局积极配合立法部门开展对该条的论证和完善工作，进一步完善该条的表述。

经过广泛征求意见和反复论证，在《专利法》修正草案提交国务院常务会议审议阶段，在该条中增加规定："该单位对职务发明创造申请专利的权利和专利权可以依法处置，实行产权激励，采取股权、期权、分红等方式，使发明人或者设计人合理分享创新收益，促进相关发明创造的实施和运用。"该修改方案已经明确了单位对于职务发明的处置权，很好地解决了上述问题，为高校和科研院所科技成果转化创造了条件，同时还照顾到了企业对于经营自主权的需求。

在全国人大常委会审议过程中，有意见认为，从逻辑上看，第四次修改前的《专利法》第 6 条规定的是职务发明的权属问题，第 15 条规定的是职务发明奖励报酬问题，上述修改方案应该拆分后放在不同位置，故有了目前的法律规定。

1. 关于单位依法处置职务发明相关权利（《专利法》第 6 条）

修改后的《专利法》第 6 条在关于职务发明创造申请专利的权利和专利权属于单位的规定的基础上，进一步明确了单位对职务发明创造的处置权，即规定"执行本单位的任务或者主要是利用本单位的物质技术条件所完成的发明创造为职务发明创造。职务发明创造申请专利的权利属于该单位，申请被批准后，该单位为专利权人。该单位可以依法处置其职务发明创造申请专利的权利和专利权，促进相关发明创造的实施和运用。"

该条中，应注意对"依法处置"的理解。目前《专利法》已经明确了单位对职务发明专利拥有完整的所有权，包括使用、收益、处置等权利。因此，单位与发明人约定共同享有专利权，属于单位行使处置权的行为，与《专利法》相关规定并不矛盾。如此修改进一步明确了单位对职务发明创造的处置权，但能否就利用财政资金形成的科技成果进行约定，仍要依照国有资产监管方面的规定。

2. 关于鼓励单位实行产权激励（《专利法》第 15 条）

因条款顺序调整，修改前的《专利法》第 16 条现改为第 15 条，修改后的《专利法》在第 15 条第 1 款职务发明创造奖励报酬的规定之后，新增了第 2 款，明确国家鼓励被授予专利权的单位实行产权激励，使发明人或者设计人合理分享创新收益，即："国家鼓励被授予专利权的单位实行产权激励，采取股权、期权、分红等方式，使发明人或者设计人合理分享创新收益"。

应当注意的是，该条新增的第 2 款是关于单位产权激励的倡导性规定。单位是否进行产权激励以及如何进行产权激励，属于单位自主决策的范围，属于单位自由处置的权利。为尊重市场运行规律及企业自治需求，目前的规定不是强制性要求，企业可以结合自身实际情况自由处置，自行决定采取何种方式激励发明人。

我国专利开放许可制度简介

纪登波[1]

摘　要

我国目前专利转化实施率不高，有较大比例的"沉睡专利"。市场化的专利许可交易平台也尚待完善。专利交易市场的供需信息不对称，效率较低，成本较高。开放许可制度由政府机构提供平台，能够有效降低交易成本，促进供需双方信息对接，是促进专利转化运用的重要措施。本文介绍了开放许可制度的特点以及《专利法》第四次修改过程中关于建立开放许可制度的考虑，并解释了涉及开放许可条款的内容。

关键词

开放许可制度　专利转化　专利实施

---

[1]　作者单位：国家知识产权局条法司。

开放许可制度（英文称作"open license"），也被称为"当然许可"（英文称作"license of right"），是指专利权人通过专利授权部门发表声明，表明凡是希望实施其专利的人，均可通过支付相应的许可费而获得实施该专利的许可。开放许可属于自愿许可的范畴。政府通过提供平台服务参与其中，及时发布开放许可信息，促进供需双方对接，降低交易成本。开放许可制度是促进专利转化实施的一项重要法律手段，其核心在于鼓励专利权人向社会开放专利权，促进专利实施，真正实现专利价值。

开放许可制度有两个非常重要的特点。第一个重要特点是自愿性，即开放许可声明都是由专利权人自愿提出的，这是开放许可与强制许可重要的区别特征。强制许可是在特定条件下，为保障社会公共利益及专利权人之外的第三人的利益，由政府强制对相关专利进行许可的制度。开放许可则是为了促进专利实施，由政府提供平台，专利权人为提高其专利转化运用的收益，自愿许可给社会公众的制度。

第二个重要特点是开放性。建立开放许可制度之前，专利权人通过许可对其专利权进行转化运用时，需要对接特定的需求方并签订合同。根据许可后能够实施专利权的主体数量区分，又可分为普通实施许可、排他实施许可以及独占实施许可。这一过程需要专利权人及实施人均付出一定的交易成本。开放许可制度则注重许可过程的开放性，既体现在专利权人应当将开放许可的条件予以公开，也体现为任何第三方满足条件时专利权人不得拒绝许可。

因此，开放许可制度是既不同于强制许可，也与普通实施许可相异的一项特殊制度，需要根据其特点设计相应的制度规则。

一、促进专利运用存在的问题

经过多年的经济发展和科技创新，我国目前已经是世界上专利申请量最多的国家，是名副其实的"专利大国"。然而，促进专利技术的转化运用是迈进"专利强国"的重要标志，也是有效实现专利价值链中不可或缺的重要一环。目前在实践中，存在以下突出问题，制约了我国专利转化运用的效果。

一是专利转化实施率不高。我国目前在专利权人中仍广泛存在"重申请、轻运用"的现象，特别是高校与科研院所的专利实施率（包括自行实施、许可、转让等）普遍较低。根据《2020 年中国专利调查报告》，截至 2019 年底拥有有效专利的高校专利实施率为 11.7%，科研单位实施率为 30.0%。❶ 2014 年，全国人大常委会执法检查组就专利法执法检查情况所作的报告也指出：高校和科研院所"重申请、轻运用"的问题较为突出，专利"沉睡"与"流失"现象并存，要求健全以市场和需求为导向的专利成果转化机制。同时，非职务发明人获得专利授权后，由于渠道有限，无力参加展会或通过其他方式推广其专利技术，其专利转化率也不高。

二是专利市场供需信息不对称。专利交易市场在促进专利转化方面发挥了积极作用，但由于市场信用体系尚不完善，供需双方信息不对称，因此仍存在供需匹配难、对接难等问题。企业谈判及交易困难，引进专利技术难度大、成本高。假扮需求方欺骗专利权人、耽误商业机遇的现象也时有发生。特别对于中小企业，其自身有较大的许可其专利技术以及寻求其他专利许可的需求，但由于没有可靠的许可平台，其无法真正有效地利用好专利制度，保障及促进其企业的健康快速发展。根据《2020 年中国专利调查报告》，高校专利权人认为制约专利技术有效实施的因素中，"信息不对称造成专利权许可转让困难"占比 58.6%，"缺乏权威可信的专利交易平台"占比为 50.3%。❷

三是专利权许可转让过程中存在法律风险。获取专利许可需要考虑专利权当时的法律状态（包括是否处于无效程序中以及是否被质押或已被独占、排他许可等）。专利权法律状态的变动，如专利权被无效，可能给专利许可转让带来不确定性。因此，寻求实施许可方需要付出较多的资源成本检索相关专利权的法律状态信息，并且由于没有统一的信息公示平台，无法确保相关信息是否真实准确，不利于保障专利许可交易的安全性。

为解决上述问题，有必要通过新的制度安排，搭建更为有效的供需双方对接平台，及时披露专利许可需求信息，并全面公开相关专利的法

---

❶ 参见：国家知识产权局战略规划司、国家知识产权局知识产权发展研究中心发布的《2020 年中国专利调查报告》第 46 页。

❷ 参见：国家知识产权局战略规划司、国家知识产权局知识产权发展研究中心发布的《2020 年中国专利调查报告》第 57 页。

律状态，促进有关专利技术能够被公开公平使用，促进专利权的转化运用。为此，经深入研究，立足于国情，在参考国外立法经验的基础上，我国在《中华人民共和国专利法》（以下简称《专利法》）修改时增加了开放许可制度。

二、国外立法参考

法国、德国、英国等发达国家以及不少发展中国家如巴西、俄罗斯等均设置了开放许可制度。一些代表性国家有关规定如下。

（一）法国

按照法国知识产权法典第 613-10 条的规定，专利权人在没有影响专利性的现有技术、未进行独占许可的前提下，可声明同意任何人非独占地使用其专利，向法国工业产权局提出请求并经法国工业产权局局长同意后可适用开放许可制度并减缴专利年费。双方就专利许可使用费协商不成的，由法院确定。被许可人可随时放弃获得的许可。专利权人可请求撤销其开放许可声明，但不影响撤销前已获得的许可或者正在请求中的开放许可。

（二）德国

按照德国专利法第 23 条的规定，专利权人在未进行独占许可、没有影响专利性的现有技术的前提下，公开声明同意任何人使用其专利，请求并经专利局决定后，该专利可适用开放许可制度并减缴专利年费。应一方当事人的请求，专利使用费由专利局确定。被许可人可随时放弃获得的许可。没有人请求实施该专利的，专利权人可请求撤销其开放许可声明并补足减缴的专利年费。

（三）英国

按照英国专利法第 46~47 条的规定，专利权人可向专利局局长提出开放许可请求，若该请求与现存合同不冲突则可批准并登记。开放许可请求被批准并登记后，任何人可获得许可，许可条件由许可双方协商，协商不成的由专利局局长决定。开放许可的专利年费减半。若侵权人承诺按开放许可的条件取得许可，法院不得颁发临时或永久禁令。被许可人实施该专利受到侵害时，可要求专利权人起诉，专利权人不起诉的可自行起诉。专利权人在未达成开放许可协议或所有当前被许可人同意的前提下，随时可请求取消开放许可登记，但须补足少缴的专利年费。

（四）俄罗斯

按照俄罗斯联邦民法典第 1368 条的规定，专利权人在以普通许可方式许可、公开许可条件的前提下，可声明允许任何人使用其专利，由联邦政府负责知识产权事务的机构决定实行开放许可并公布，从公布当年的次年起专利年费减半。决定公布满 2 年未许可的，专利权人可撤回开放许可请求并补缴过去少缴的年费。

（五）巴西

按照巴西工业产权法第 64～67 条的规定，专利权人在未进行独占许可的前提下可向巴西工业产权局申请实行开放许可。许可双方就许可费达不成协议的，由巴西工业产权局裁定，该费用 1 年后可以修改。发出开放许可声明到发出第一个开放许可期间的专利年费减半。有人获得开放许可之前专利权人可以撤回开放许可申请。被许可人 1 年不实施、实施间断超过 1 年或不符合实施条件的，专利权人可以请求撤销许可。

三、我国完善措施及条款解读

为有效应对目前我国专利实施运用存在的问题，参考域外立法经验，本次《专利法》修改新增 3 条涉及开放许可制度的条款，具体制度内容包含以下几点。

（一）明确专利权人提出开放许可声明及其生效的程序要件

《专利法》第 50 条第 1 款规定："专利权人自愿以书面方式向国务院专利行政部门声明愿意许可任何单位或者个人实施其专利，并明确许可使用费支付方式、标准的，由国务院专利行政部门予以公告，实行开放许可。就实用新型、外观设计专利提出开放许可声明的，应当提供专利权评价报告。"

该款规定了开放许可由专利权人自愿提出，同时要求声明以书面方式提出，便于潜在被许可人清晰地了解开放许可声明的内容以及许可费用的支付标准和方式。许可使用费的支付方式、标准是开放许可的核心，需要专利权人在声明中予以明确。开放许可制度有助于促进专利的广泛实施，因此对作为开放许可当事人的专利权人和被许可人都没有限制，发明、实用新型和外观设计的专利权人，均可提出开放许可声明；任何人均可以成为开放许可的被许可人。通过该款规定，建立专利开放许可制度，使得专利权人可能与多人达成许可协议，从而促进专利的实施。

值得注意的是，专利权人提出开放许可之后，国务院专利行政部门会对声明进行一定的审查后予以公告。该审查并非行政许可，而是考虑到国务院专利行政部门作为开放许可制度的平台提供方，应当确保相关信息的完整准确，维护公众的信赖利益。例如，由于我国实用新型和外观设计采用初步审查制度，如果涉及就实用新型和外观设计提出开放许可声明的，《专利法》中明确要求专利权人提供专利权评价报告，以免由于专利权不稳定而影响被许可人的利益。相关部门建议在《专利法实施细则》中进一步规定：如果专利权评价报告结论认为实用新型或者外观设计专利权不符合授予专利权条件的，不予公告开放许可；处于独占许可或者排他许可状态的专利权、没有缴纳年费的专利权等，对其开放许可声明也不予公告。

开放许可是专利权人自愿提出的，为尊重专利权人的意愿，保障其利益，也应当允许其撤回开放许可。但对于已经实施的开放许可，为充分保障实施人的利益，维护开放许可制度的社会公信力，《专利法》第50条第2款规定："专利权人撤回开放许可声明的，应当以书面方式提出，并由国务院专利行政部门予以公告。开放许可声明被公告撤回的，不影响在先给予的开放许可的效力。"

（二）明确被许可人获得开放许可的程序、权利义务

按照合同法原理，专利权人提出开放许可声明即构成合同意义上的要约，此时任何单位或者个人以书面方式通知专利权人，并依照公告的许可使用费支付方式、标准支付许可使用费后，即构成对该要约的承诺，专利开放许可即可成立。因此，《专利法》第51条第1款规定："任何单位或者个人有意愿实施开放许可的专利的，以书面方式通知专利权人，并依照公告的许可使用费支付方式、标准支付许可使用费后，即获得专利实施许可。"

为尊重专利权人与潜在被许可人的意愿，根据民事自治原则，如果专利权人与潜在被许可人就许可费用、方式等达成有别于开放许可条件的合同，实践中通常为就许可费用进行了重新协商，则允许专利权人与

被许可人实施普通许可。根据开放许可的特点，专利权人不得在开放许可期间就该专利给予独占或者排他许可，为被许可人和潜在被许可人提供了一定的保护，有助于维护许可交易的安全。这是开放许可的应有之义，否则，容易造成独占或者排他许可实施者与开放许可实施者之间的权利冲突，不利于充分发挥开放许可的制度价值。因此，《专利法》第51条第3款规定："实行开放许可的专利权人可以与被许可人就许可使用费进行协商后给予普通许可，但不得就该专利给予独占或者排他许可。"

（三）明确对开放许可专利权人年费减免的激励措施

在《专利法》第四次修改时，最初的送审草案中没有规定对开放许可专利权人的激励措施，为此，全国人大常委会审议期间，有意见认为：为切实促进开放许可制度发挥其作用，建议对于实施开放许可的专利权人给予一定的奖励，参考国外立法经验，对其专利权人需要缴纳的年费予以减免。

开放许可实施期间，对专利权人缴纳专利年费给予减免是实施该项制度的国家的普遍措施。这一优惠措施能够降低企业负担，鼓励专利权人通过开放许可的方式实施专利，进而能够使得专利技术在更大范围内运用，提升社会公众的整体利益。为此，根据立法机关审议意见，《专利法》第51条第2款规定："开放许可实施期间，对专利权人缴纳专利年费相应给予减免。"

需要注意的是，并非专利权人提出开放许可声明就可以获得年费减免的优惠，而是必须要满足至少已经有1个实施者的条件。全国人大常委会审议期间，有意见认为：我国目前专利数量多、质量不高，这与专利申请、维持的成本不高有一定的联系。如果专利权人提出声明就可以获得年费减免，则有可能进一步导致低质量的专利申请数量增加。因此，《专利法》第51条第2款规定对专利权人缴纳年费相应给予减免的限定条件为"开放许可实施期间"，而非提起开放许可声明后。

（四）规定了开放许可的争议解决路径

实施开放许可期间，当事人可能会由于开放许可实施条件特别是许可费用的支付、开放许可生效时间等问题发生纠纷。为此，《专利法》第52条规定："当事人就实施开放许可发生纠纷的，由当事人协商解决；不愿协商或者协商不成的，可以请求国务院专利行政部门进行调解，也可以向人民法院起诉。"

　　我国专利保护一直采用行政保护和司法保护双轨制的保护模式，对于实施开放许可发生的纠纷，《专利法》第 52 条规定了 3 种纠纷解决方式：一是当事人协商解决，二是专利行政部门可以应当事人的请求进行调解，三是可以向人民法院起诉。多元化的纠纷解决方式有助于帮助当事人尽快达成一致、提高专利许可交易效率。

　　关于纠纷解决方式，2019 年公布的《中华人民共和国专利法修正案（草案）》中仅规定，当事人发生纠纷的，可以请求国务院专利行政部门进行调解。全国人大常委会审议期间，有意见认为：专利权属于民事权利，除行政调解外，还应当允许当事人自行协商解决或者向司法机关起诉。为此，《专利法》就纠纷解决方式进行了上述完善。

　　需要注意的是，包括第 51 条、第 52 条、第 53 条在内，《专利法》仅对开放许可的主要含义及程序作出了规定。提出开放许可请求的时机和方式、开放许可声明中应当写明的内容、开放许可声明公告时间、不予公告的情形、开放许可声明的撤回程序及生效时间、开放许可成立后的备案程序以及所需材料等内容，将在《专利法实施细则》和其他配套部门规章、规范性文件中予以进一步规定。

　　此外，开放许可制度是一个系统工程，在法律法规规定的基础上，还需要国务院专利行政部门加大在信息系统建设、开放许可信息公开、制度宣传普及等方面的工作力度，共同促进开放许可制度在专利实施运用转化过程中起到积极的作用。

诚实信用原则和禁止权利滥用原则的引入

汪旻梁❶

摘　要

《专利法》第四次修改引入了诚实信用原则和禁止权利滥用原则，明确申请专利和行使专利权时不得违反诚信，也不得滥用专利权损害公共利益或者他人合法权益。本文从制度现状及存在的问题、修改思路及修改过程等方面对上述修改内容进行分析。

关键词

诚实信用　权利滥用　公共利益　他人合法权益

---

❶　作者单位：国家知识产权局条法司。

在《中华人民共和国专利法》（以下简称《专利法》）第四次修改过程中，新增了申请专利和行使专利权应当遵循诚实信用原则的条款，明确了在申请专利和行使专利的过程中违反诚信原则，或者滥用专利权而可能会损害公共利益或者妨碍技术的推广应用时，应受到法律的规制。

一、制度现状及存在的问题

诚实信用原则是民法最重要的基本原则之一，其指的是民事主体在从事民事活动、行使民事权利和履行民事义务时，应该按照诚实、善意的态度，讲究信用，履行义务，信守承诺，在不损害社会和他人利益的前提下追求自己的利益、行使自己的权利。[1] 诚实信用原则在民法中的地位突出，被誉为民法中的"帝王条款"，其涉及两重利益关系，即民事主体之间的利益关系，以及民事主体与社会公众之间的利益关系。民事主体按照诚实信用原则进行民事活动，不仅应当使民事主体之间的利益得到平衡，也应当使民事主体与社会公众之间的利益得到平衡。[2] 我国的民事法律制度也已经将诚实信用原则作为基本准则之一。1986 年通过的《中华人民共和国民法通则》（以下简称《民法通则》）第 4 条规定，民事活动应当遵循自愿、公平、等价有偿、诚实信用的原则。1999 年通过的《中华人民共和国合同法》第 6 条规定，当事人行使权利、履行义务应当遵循诚实信用原则。2012 年《中华人民共和国民事诉讼法》修改后在第 13 条增加规定，民事诉讼应当遵循诚实信用原则。2017 年通过的《中华人民共和国民法总则》（以下简称《民法总则》）第 7 条和 2020 年通过的《中华人民共和国民法典》（以下简称《民法典》）第 7 条都规定，民事主体从事民事活动，应当遵循诚信原则，秉持诚实，恪守承诺。

另外，禁止权利滥用原则也是民法的重要原则之一，其指的是任何权利都有界限，民事主体行使其权利时不能超越法律所确定的正当界限，不能损害他人和社会公众的利益，否则即构成了对权利的滥用，应当承担相应的法律责任。[3] 禁止权利滥用原则在我国民事法律制度中的依据包

---

[1] 申卫星. 民法学［M］. 北京：北京大学出版社，2003：36-39.

[2] 徐棣枫. 不正当行为抗辩制度之移植可行性及设计构想：基于《专利法》第四次修改中的"诚实信用原则"［J］. 东方法学，2018（6）：28-29.

[3] 申卫星. 民法学［M］. 北京：北京大学出版社，2003：41.

括：《中华人民共和国宪法》第 51 条规定，中华人民共和国公民在行使自由和权利的时候，不得损害国家的、社会的、集体的利益和其他公民的合法的自由和权利。1986 年通过的《民法通则》中第 7 条规定，民事活动应当尊重社会公德，不得损害社会公共利益，破坏国家经济计划，扰乱社会经济秩序。2017 年通过的《民法总则》中第 132 条和 2020 年通过的《民法典》第 132 条都规定，民事主体不得滥用民事权利损害国家利益、社会公共利益或者他人合法权益。

专利权是法律赋予发明创造所有人的一项民事权利。和其他民事权利一样，无论是申请专利还是行使权利，都应当遵循诚实信用原则和禁止权利滥用原则，不能通过抄袭、伪造等手段获得专利权。《专利法》第 1 条开宗明义地阐述了立法宗旨，阐明了保护专利权的最终目的是推动发明创造的应用，促进科学技术进步和经济社会发展。该法第 5 条也明确规定，对违反法律、社会公德或者妨害公共利益的发明创造，不授予专利权。在申请专利过程中的非正常申请专利的行为不仅违反《专利法》立法宗旨，也有违民法诚实信用的基本原则，会影响到专利制度的运行及社会公众利益。另外，如果权利人违反诚实信用原则，滥用自己的专利权，可能会损害公共利益或者妨碍技术的推广应用等，从而违背《专利法》的立法宗旨，应当受到法律的规制。

但是在实践中，存在专利申请人违背诚实信用原则，提供虚假信息，恶意利用专利审查程序，提出非正常专利申请的行为。此外，还存在专利权人违背诚实信用原则、滥用专利权的问题。

（一）专利申请中存在的问题

实践中申请人违反诚实信用原则恶意利用专利制度提交专利申请或者证明材料的行为一般有以下几种类型：一是在专利申请过程中提交虚假、捏造的数据，试图通过欺骗手段获得专利权；二是提交大量的仅对材料、组分、配比、部件等进行了简单替换的专利申请；三是故意抄袭现有技术提出申请。对于这些申请，有些无法通过现有的审查、驳回程序予以解决，有些能够解决却浪费大量审查资源。

对于存在虚假、捏造数据的专利申请，依据现有专利审查程序，即使审查员根据技术常识怀疑相关数据的真实性和合理性，审查员也难以亲自进行试验验证，法律也没有赋予审查员要求申请人当面重复试验的权力，因此很难直接以数据不真实为由驳回此类申请。如果允许申请人将本不是自己发明的技术纳入自己专利权的保护范围，会导致在未知技术领域"跑马圈地"，阻碍后续创新。而且这些专利申请一旦获得授权，将产生不良社会影响，甚至可能危害公众利益。

对于仅对材料、组分、配比、部件等进行了简单替换的专利申请以及抄袭现有技术的专利申请，虽然理论上可以通过新颖性、创造性等条款予以驳回，但这也将浪费大量的专利审查资源。此外，这类专利申请一般只能等到实质审查阶段予以审查后才能驳回，而实质审查前这些申请均需向社会公开，在专利公开数据中存在这些非正常专利申请也将带来不良社会影响。

为严厉打击非正常申请专利的行为，从源头上促进专利质量提升，国家知识产权局自 2007 年起采取了一系列措施。2007 年国家知识产权局发布了《关于规范专利申请行为的若干规定》（以下简称《若干规定》），对非正常申请专利的行为及其处理措施进行了规定。《若干规定》的实施对于遏制非正常申请专利的行为发挥了一定作用，但是现实中又出现了一些新类型的非正常申请专利的行为，需要对此予以规制。因此，2017 年国家知识产权局又对《若干规定》进行了修改，发布了国家知识产权局令第 75 号，将新的非正常申请专利的行为加入到《若干规定》中，加大了对非正常申请专利的行为的处理力度。根据修改后的《若干规定》，国家知识产权局于 2018～2020 年对非正常申请专利的行为进行了排查处置，多次向地方通报了不以保护创新为目的的非正常专利申请的线索。

但是对于申请人这种恶意利用专利申请制度的情形，无法完全依靠审查机关的行为进行规制，还需要在法律法规层面明确申请人负有遵守诚实信用原则的义务，引导申请人对自己的行为进行自律，避免浪费行政资源，提高审查效率，并为专利审查提供上位法依据。

（二）专利权行使过程中存在的问题

此外，专利权人违背诚实信用原则滥用专利权的现象也时有发生。近期我国发生的一些有影响力的反垄断案件多涉及专利权人滥用专利权的问题，例如，美国高通公司垄断案和华为诉交互数字公司案都涉及专利权人滥用其拥有的专利权。但由于构成垄断的门槛较高，不是所有的权利滥用行为都能构成垄断。未构成垄断的其他类型的滥用专利权的行为，例如滥发警告函、滥用诉权、权利懈怠等，也同样会对创新环境产生不良影响。其中专利恶意诉讼［如非专利实施实体（NPE）的一些行为等］已经成为学界和业界讨论的热点问题。这些滥用专利权的行为不仅损害了消费者的权益，还会扰乱市场竞争秩序，阻碍创新，违反了《专利法》的立法宗旨。要规制这些行为也需要《专利法》规定一个明确的上位法依据。

尽管《民法典》规定了民事权利行使的基本原则，《中华人民共和国反垄断法》（以下简称《反垄断法》）和《专利法》也对专利权的行使作出了必要限制，但申请专利和行使专利权时违背诚实信用原则、滥用专利权的行为还是时有发生，现行相关法律规定难以对这种行为的规制提供明确法律依据。一方面，《民法典》的相关规定较为原则，在有关行政程序和司法程序中难以直接用于个案处理；另一方面，《专利法》虽有强制许可、不侵犯专利权的例外等防止专利权滥用的具体规定，但这些规定仅适用于少数几种特定情形，无法对近年来新出现的一些违背诚实信用原则滥用专利权的行为进行规制。此外，《反垄断法》虽然规定了滥用知识产权，排除、限制竞争的行为适用该法，但对于没有构成垄断的专利权滥用行为不能依据《反垄断法》规制。为此，有必要在《专利法》中增加原则性条款，体现规制专利权滥用、平衡专利权人利益与社会公共利益的基本立场。

二、修改思路及修改过程

为了解决专利领域存在的上述实际问题，在《专利法》第四次修改过程中，国家知识产权局提出了引入诚实信用和禁止权利滥用原则的立法建议，即在《专利法》中明确申请专利和行使专利权应当遵循诚实信用原则；不得滥用专利权损害公共利益或者他人合法权益，也不得滥用专利权不合理地排除、限制竞争。

在《专利法》修改过程中，国家知识产权局通过公开征求意见、座谈、调研等多种方式征求了社会公众、创新主体、专家学者、代理机构和法院等多方面的意见。绝大多数意见均认为在《专利法》中引入诚实信用原则与《民法典》等上位法是整体协调一致的，也具有现实紧迫性和必要性，在加强知识产权保护的同时，有必要考虑对权利滥用的规制，以避免 NPE、滥诉等问题带来的负面影响；并建议在《专利法实施细则》和《专利审查指南》等行政法规、规范性文件层面对诚实信用原则条款进行细化，以规制非正常申请专利的行为和权利滥用行为。但也有一部分反对意见，认为实践中的编造、伪造、抄袭、拼凑专利，完全可以用 2008 年通过的《专利法》中的新颖性、创造性、说明书公开不充分、权利要求得不到说明书支持等条款来规制，无需重复增加诚实信用原则。

对于诚实信用原则的具体适用情形，有些建议认为应当尽量避免对正常申请行为造成"误伤"，能够适用其他原有驳回条款时谨慎适用诚实信用原则条款，在适用诚实信用原则打击非正常申请行为时应当避免执行过严、矫枉过正。

对于适用诚实信用原则的程序问题，有些建议认为应当明确在审查程序中保障当事人的正当权益，继续落实听证原则、明确事后救济程序等，并且应当规定专利局有举证责任，有证据证明申请人存在不诚信行为的，才能驳回、无效或撤销相关专利申请或权利，以避免对申请人的诚信档案和商誉造成不当的负面影响。

此外，在全国人大常委会审议过程中，有意见认为《反垄断法》第 55 条已经对滥用知识产权排除、限制竞争的情形作出了规定，建议《专利法》与《反垄断法》的相关规定加强衔接。因此，建议将《专利法》相关条款调整为"滥用专利权，排除或者限制竞争，构成垄断行为的，依照反垄断法处理"。

国家知识产权局配合立法机关对这些意见、建议进行了充分的论证、消化、吸收，考虑到诚实信用原则是各国民法公认的基本原则，许多国家的专利法中都对其作出了规定，并且我国国内法在知识产权领域也已有相关立法经验。例如，《中华人民共和国商标法》（以下简称《商标法》）第 7 条第 1 款规定："申请注册和使用商标，应当遵循诚实信用原则。"这也是 2013 年《商标法》第三次修改时新增加的内容。全国人大常委会法制工作委员会组织编写的《中华人民共和国商标法释义》对此指出：诚实信用原则是民商事活动的基本原则，针对实践中在商标的申请注册和使用环节出现的一些违背诚实信用原则的现象，此次修改《商标法》进一步完善了这方面的规范，即在《商标法》第 7 条中明确规定，申请注册和使用商标，应当遵循诚实信用原则。❶ 2010 年修正的《中华人民共和国著作权法》第 4 条中也规定："著作权人行使著作权，不得违反

---

❶　郎胜. 中华人民共和国商标法释义［M］. 北京：法律出版社，2013：19.

宪法和法律，不得损害公共利益。"该条规定为著作权人行使著作权划定了一个原则性的边界。美国专利法第 115 条要求申请人提出专利申请时宣誓或者声明，申请人是所申请专利的原始发明人。美国专利法细则第 37C. F. R1. 56 条规定，专利申请人有义务向美国专利商标局披露其知悉的与其专利申请授权有关的信息，如果有欺骗行为或故意违反这一义务的行为，将导致其专利申请不得被授权，或者导致其被授权的专利权不可实施。

因此还是建议在《专利法》第四次修改时引入诚实信用原则和禁止权利滥用原则，并且为了制止滥用专利权排除、限制竞争的行为，具体的条款设置还应该与《反垄断法》相关规定做好衔接，明确构成垄断行为的，依照《反垄断法》处理。最后，经过全国人大常委会审议通过的条款包括了以下三方面的内容：

一是专利申请人应当在申请专利过程中遵循诚实信用原则，不得进行编造、伪造、抄袭、拼凑等不正当行为，以欺骗手段获得专利权，浪费行政资源，损害公共利益。这一原则性规定有待于法律法规、规章、规范性文件中的进一步细化和落实，以遏制低质量申请、打击非正常申请，推动专利数量和质量协调发展，加快我国由知识产权大国向知识产权强国的转变。

二是专利权人在行使权利过程中应当诚实守信，不得滥用专利权、损害他人权益和公共利益。该规定为《民法典》第 7 条诚实信用原则在专利领域的细化规定，有利于引导专利权人合法、正当行使自己的权利。

三是滥用专利权构成垄断行为的，应当依照《反垄断法》进行处理。"排除、限制竞争"是滥用专利权的后果之一，《专利法》第 20 条第 2 款与《反垄断法》第 55 条作出了衔接性规定，在判断具体行为系滥用专利权，排除或者限制竞争，构成垄断行为的，适用《反垄断法》相关规定。

三、结　语

此次《专利法》修改引入诚实信用原则和禁止权利滥用原则，既符合《民法典》等上位法的规定，也能够与《反垄断法》相关规定进行很好的衔接。同时，上述原则性规定在法律层面为规范申请专利行为提供了明确的、直接的法律依据，还能够对《专利法》中有关防止专利权滥用的具体规定起到统领的作用，引导专利申请人和专利权人合法行使自己的权利，有利于进一步规范申请专利行为，维护《专利法》立法宗旨，恪守诚实信用原则，从而从整体上提升我国专利质量。

此外，修改后《专利法》中的诚实信用原则条款只是原则性的规定，其为在《专利法实施细则》《专利审查指南》等行政法规、规范性文件中针对实践中出现的新问题，对诚实信用原则条款进行细化，以规制非正常申请专利的行为和权利滥用行为，提供了充分且必要的上位法依据。

关于专利审查制度的完善

李　裕[1]

摘　要

本文以完善专利审查制度为切入点，从修改背景和制度思考等方面分别介绍了《专利法》第四次修改关于增加新颖性宽限期的适用情形、明确对原子核变换方法不授予专利权、放宽要求优先权的手续、强化专利公共服务等方面的内容，分析了国际条约、国内外立法现状以及实践需求对我国现行法律制度产生的影响，进而从立法理念角度阐述了相关法律制度修改的意义和作用。

关键词

新颖性宽限期　不授予专利权的客体　优先权手续　专利公共服务

---

[1]　作者单位：国家知识产权局条法司。

为进一步完善专利审查制度，提升专利审查质量和效率，持续深化知识产权领域"放管服"改革，切实维护专利权人的合法权益，增强创新主体对专利保护的信心，《中华人民共和国专利法》（以下简称《专利法》）第四次修改对相关制度予以完善，包括增加新颖性宽限期的适用情形、明确对原子核变换方法不授予专利权、放宽要求优先权的手续、强化专利公共服务等。此外，因机构改革，对原专利复审委员会的名称也作了适应性调整。

一、关于增加新颖性宽限期的适用情形

（一）修改背景

目前，全世界范围内几乎所有国家/地区的专利制度均遵循"先申请原则"，即专利权的授予以提交专利申请的时间为标准，授予最先提交专利申请的人，以鼓励发明成果及早公开、推进先进科学技术传播和避免科研重复投入，有助于提升社会公共利益。

在"先申请原则"的基础上，发明人或者设计人在专利申请前公开发表其发明创造，可能导致其难以获得专利授权。但在某些特定情况下，发明人的创新成果会被不可避免地公开。为了保护发明人的利益，避免其因此丧失申请专利的权利，我国、欧盟、日本、韩国等大多数国家/地区以及相关国际条约均规定了新颖性宽限期制度。

新颖性宽限期是在申请人公开其发明后仍然可以申请专利而不丧失新颖性的期限，是专利申请丧失新颖性的例外规定。该规定来源于《保护工业产权巴黎公约》（以下简称《巴黎公约》）中关于展览会展出的临时保护原则。此后，世界各国家/地区在《巴黎公约》规定的临时保护基础上加以延展，作出了关于新颖性宽限期的具体规定。各国家/地区根据本国家/地区专利制度和法律环境，在权衡多方利益的基础上形成了各具特色的宽限期制度。从宽限期的适用范围来看，一般分成两种类型：狭义宽限期和广义宽限期。狭义宽限期中，不丧失新颖性的例外情形主要包括申请人在申请日之前在政府主办或者承认的国际展览会上展出，以及第三人未经申请人同意或者违背其意愿而予以公开这两种情形。广义宽限期中，不丧失新颖性的例外情形除了包括狭义宽限期所包含的情形之外，还包括申请人在公开出版物上发表其发明、公开使用其发明，以及他人从申请人那里获知其发明的内容进而予以公开的情形。对于发明专利而言，美国由于此前采用"先发明制"的影响，其宽限期范围极其宽泛。此外，日本也采用广义宽限期制度。我国和欧洲则采用的是狭义宽限期制度。对于外观设计而言，美国、日本和欧洲采用的是广义宽限期制度，而我国采用的是狭义宽限期制度。

应当注意的是，新颖性宽限期的范围并非越宽泛越好。表面上来看，似乎不丧失新颖性的例外情形越多，申请人就更能够获益，但实际上并非如此。过于宽泛的新颖性宽限期规定，一是对于申请人而言，其发明创造被公开后，并不产生对抗他人的权利，仅对申请人本身宽限。竞争者在获取该发明创造的信息后可以在申请日前制造相同产品或使用相同方法，并且在原有范围内继续制造、使用。如果他人二次公开，或者独立做出了同样的发明创造，或者从独立做出同样发明创造的第三人那里获知该发明创造并公开的，将可能影响原专利申请的新颖性和创造性。二是对于社会公众而言，在使用已经公开的发明创造时将面临较大的不确定性，难以确定该发明创造此后是否又会被申请专利，不利于企业据此进行投资、生产和经营，将增加社会成本。总体而言，新颖性宽限期制度意味着一定期限内权利的不稳定性，将给权利人和社会公众均带来一系列影响和不确定性。尤其在现代社会，网络技术的发展使得信息传播极为迅速，在一定程度上放大了发明创造提前公开带来的不确定性。在此背景下，应当更为审慎地考虑新颖性宽限期的规定范围。

新型冠状病毒肺炎（COVID-19）疫情发生以来，党中央、国务院高度重视疫情防控应对工作。在此期间，有关部门出于疫情防控需要，紧急公开了用于治疗新型冠状病毒肺炎的治疗方案、中药方剂等信息。由于我国采用的是狭义新颖性宽限期制度，仅对三种情形适用不丧失新颖性，并不包含网络公开等形式，导致相关发明创造因丧失新颖性而面临不能获得专利保护的风险，反映出我国专利制度在新颖性宽限期方面关于应对疫情等突发事件的规定还需要修改完善。

值得注意的是，2015年12月公开征求意见的《中华人民共和国专利法修订草案（送审稿）》中并没有相关内容。面对新型冠状病毒肺炎疫情爆发后产生的实际问题，国家知识产权局及时开展调研论证。就相关问题在北京、郑州、沈阳、青岛、天津等地的调研情况来看，关于该问题的解决方案，调研对象均表示赞同在《专利法》第四次修改时增加规定，将"在国家出现紧急状态或者非常情况时，为公共利益首次公开"作为不丧失新颖性的例外情形，从而平衡社会公众的健康保障和创新主体的利益诉求。但同时也有部分调研对象提出了其他建议，包括将宽限期时间由 6 个月延长至 1 年，将宽限期适用的主动情形扩展到申请人主动公开（包括刊物发表论文、互联网公开以及在国际会议上公开），以及在《专利法实施细则》或《专利审查指南》中对"紧急状态""非常情况"的含义加以细化和明确。综合考虑上述建议，国家知识产权局在全国人大常委会第二次审议中提出相关修改建议，立法机关予以采纳。

（二）制度思考

首先，申请专利的发明创造应当是为公共利益目的首次公开。该公开应当为首次公开，且公开的目的是保障社会公共利益，例如维护公共健康安全、抗击疫情等。

其次，首次公开的情形应当是国家出现紧急状态或者非常情况时。该情形与《专利法》第 49 条关于强制许可的规定具有一致性，其中，对"紧急状态"的决定和宣布的法律依据为《中华人民共和国宪法》第 67 条、第 80 条和第 89 条，全国人大常委会有权决定全国或者个别省、自治区、直辖市进入紧急状态（由国家主席宣布），而国务院有权决定省、自治区、直辖市的范围内部分地区进入紧急状态。对"非常情况"的理解和适用可以借鉴《中华人民共和国突发事件应对法》中的"突发事件"，是指突然发生，造成或者可能造成严重社会危害，需要采取应急处置措施予以应对的自然灾害、事故灾难、公共卫生事件和社会安全事件。按照社会危害程度、影响范围等因素，自然灾害、事故灾难、公共卫生事件分为特别重大、重大、较大和一般四级。法律、行政法规或者国务院另有规定的，从其规定。突发事件的分级标准由国务院或者国务院确定的部门制定。本次新型冠状病毒肺炎疫情在全国蔓延，对民众的生命安全构成重大威胁，可以被认定为"非常情况"。

作此修改，既能使社会公众更快地获知治疗方案，满足抗击疫情的需要，又能为今后在其他"紧急状态"或者"非常情况"的适用留有空间。同时，在实践中还需加强宣传培训，说明宽限期规定的局限性，引导发明人尽早提出专利申请，以降低丧失权利和面临纠纷的风险。

二、关于明确对原子核变换方法不授予专利权

原子核变换方法是指一个或几个原子核经分裂或聚合形成几个或一个新原子核的过程。由原子核变换方法获得的物质，主要是指用加速器、反应堆以及其他核反应装置制造的各种放射性同位素。原子核变换方法涉及的核行业有自身的特殊性。一方面，原子核技术的军事应用涉及国防安全、核扩散等重大事项；另一方面，可控核聚变、核裂变等技术作为潜在的能源问题解决方案，也涉及国家和社会公众的重大利益。无论是原子核变换方法还是用该方法所获得的物质，均关系到国家的经济、国防、科研和公共生活的重大利益，不宜为单位或个人垄断。

世界各国在对原子核变换技术发明保护立法和授予专利权上，大体分为三类情况：

第一类是对原子核变换方法和原子核变换方法获得的物质均可授予专利权，如日本、韩国和欧洲国家等。

第二类是对军用和民用核技术进行区分，对军用核技术不授权，对民用核技术授权，如美国；但对实施、许可、转让都有严格的规定。

第三类是对涉及核技术的发明专利申请一律不授权，如印度和巴西。其中，印度专利法第 4 条和第 65 条相关规定指出：若发现发明与防卫目的和原子能相关，审查员在无印度中央政府在先允许下，不得授权；在专利授权后的任何阶段，印度中央政府若发现专利与原子能相关，均可指令审查员将专利无效。

2008 年修正的《专利法》第 25 条第 1 款所列不授予专利权的主题中包括用原子核变换方法获得的物质，其本意在于对原子核变换方法及通过该方法所获得的物质均不授予专利权。尽管自《专利法》制定实施以来，我国一直未对原子核变换方法提供专利保护，但因 2008 年修正的《专利法》中相关条款未作明确排除，理解上会出现歧义，导致实践中存在一定误解。

考虑到核安全及核能源对于国家国防、经济及社会公众利益的重大影响，以及我国核相关产业发展水平，目前仍并不适宜对原子核变换方法这一主题提供专利权保护。

因此，本次《专利法》修改明确对原子核变换方法不授予专利权，

以使得表述更为严谨、清晰，消除了实践中的不同认识。

三、关于放宽要求优先权的手续

（一）修改背景

为了便于申请人在多个国家获得知识产权保护，《巴黎公约》确立了优先权原则。申请人在一国第一次提出工业产权申请后，一定期限内（发明、实用新型 12 个月，外观设计、商标 6 个月）就同一主题向其他国家请求保护，在后申请就被视为在第一次申请的申请日提出，相对于该期限内其他人提出的申请处于优先的地位。该项制度使得申请人不必担心因难以做到在多个国家同时申请而被他人抢先申请以致丧失权利。

在要求优先权的手续方面，《巴黎公约》规定应由申请人提出书面声明，并且说明在先申请的申请日、受理国家和申请号等；受理在后申请的专利局可以要求申请人提交在先申请文件的副本，并且应当允许申请人在提出在后申请后 3 个月内随时提交。

我国在《专利法》制定之初即对优先权制度进行了专门规定。1992年《专利法》第一次修改时，为了使我国申请人在我国再次就相同主题提出的专利申请也能够享有与外国申请人同样的优惠待遇，对发明和实用新型专利增设了本国优先权制度。

根据《巴黎公约》的要求，《专利法》及其实施细则还对要求优先权的手续作了具体规定：申请人应在《专利法》规定的优先权期限内提出在后申请，申请的同时应提出要求优先权的书面声明，申请日起 3 个月内应提交在先申请文件副本；在申请时没有提出书面声明或者没有在规定期限内提交在先申请文件副本，优先权就会被视为未要求，并且不能请求恢复权利。

优先权是申请人经常会利用的一项制度，对同一主题的技术方案其可以享有较早的申请日，并实现对多个在先申请技术方案的整合和进一步改进。但是实践中，由于申请人对要求优先权的手续等方面的法律规则不熟悉，而 2008 年修改的《专利法》的规定又较为严格，常常出现超过优先权期限、未在申请时提出声明和未在期限内提交在先申请文件副本等手续问题，因此申请人未能享有优先权。

对此，申请人主要反映了三方面的问题：第一，在后申请必须在规定的优先权期限内提交,超过期限,就不能主张优先权,并且无法通过提出恢复权利请求进行补救;第二,提交申请之后就不能再增加优先权要求;第三,在先申请文件副本提交的期限过短,并且只能由申请人提交。

进入 21 世纪后,知识产权国际规则呈现出对申请人更加友好的发展趋势,世界知识产权组织制定《专利法条约》(PLT)和修改《专利合作条约实施细则》(以下简称《PCT 细则》),逐渐放宽要求的优先权手续。由于《PCT 细则》中有关优先权办理手续的规定与我国专利制度存在不同,国家知识产权局在 2007 年对相关条款提出了保留。近年来,我国受理的通过《专利合作条约》(PCT)提交的国际专利申请(以下简称"PCT 申请")逐年增长。2020 年,我国共受理 PCT 申请 7.2 万件,同比增长 18.6%,其中 6.7 万件来自国内,同比增长 17.9%;共完成国际检索报告 7.0 万件,同比增长 25.6%。自 1994 年起我国累计受理 PCT 申请 44.7 万件,累计完成国际检索报告 40.7 万件。2020 年收到进入我国国家阶段的 PCT 申请 10.1 万件,同比增长 0.8%,其中发明专利申请 10.0 万件,实用新型专利申请 966 件。自 1994 年以来累计收到进入我国国家阶段的 PCT 申请 131.2 万件。为助力国内企业"走出去"参与国际竞争,进一步便利 PCT 申请申请人,有必要修改相关条款,取消对《PCT 细则》相关条款的保留。

(二)制度思考

1. 国际条约规定

《巴黎公约》确立的优先权规则一直沿用多年。进入 21 世纪后,世界知识产权组织制定 PLT 和修改《PCT 细则》,逐渐放宽要求的优先权手续,包括:允许申请人在提交申请之后,改正或者增加优先权要求;对于超过优先权期限提交的申请,允许申请人在规定期限内提出恢复优先权的请求;对于在先申请文件副本的提交期限和方式,也有更为宽松的规定。

2. 国外立法情况

近年来美国、日本等国的专利法以及《欧洲专利公约》,在遵循《巴黎公约》规定的优先权期限的基础上,都放松了办理手续方面的要求,并为申请人提供了更多的救济机会。

3. 我国规定与区域条约、国际条约及国外立法的比较

我国 2008 年修改的《专利法》中有关要求优先权手续的规定与美、日、韩专利法、《欧洲专利公约》以及 PCT、PLT 规定的对比如表 1 所示。

表 1 主要国家以及区域条约、国际条约关于要求优先权手续规定的比对

要求优先权的手续	中国 2008 年修改的《专利法》	美国专利法	韩国专利法	日本专利法	《欧洲专利公约》	PCT	PLT
提出要求优先权声明的时机	申请的同时	申请的同时，且允许申请人随后增加或改正优先权					
提交在先申请文件副本的期限	申请日起 3 个月内	优先权日起 16 个月内					
超期优先权恢复	不予恢复	优先权期限届满后 2 个月内	不予恢复	优先权期限届满后 2 个月内			
增加或者改正优先权	未设立	优先权日起 16 个月内或申请日起 4 个月内，以后到期为准	优先权日起 16 个月内，且在申请日起 4 个月内				

与最新国际规则和主要国家的规定相比，《专利法》第四次修改前，我国优先权制度在手续方面的要求更为严格，为申请人提供的补救机会相对较少。而且由于当时我国法律与 PCT 关于"优先权恢复"的规定不一致，我国对相关条款作出了保留，导致我国申请人提交的 PCT 申请进入我国国家阶段时也无法适用这一规定，在一定程度上影响了我国申请人充分利用优先权制度。为顺应国际规则发展趋势，放宽手续要求，减少申请人不必要的损失，我国需要考虑适当放宽优先权相关规定。

因此，为了使申请人充分享受和利用优先权制度带来的好处，本次《专利法》修改调整了对优先权手续的规定，适当放松办理优先权的程序

性要求,对于申请人在要求优先权方面可能出现的手续方面的缺陷,给予了更宽松的期限和更多的救济手段。将发明、实用新型专利申请提交优先权副本的时限由自申请日起 3 个月内延长至自优先权日起 16 个月内。该期限设定使发明、实用新型专利申请人提交优先权副本的时限至少延长了 1 个月,设定依据主要参考了《PCT 细则》中的相关规定。对于超期优先权恢复、增加或者改正优先权的相关修改,将在《专利法实施细则》中予以体现。

四、关于加强专利信息公共服务

(一) 修改背景

专利制度的两大基本功能,一是专利权的授权及保护,二是专利信息的公开和利用。及时发布、传播和有效利用专利信息,对提高创新起点、减少重复研发、避免侵犯他人专利权、促进创新具有重要意义。据世界知识产权组织统计,全世界每年发明创造成果的 90%～95% 体现在专利文献中;充分利用专利信息,可以缩短 60% 的研发时间,节约 40% 的研发资金。

近年来,国家知识产权局加强全国知识产权信息公共服务体系顶层设计,印发《关于新形势下加快建设知识产权信息公共服务体系的若干意见》,举办知识产权信息公共服务体系建设培训班,建立联络机制,凝聚共识,推进形成横向联系紧密、服务互相支撑、门类功能完善的立体化、多层级的知识产权信息公共服务体系。截至 2020 年底,28 个省(区、市)和 15 个副省级城市设立了知识产权信息公共服务机构,27%的地市级城市设立了综合性知识产权信息公共服务机构。国家知识产权局印发《国家知识产权信息公共服务网点备案实施办法》,充分利用社会力量,推动形成中央和地方联动、各类型网点协作的"全国一盘棋"局面。稳步推进知识产权公共服务重点网点建设,不断提升知识产权公共服务可及性,先后遴选认定四批共计 102 家世界知识产权组织技术与创新支持中心(TISC),实现 31 个省(区、市)全覆盖。与教育部联合遴选认定两批共 60 家高校国家知识产权信息服务中心,覆盖全国 80%以上的省级行政区域。与世界知识产权组织合作,面向 TISC 机构的相关人员举办"专利信息运用实践能力提高培训班"。印发《技术与创新支持中心

（TISC）服务能力提升指南》和《技术与创新支持中心（TISC）服务产品和服务指引》，为打造 TISC"高级版"提供规范化、制度化支撑。

国家知识产权局还着力夯实知识产权信息公共服务基础，积极推动"十三五"知识产权信息化项目立项建设，优化完善新一代地方专利检索及分析系统，为企业创新提供有力支撑。国家知识产权公共服务网（试运行版）上线，实现商标、专利、地理标志、集成电路布图设计的申请、缴费、信息查询、检索及数据下载等一站式服务，以及知识产权公共服务网点一体化可视化展示。

此外，国务院专利行政部门在专利审批以及国际交换中积累了大量基础数据。近年来，国家知识产权局推动知识产权基础信息和资源平台统筹整合，完成知识产权基础信息目录并开发管理系统。印发《知识产权基础信息数据管理办法》，形成《知识产权基础信息和资源平台统筹整合方案》。编制知识产权基础信息数据规范，提升数据规范应用实施效果。进一步加大知识产权基础数据开放力度，持续完善专利数据服务试验系统，推动增加中国法律状态、复审无效等数据资源。

社会各方对专利信息公共服务平台数据范围、下载速度、功能的要求不断提高，创新主体对专利信息服务的需求日益个性化、多样化，但我国专利公共和社会服务能力不强，市场化知识产权服务机构数量少、规模小，与快速增长的社会需求之间还存在较大的差距。

2008 年修正的《专利法》的条款多涉及专利授权及保护，在专利信息的公开和利用方面，仅第 21 条第 2 款规定："国务院专利行政部门应当完整、准确、及时发布专利信息，定期出版专利公报。"国务院办公厅2018 年印发的《国家知识产权局职能配置、内设机构和人员编制规定》明确国家知识产权局负责全国专利信息公共服务体系的建设，会同有关部门推动专利信息的传播利用。因此，为落实依法行政的要求，回应创新主体的需求，有必要在《专利法》中进一步明确国务院专利行政部门负责专利信息公共服务体系建设的职责。

（二）制度思考

关于政府部门提供基础信息及数据，国内相关法律有类似规定。《中华人民共和国防震减灾法》第 25 条规定：国务院地震工作主管部门建立健全地震监测信息共享平台，为社会提供服务。《中华人民共和国促进科技成果转化法》第 11 条规定：国家建立、完善科技报告制度和科技成果信息系统，向社会公布科技项目实施情况以及科技成果和相关知识产权信息，提供科技成果信息查询、筛选等公益服务。

美国、日本、欧洲等多个国家/地区的专利法规定了专利主管部门负责专利信息公共服务、提供专利信息基础数据等内容。从成效看，美国、日本、欧洲等发达国家/地区的专利主管部门积极履行法定职责，以低门槛、高质量的方式提供专利信息基础数据，减少了社会各方开发专利信息的时间和成本，给市场化专利信息服务提供了良好的基础条件，促使一批规模大、国际竞争力和影响力较强的专利信息服务机构涌现，如汤森路透公司，富士通公司等。这些公司利用基础数据，为创新主体进一步提供专利咨询、预警、战略制定等高端服务，取得了良好的经济和社会效益。

为了进一步满足社会需求，对专利信息应用与服务体系从制度上予以总体安排，并进一步明确政府部门开展专利信息公共服务工作的职责，《专利法》第四次修改对第 21 条进行了修改，明确规定国务院专利行政部门"提供专利基础数据"的职责。此举将更好地促进专利信息传播与利用，降低基础数据的获取成本，促进知识产权服务机构对基础数据进行加工，开发出高附加值的专利信息产品，满足多层次、个性化的市场需求，从而释放数据红利，促进信息消费和服务模式创新，促进形成经济发展新动能。此外，专利信息要更好地服务于经济产业发展，除国务院专利行政部门外，还需要地方知识产权部门及其他相关部门的共同努力。因此，有必要在《专利法》中明确地方专利行政部门加强专利公共服务、促进专利实施和运用的职责。

美国专利确权制度的演变及行政主渠道的确立

夏淑萍[❶]

摘　要

美国专利确权制度完成了单一司法确权到司法和行政确权双渠道并以行政确权为主的转型。司法确权渠道中，有效性推定规则确立了行政机构所作出授权确权行为的法律公定力，专利权无效抗辩适用"清晰且确信"证明标准，即高度盖然性证明标准。正是通过专利推定有效性规则和"清晰且确信"证明标准这两种法律技术手段，划清了司法确权渠道中行政权和司法权之间的边界。2011年美国发明法案在降低权利人确权成本、程序便捷高效等方面体现出明显成效，是美国构建以行政复审为主渠道专利确权制度的标志性成果。行政确权渠道具有因应时代需求的独立价值并在实践中发挥主渠道价值。

关键词

专利确权　行政确权　司法确权　有效性推定　"清晰且确信"证明标准

---

❶　作者单位：国家知识产权局战略规划司。

专利确权制度是专利保护体系中的关键环节，直接关系到权利的稳定性和可预期性，专利确权制度优化是影响专利治理体系构建的战略性问题。就此而言，美国专利确权制度的设计和发展演变实有可资借鉴之处。本文从梳理美国专利确权制度的发展和演变为切入点，探寻其制度变革的驱动因素和规则设计背后的法理和政策考量。

一、普通法传统下专利特权向普通法律权利转变

美国专利制度脱胎于英国，经历了从专利特权（patent privileges）到专利权（patent rights）的转变。专利确权制度从英属殖民地时期至今经历了多次演变，❶ 可以分为早期普通法传统下司法审查专利特权、审查授权制下单一司法确权、行政复审确权和司法确权双渠道三个阶段。

（一）专利特权由立法授予演变为注册授予

在 17～18 世纪英属北美殖民地时期各殖民地已授予了一些专利，一直到美国 1793 年专利法实施，这期间专利的权利模式都体现为典型的特权模式。❷ 特权模式的专利授权是以自由裁量权为基础的国家政策工具。对一项专利请求由立法机构制定特别法案并授权，立法机构为各殖民地议会、州议会以及 1790 年专利法时期以国务卿领衔的专利委员会。授予专利需要考虑的可专利性、期限乃至地域范围等均由授权机构根据是否符合公共利益和国家需要进行自由裁量。根据 1790 年专利法，由国务卿以提出法律草案的形式授予专利，同时其还强调对专利进行严格审查。但当时严格审查的对象不是我们所理解的现代专利法的可专利性要件，而是授予该专利是否符合公共利益下的有用性（utility），即是否"足够

---

❶ 1790 年仅是美国专利制度成文法的开端年，其源自 1787 年美国宪法的条款。美国专利普通法实践在 18 世纪邦联时期已经存在。

❷ 一般认为，以 1787 年制定宪法为标志，美国进入联邦时期。但历史上 13 个州之一的罗得岛在 1790 年才批准宪法加入联邦，结束邦联时期。美国 1790 年专利法在联邦正式成立前开始实施。1790 年专利法仅短暂存在 3 年，虽然形式上结束了立法授权，但由国务卿领衔的专利委员会仍然具有很强的代表国家主权的意义，而不是专门负责专利事务的行政管理机构，为此，笔者将这一短暂时间仍划入立法授权这一阶段。参见：杨利华. 美国专利法史研究 [M]. 北京：中国政法大学出版社，2012：26-42，63.

实用且重要"（sufficiently useful and important）。❶ 虽然 1790 年专利法形式上结束了立法授权模式，但由国务卿领衔的专利委员会仍然具有很强的代表国家主权的意义，而专利委员会的三名成员身居高位、国事繁忙，无暇顾及专利事务，这使得该法的可实施性不强，通过后不久即进行修改。为了减轻专利审查的负担，1793 年专利法开始实行注册制，成立了专利办公室负责专利的注册登记，规定了专利主体、受理机关、授权程序、专利文件的保存归档等内容，还涉及法院确定专利权时的程序乃至证明责任问题。

（二）法院专属管辖专利授予后的撤销程序

1793 年专利法第 10 条规定，任何人在一定条件下可以向法院请求撤销专利，专利权人应承担向法院证明专利有效的证明义务。第 6 条规定，专利侵权诉讼中的被告可以提出证据质疑专利的有效性，若专利权人无法证明该专利的有效性，则法院将宣布专利无效。❷ 这两个条款规定了法院审查专利权效力的两种情形，即提起专利无效诉讼或者在侵权诉讼中进行无效抗辩；并且由专利权人承担证明专利权有效的举证责任。当发现专利不符合授权条件时可以请求法院撤销该专利，其理由是授权违法（contrary to law）或者不合适（inconvenient）。❸ 对违法或者不合适的认定是从当时认知下国家利益和主权管理的视角进行评价的，而与现代专利法意义下可专利性标准相去甚远。英国曾发生的漂洗机（fulling mill）案件能够比较典型地说明特权模式和权利模式两种制度理念的本质区别。漂洗机是一种把羊毛等原料漂洗干净以制造纺织品的发明，其可以代替40 个漂洗女工。尽管是一项能够大大提高生产效率的发明，但因为其将给国家增加了"游手好闲者"而不合适授予专利权。❹ 根据 1790 年专利

---

❶ 美国 1790 年专利法第 1 条。参见：杨利华. 美国专利法史研究［M］. 北京：中国政法大学出版社，2012：259.

❷ 1793 年美国专利法第 6 条、第 10 条。参见：杨利华. 美国专利法史研究［M］. 北京：中国政法大学出版社，2012：270-271.

❸ BRACHA O. The commodification of patents 1600-1836：how patents became rights and why we should care［J］. Loyola of Los Angeles law review，2004，38：191，203.

❹ COKE E. Institutes of the laws of England［M］. London：William Rawlins and Samuel Roycroft，1817：183，184. 转引自：BRACHA O，The commodification of patents 1600-1836：how patents became rights and why we should care［J］. Loyola of Los Angeles law review，2004，38：191，199.

法第 5 条和第 6 条，当权利人不是真正发明人、专利基于虚假信息而取得或者其他不符合授权条件时，可以直接向法院提出撤销专利，或者在专利被侵犯而提起的诉讼程序中提出撤销专利。❶ 虽然美国联邦专利制度源自于其宪法条款，但美国的专利制度发展史表明，当时对该条款的解读仍没有脱离特权思维。美国 1791 年由国务卿领衔的专利委员会在同一天不分先后地授予四个轮船发明人相同的专利，❷ 同样体现出当时美国专利制度仍是以特权模式为基本理念的。专利特权模式下，从其本质上说，专利权人并不是享有一项普通的法律权利，而是享有国家根据国家利益和实施主权管理的需要而授予的一项特权。这种专利特权具有不可辩驳性，即无论对于授予或者不授予的决定，提出专利请求的一方均不能提出反对意见进行救济。同时，也不为专利购买者买到无效专利提供救济。这一时期是专利制度模式的转换时期，尚未完成从专利特权到专利权的转变，表现为初步具有了专利权利的形式但其可专利性仍具有特权模式下的内涵。

（三）可专利性要件含义解释的演变逐渐孕育出普通法律权利这一专利权基本认知

虽然 1793 年专利法规定的授权程序具有一定的形式规范性，但并未触及专利权利的本质，而只是将可专利性要件的界定和审查推延给了法院进行事后审查。而专利普通法实践中，对有用性这一关键可专利性要件的界定和解释则逐步走向了两种不同路径，一种是特权模式下的公共利益路径，另一种是逐渐孕育形成的普通权利路径。公共利益路径下法院仍延续当时的特权思维。如 1810 年 Whitney v. Carter 案中轧棉机的实用性即是从雇佣人数增加、提高工资收入等社会效益角度进行论证的。❸ 而 1822 年 Langdon v. DeGroot 案申请专利的是棉毛制品的包装纸，Livingston 法官主张其对公共利益没有好处而指示陪审团认定其缺少实用性。❹

---

❶ 美国 1790 年专利法第 5 条和第 6 条。参见：杨利华. 美国专利法史研究［M］. 北京：中国政法大学出版社，2012：262-264.

❷ 杨利华. 美国专利法史研究［M］. 北京：中国政法大学出版社，2012：96-98.

❸ BRACHA O. The commodification of patents 1600 - 1836：how patents became rights and why we should care［J］. Loyola of Los Angeles law review，2004，38：191，230-231.

❹ BRACHA O. The commodification of patents 1600 - 1836：how patents became rights and why we should care［J］. Loyola of Los Angeles law review，2004，38：191，233.

法院受国家委托保护公共利益而不是市场利益，这一观点表明，法院担任了自由裁量内在社会价值的裁决者角色。但与此并行的是，出现了一系列与此解释不一致的案件，从而逐步确立了专利的普通法律权利路径。Story法官是这一新趋势的积极倡导者，其在 1817 年 Lowell v. Lewis 案中第一次对有用性进行了全新解释，其认为发明不能对社会福祉、良好的政策或道德风尚造成伤害，专利申请只要不属于"恶作剧或不道德"（mis-chievous or immoral）则为"实用"（useful）。❶"实用性即是对公共利益无害"这一解释实质上大大降低了实用性的门槛。这一阶段，专利权利模式从形式上和实质上脱离特权模式，而逐渐趋近现代意义上的普通法律权利。

二、行政审查制下司法确权阶段

美国在 1836 年专利法修订之后走上了权利规则模式的道路。注册制下专利存在大量质量问题，权属不确定、抄袭欺诈等问题使得专利诉讼案件日益增多，如 19 世纪 30 年代，年注册量已经达到 800 件，而留待法院裁决的专利权纠纷案件达 100 多件。❷ 这促成了 1836 年专利法修订。1836 年专利法修订的重点内容是成立专利局（The Patent Office）、实行审查授权制、定义新颖性要件、设置申诉程序❸等，确立了以审查制为核心的专利制度，成为现代专利法的基本蓝本。到 19 世纪末，法院已经不再扮演传统特权体制下公共利益的裁决者这一角色，关于专利法中实用性的争论已局限于一个不断缩小的范围，如爆炸机器和赌博设备等。❹ 在专利权属于普通法律权利这一理念主导下，专利局和法院的作用是为了确定权利而适用统一的可专利性标准。美国联邦最高法院在 1898 年明确："唯一有权取消或者废除或以任何理由纠正该专利的权力归属美国法

❶ 参见：Lowell v. Lewis, 15 F. Cas. 1018 (C. C. D. Mass. 1817) (No. 8568)。

❷ 杨利华. 美国专利法史研究［M］. 北京：中国政法大学出版社，2012：130-133.

❸ 申诉程序属于专利授权前程序，允许专利申请人在不服专利授权决定时提出申诉，由专利局之外的独立审查委员会进行审查，后来将这项授权前复审程序改为司法救济途径。参见：杨利华. 美国专利法史研究［M］. 北京：中国政法大学出版社，2012：136-156.

❹ BRACHA O. The commodification of patents 1600 - 1836: how patents became rights and why we should care［J］. Loyola of Los Angeles law review, 2004, 38: 191, 233-234.

院，而不是授予专利的机构。"❶ 法院对专利权效力进行事后审查。直至
1982 年联邦巡回上诉法院成立前的一个半世纪中，司法确权渠道中专利
推定有效性规则和"清晰且确信"证据标准两项法律技术，划清了专利
授权、确权中的行政权和司法权边界。

（一）有效性推定规则明确了专利行政授权行为的公定力

为了界定专利局审查授权专利权这一行为的性质，协调与司法确权
之间的关系，判例法形成了授权专利推定有效的法律思维。推定源自这
样一个基本认知：专利局等政府机构被推定为能够做好其工作，专利授
权过程是适当的并且产生了一个正确的结果。较早的普通法案例为 1894
年 Morgan v. Daniels 案❷，美国联邦最高法院主张，专利局已经作出的事
实认定应赋予推定（presumption）效力，除非存在充分确信（clear con-
viction）的证据能够推翻该事实认定结论，否则不能仅凭优势证据标准来
作出裁决。同时，这种推定是可辩驳的。如 1924 年判例指出，这种推定
不是确定性的，可以通过相反的证据加以反驳。❸ 有效性推定在不同的美
国巡回上诉法院被赋予了不同的效力，然后又进一步造成混淆。1934 年
Radio Corp. v. Radio Engineering Laboratories, Inc. 案的贡献在于统一了
有效性推定这一概念，Cardozo 大法官指出，专利权具有推定有效性，只
有"清晰且确信"的证据（clear and convincing evidence）❹ 才能推翻该
推定效力，问题的关键在于提出无效抗辩的被告一方是否承担了该较重

---

❶ 参见：McCormick Harvesting Mach. Co. v. C. Aultman & Co., 169 U. S. 606，609
（1898）。

❷ 该案的诉争点是确定谁是最先发明人这一事实认定问题，适用当时的 1870 年专利法。
参见：Morgan v. Daniels, 153 U. S. 120，123-24（1894）。

❸ 与公众利益相背离的专利排他权推定为有效。参见：Westinghouse Elec. & Mfg. Co.
v. Formica Insulation Co., 266 U. S. 342，348（1924）。

❹ 美国有三种紧密联系的证明标准：（1）优势证据（preponderance of the evidence）；
（2）"清晰且确信"证据（clear and convincing evidence）；（3）超出合理怀疑（beyond a reasona-
ble doubt）。优势证据标准是指一种可能性超过 50%。超出合理怀疑标准用于刑事案件。"清晰
且确信"证据标准介于优势证据标准和超出合理怀疑标准之间，适用于"涉及个人利益特别重
要"和"比单纯的金钱损失更重要"的情形。绝大多数民事案件都采用了优势证据标准，而在一
些特殊情况下（如儿童监护权）使用了"清晰且确信"证据标准。参见：Santosky v. Kramer，
455 U. S. 745，756（1982）。

的举证责任。❶ 为了进一步解决法院之间认定授权专利效力的混乱问题，1952 年美国将推定有效性规则正式列为专利法第 282 条❷，以成文法取代了"判例法泥潭"，统一了法院对推定的各种表述。

专利权有效性推定规则明确了专利行政授权行为的公定力，成为专利权国家授予过程中界分行政权和司法权的具体规则。美国联邦巡回上诉法院成立后作出判决的 American Hoist & Derrick Co. v. Sowa & Sons, Inc. 案进一步明确了具体标准，即使无效抗辩的证据未经专利局审查，专利权同样适用有效性推定。❸ 授权专利应被推定有效，无论是独立权利要求还是从属权利要求，每项权利要求应独立地应用有效性推定。

（二）专利推定有效的抗辩适用"清晰且确信"证明标准

美国联邦巡回上诉法院统一了有效性推定规则的证明标准。1982 年美国联邦巡回上诉法院的成立有助于实施统一并协调的专利法，其显著改善的一个方面是对有效性推定的司法尊重，❹ 使得美国专利判例有了一定的可预测性。成立美国联邦巡回上诉法院的目的是减少"选择法院"（forum shopping）问题并统一专利裁判标准，同时有助于在专利法这一复杂领域提高司法审判专业化水平。

有效性推定和用以反驳它的"清晰且确信"证明标准是"同一事物的不同表达"。❺ 在美国联邦巡回上诉法院成立以前，各个美国巡回上诉法院对克服推定有效性适用何种证据标准并不一致，两种主流标准是

---

❶ 参见：Radio Corp. v. Radio Engineering Laboratories, Inc., 293 U. S. 1, 7-8 (1934)。早期美国专利法实行先发明制。Armstrong 和 De Forest 作为同期的真空管研究者，围绕两人之间的发明，发生了多起专利诉讼案件。该案涉及三极真空管的相关发明，4 个发明人均提交了专利申请，其中 De Forest 的发明日最早。被认定的事实是 De Forest 的 2 项专利的发明日最早。

❷ Riesenfeld 指出，1952 年专利法"将有效性推定提升为对法定授权的尊重"标准。参见：RIESENFELD S A. The new United States patent act in the light of comparative law Ⅰ [J]. University of Pennsylvania law review, 1954, 102：291, 309.

❸ 参见：American Hoist & Derrick Co. v. Sowa & Sons, Inc., 725 F. 2d 1350 (1984)。

❹ JANIS M D. Rethinking reexamination：toward a viable administrative revocation system for U. S. patent law [J]. Harvard journal of law & technology, 1997, 11 (1)：25-26.

❺ 参见：American Hoist & Derrick Co. v. Sowa & Sons., Inc., 725 F. 2d 1350, 1360 (Fed. Cir. 1984)。

"清晰且确信"标准和优势证据标准，❶体现出美国法律适用中"法官造法"的特点。尽管联邦法院之间尚未就应该采用哪种标准来克服专利有效性推定达成共识，但对于未经专利机关审查的现有技术情形，不同的联邦法院却认识一致，即适用优势证据标准，甚至有些案例完全取消了有效性推定。❷美国第五巡回上诉法院对为什么此种情形下不适用较高证据标准进行了解释，因为美国专利商标局的专业知识是其决定被尊重的首要原因，但未经美国专利商标局审查过的现有技术却与此无关。❸美国联邦巡回上诉法院成立后，为克服推定有效性而确立的先例是"清晰且确信"标准。❹因为美国联邦巡回上诉法院脱胎于美国海关和专利上诉法院（CCPA），而 CCPA 主张适用"清晰且确信"标准，美国联邦巡回上诉法院自然而然地遵循其先例。❺直到 2011 年 Microsoft v. i4i 案，美国联邦最高法院重申，无论用于抗辩的现有技术前期是否经过美国专利商标局审查，"清晰且确信"证据标准适用于所有对专利无效的挑战，❻这进一步确认并巩固了专利效力诉讼的"清晰且确信"证明标准的地位。

三、行政确权部分替代司法途径
并发挥主渠道作用阶段

（一）设置单方复审程序开启了美国专利确权行政复审渠道的探索

到 20 世纪中期，在司法怀疑主义的主导下，单一司法确权渠道很大程度上侵蚀了专利权推定有效这一理念，美国意识到需要对专利制度进

---

❶ MORRISSETT J A. Why changing the standard for overcoming the presumption of patent validity will cause more harm than good [J]. Richmond journal of law & technology, 2012, 18 (2): 10-14.

❷ MORRISSETT J A. Why changing the standard for overcoming the presumption of patent validity will cause more harm than good [J]. Richmond journal of law & technology, 2012, 18 (2): 14.

❸ 参见：Baumstimler v. Rankin, 677 F. 2d 1061, 1066 (5th Cir. 1982)。

❹ 参见：Atlas Powder Co. v. E. I. du Pont De Nemours & Co., 750 F. 2d 1569, 1573 (Fed. Cir. 1984)。

❺ 参见：S. Corp. v. United States, 690 F. 2d 1368, 1370 (Fed. Cir. 1982)。

❻ 参见：Microsoft Corp. v. i4i Ltd. P'ship, 131 S. Ct. 2238, 2247-48 (2011)。

行矫正。❶ 同时，专利司法确权的诉讼成本高、裁判标准不一致等问题凸显。探索行政确权渠道替代司法途径具有了现实基础。1980 年美国国会创设了单方复审程序，列为美国专利法第 30 章。❷ 设立单方复审程序的初衷是通过并行的行政程序来对专利权效力进行再次审查，以替代法院昂贵并周期很长的有效性诉讼程序。但 10 年的制度实践并未达到预期，单方复审程序存在使用不充分和使用不当两个问题。国会预计单方复审程序将有 2000 次左右的年度使用量，而实际上却只有三四百次。❸ 实际使用方式上，提出复审请求的当事方同时也向地方法院提交了有效性诉讼，单方复审程序未能发挥其替代作用，而成为有效性诉讼的附加程序。❹ 单方复审程序仅允许请求者提供涉及新颖性和非显而易见性问题的专利文献等出版物，❺ 这使得美国专利商标局可以行政审查的专利效力技术问题的范围很小，并局限于不需要大量举证的技术问题，从而无法替代司法诉讼程序中对专利效力的综合性分析。

（二）双方复审程序仍未达到替代司法途径的设计预期

1995 年专利改革法案寻求解决单方复审程序所存在的上述两个问题的方法❻，直到 1999 年通过了美国发明人保护法（American Inventors Protection Act，AIPA），设立了双方复审程序。❼ 双方复审程序在第三方请求人提出请求和美国专利商标局决定启动复审两个方面与单方复审程序实质上是相同的，即现有技术范围为在先专利的专利文献等出版物，启动要件为具有涉及可专利性的实质性新问题，但其允许第三方请求人对美国专利商标局的决定或者专利权人作出的答复提出书面意见，从而有限地参与双方复审程序。立法者希望通过提高第三方请求人的参与度

---

❶ JANIS M D. Rethinking reexamination: toward a viable administrative revocation system for U. S. patent law [J]. Harvard journal of law & technology, 1997, 11 (1): 19.

❷ 参见：Act of Dec. 12, 1980, 35 U. S. C. 301-307 (1994)。

❸ MOTSENBOCKER M. Proposal to change the patent reexamination statute to eliminate unnecessary litigation [J]. The John Marshall law review, 1994, 27 (4): 887-907.

❹ MOTSENBOCKER M. Proposal to change the patent reexamination statute to eliminate unnecessary litigation [J]. The John Marshall law review, 1994, 27 (4): 887-907.

❺ 参见：35 U. S. C. § 302 (2011)。

❻ 参见：S. 1070, 104th Cong. (1995)。

❼ 参见：American Inventors Protection Act of 1999 (AIPA); 35 U. S. C. §§ 311-318 (2000)。

来解决程序使用不足问题，并通过规定禁反言规则来解决程序的使用不当问题。❶ 美国国会认为这些改革将使双方复审程序成为诉讼的可行替代方案。在 1999～2012 年实施双方复审程序期间，仅有 1919 件专利被提出了双方复审程序，其中有 66% 的案件同时启动了专利诉讼程序。❷ 这一结果表明，无论在数量上还是替代性上，仍未达到双方复审制度设计的替代司法诉讼的预期。这是因为双方复审程序仅适用于 1999 年 11 月 29 日之后申请的专利。同时，双方复审程序适用禁反言规则，❸ 意味着请求人在双方复审程序中提出或可能涉及的任何问题将受到禁反言规则的约束，这就使得被诉侵权人为了避免受约束而不选择双方复审程序，而直接在诉讼中进行无效抗辩。❹

（三）实施复审案件集中审查和管理提高了复审效率

2005 年，美国专利商标局组建集中再审小组（Central Reexamination Unit，CRU），大大增加了复审程序的使用率，但仍未达到替代司法程序的效果。集中再审小组因为整合了复审资源，使复审程序更加快捷，促使年度复审量激增。❺ 2005 年，美国专利商标局收到约 500 次包括单方和双方复审的行政复审请求。到 2011 年，行政复审请求快速增长至 1100 多次。❻ 虽然提交的复审请求数量增长，但因为大部分案件与地区法院的专利诉讼案件平行进行，行政复审仍未真正替代诉讼程序。

---

❶ CASEY S M. The Patent Reexamination Reform Act of 1994：a new era of third party participation [J]. Journal of intellectual property law，1995，2（2）：559，567.

❷ The United States Patent and Trademark Office. Inter partes reexamination filing data [EB/OL].（2017-09-30）[2018-05-13]. https：//www. uspto. gov/sites/default/files/documents/inter_parte_historical_stats_roll_up. pdf.

❸ 参见：35 U. S. C. § 315（2011）。

❹ JOHNSON B. Plugging the holes in the ex parte reexamination statute：preventing a second bite at the apple for a patent infringer [J]. Catholic University law review，2006，55（1）：305.

❺ 美国专利商标局不再根据技术领域向审查员分配复审案件，而是将复审分配给新创建的集中再审小组，由经过复审程序培训的审查员组成。参见：BAUGHMAN J S. Reexamining reexaminations：a fresh look at the ex parte and inter partes mechanisms for reviewing issued patents [J]. Journal of the Patent and Trademark Office Society，2007，89：351.

❻ YUCEL R. Central Reexamination Unit and the AIA 3（2012）[EB/OL].（2012-02-21）[2018-05-13]. http：//www. uspto. gov/aia_implementation/20120221-road-show-ds-cru. pdf.

（四）美国发明法案（The Leahy-Smith America Invents Act of 2011，AIA）开启了专利确权行政复审制度的新时代，确立了其主渠道地位

2011 年通过的 AIA 是 1952 年专利法以来最大的一次法律修改。AIA 用双方再审（inter partes review，IPR）取代双方复审程序，并创设了另外两个程序来挑战专利合法性：授权后再审（post-grant review，PGR）和涵盖商业方法审查的过渡程序（covered business method review，CBM）❶。为了更好地反映审判专利有效性争议的新职责，将专利上诉及抵触委员会（The Board of Patent Appeals and Interferences，BPAI）更名为专利审判和上诉委员会（The Patent Trial and Appeal Board，PTAB），负责管辖 IPR、PGR 和 CBM 这三种程序。IPR 的预期成本在 30 万～80 万美元，比司法确定专利有效性要低廉一个数量级。❷据观察，AIA 实施以来，美国专利商标局每年受理 1500 件左右依据 AIA 提出的 IPR 和 PGR 专利再审请求。❸ 根据美国专利商标局的统计，自 2012 年 9 月 16 日至 2020 年 7 月 31 日，PTAB 根据 AIA 审理的专利无效案件共计 11845 件，其中采用 IPR 程序的就有 11015 件，占 93%。❹ 根据 AIA 进行的行政复审中专利无效的证明标准为优势证据标准（preponderance of the evidence），权利要求解释适用最宽泛合理解释原则（broadest reasonable interpretation，BRI）。AIA 规定的审查程序广受欢迎，而成为挑战授权专利效力的主渠道，在于其具有 1 年法定审查期限、❺ 较低成本以及审查标准更有利于专利挑战者这三个特点，在成本、效率和无效

---

❶ The United States Patent and Trademark Office. Leahy-Smith America Invents Act § § 6, 18（2011）[EB/OL].（2011-12-29）[2018-03-13]. https：//www. uspto. gov/sites/default/files/aia_implementation/20110916-pub-l112-29. pdf.

❷ 参见：Liberty Mut. Ins. Co. v. Progressive Cas. Ins. Co.，CBM2012-00003，Paper No. 78（P. T. A. B. Feb. 11，2014）。

❸ The United States Patent and Trademark Office. USPTO annual reports [EB/OL].［2020-03-10］. https：//www. uspto. gov/about-us/performance-and-planning/uspto-annual-reports.

❹ The United States Patent and Trademark Office. Trial statistics IPR，PGR，CBM Patent Trial and Appeal Board July 2020 [EB/OL].（2020-07-31）[2020-09-10]. https：//www. uspto. gov/sites/default/files/documents/trial_statistics_20200731. pdf.

❺ 参见：35 U. S. C. § 316（a）（11）（2012）。该条款要求 IPR 最终决定应在启动审查后不超过 1 年期限内完成，最长可以延长 6 个月。CBM 和 PGR 程序同上，参见：35 U. S. C. § 326（a）（11）。

专利成功的可能性等方面比法院诉讼渠道优势明显。❶。

美国联邦最高法院在近期判例中确认 IPR 程序的合宪性并重申其行政程序性质，同时厘清了美国专利商标局和 PTAB 启动 IPR 审查的职权范围。2018 年 4 月判决的 Oil States v. Greene's Energy Group 案的意义在于认定专利权是政府授予的"公共特权"，重审专利授权确权行为的公权利裁决属性，IPR 程序完全符合公权利原则，即美国国会有指定除联邦法院外的行政机构进行公权利裁决的重要自由，从而不需要由美国宪法第 3 条规定的法院进行裁决。❷ Cuozzo Speed Technologies，LLC v. Lee 案重申了 IPR 程序属于行政程序而不是司法程序，从而遵循行政机构解释权利要求的最宽泛合理解释原则❸。而后，2018 年美国专利商标局主动将该规则修改为联邦巡回上诉法院在专利侵权中使用的"普通字面解释"规则（plain and ordinary meaning，POM）。就启动 IPR 审查的行政职权范围这一问题而言，近几年美国联邦最高法院审理的 Thryv，Inc. v. Click-to-Call Technologies，LP 案❹、Cuozzo Speed Technologies，LLC v. Lee 案和 SAS Institute Inc. v. Iancu 案❺三个案件勾勒出这一问题的基本规则，分为两种情形。一是 AIA 赋予了美国专利商标局在是否启动复审程序上的终局性裁量权，从而不受司法审查。Cuozzo Speed Technologies，LLC v. Lee 案确认，美国专利商标局作出的是否启动双方复审程序的行政决定具有终局性；Thryv，Inc. v. Click-to-Call Technologies，LP 案再次明确，美国专利商标局不启动双方复审程序的决定不受司法审

---

❶ GATZEMEYER L J. Are patent owners given a fair fight? investigating the AIA trial practices［J］. Berkeley technology law journal，2015，30（4）：531［2020-02-28］. http：// scholarship. law. berkeley. edu/btlj/vol30/iss4/4.

❷ Justia. Oil States v. Greene's Energy Group，584 U. S. ＿＿＿（2018）［EB/OL］.［2020- 03-11］. https：//supreme. justia. com/cases/federal/us/584/16-712/.

❸ The Supreme Court of the United States. Cuozzo Speed Technologies，LLC v. Lee，579 U. S. ＿＿＿（2016）［EB/OL］.［2020-03-10］. https：//www. supremecourt. gov/opinions/15pdf/ 15-446_ihdk. pdf；金海军. 美国最高法院 2015 年度知识产权判例解析［J］. 知识产权，2016 (8)：132-140.

❹ 参见：Thryv，Inc. v. Click-to-Call Technologies，LP，590 U. S. ＿＿＿（2020）；140 S. Ct. 1367（2020）.

❺ Harness，Dickey ＆ Pierce. SAS Institute Inc. v. Iancu，584 U. S. ＿＿＿（2018）［EB/ OL］.（2018-04）［2020-03-10］. http：//ipr-pgr. com/wp-content/uploads/2018/04/SAS-Institute. pdf.

查。这两个案件的裁定反映了法院的态度，即支持美国专利商标局在专利行政确权中适度扩大其自由裁量权。二是美国专利商标局必须对请求人提出复审请求的全部权利要求进行审查并作出书面决定。美国专利商标局现行规则规定，美国专利商标局局长或 PTAB 有权就 IPR 请求人提出请求的全部权利要求进行"部分受理"（partial institution）。而美国联邦最高法院在 SAS Institute Inc. v. Iancu 案中推翻了联邦巡回上诉法院所维持的美国专利商标局的这一规则，认为该部分受理行为不符合美国专利法第 318 条第（a）款❶的规定，美国专利商标局和 PTAB 应当针对请求人质疑的每一项权利要求的可专利性作出最终书面决定。至此，美国专利确权行政和司法双轨制形式得以巩固，并发挥出了基于技术事实认定专业优势的行政复审主渠道作用。

四、行政复审确权渠道具有因应时代需求的独立制度价值

美国专利确权制度形成了以行政复审为主渠道的基本架构。基本框架由美国专利商标局的行政复审确权、联邦地区法院确权两种渠道构成，均统一由联邦巡回上诉法院进行司法审查。❷ 其中，联邦地区法院司法确权包括宣告专利无效判决和侵权诉讼中的无效抗辩两种形式，❸ 通过专利推定有效性规则和"清晰且确信"证据标准两种法律技术，有效界分了专利授权机构和法院之间的职责分工和范围边界。除此之外，美国国际贸易委员会在涉及专利的案件中也有对专利权效力进行行政审查的职权❹；仲裁机构具有专利权效力判定的管辖权，其对专利效力的判定具有相对性，并应当就仲裁结果通知美国专利商标局，美国专利商标局收到

---

❶ 35 U. S. C. § 318（a）规定：启动双方复审程序，又没有被驳回的，专利审理与上诉委员会应该就申请人提出异议的专利权利要求的可专利性作出最终书面决定。

❷ RANGARAJAN A. Towards a more uniform procedure for patent invalidation [J]. Journal of the Patent and Trademark Office Society, 2013, 95：375, 377-378.

❸ 联邦地区法院可以宣告专利无效、不可实施或者不侵权。参见：MedImmune, Inc. v. Genentech, Inc., 549 U. S. 118, 137（2007）。

❹ RANGARAJAN A. Towards a more uniform procedure for patent invalidation [J]. Journal of the Patent and Trademark Office Society, 2013, 95：375, 377-378.

该通知后，专利有效性的仲裁结果开始生效。❶ AIA 改革是美国构建以行政复审为主渠道的专利确权制度的标志性成果，AIA 行政渠道的社会成本和效益明显优于司法渠道，从而具有了其独立存在的制度价值。

（一）发挥出批量纠正错误专利授权的程序规范功能

通过初始审查的已授权专利效力可靠性不高，需要通过纠错程序来恢复对美国专利商标局的信赖。美国专利商标局为了收集所有需要的信息以作出真正的专利有效性决策，需要投入大量的时间和资源，而现实中为单件专利所投入的审查资源远远不足以保障授权专利的效力。同时，只有很小比例的被起诉或者许可给他人的专利才被更关心其是否实质上有效，而绝大多数专利具有形式有效性即可，不需要深究其实质上是否有效，从而美国专利商标局对所审查授权专利的效力具有理性忽略。❷ 容忍并接受已授权专利中存在问题专利这一现实，同时对一小撮被起诉或者许可的专利是否真正有效给予更多关注，这一理念在专利共同体中获得广泛认同。而这一小撮在专利存量中占比虽不高但具有异常重要的市场竞争意义的专利，对其专利效力确定专门设置规范性程序，发挥出个案纠正错误专利授权的功能，无疑是法律对当前时代诉求的回应。

（二）成本低廉、快捷高效的行政复审渠道产生了替代诉讼的效果

专利效力司法审查单一渠道已经不能适应以十万为单位的专利存量时代。政策制定者在 20 世纪中叶呼吁采用专利有效性行政审查机制，这并不是凭空产生的。长期以来，美国专利法存在类似的行政复审程序，如就未决专利申请启动"公共使用"程序（public use proceedings）❸、"抗议"程序（protest proceedings）❹、"再颁"程序（reissue proceed-

---

❶　参见：35 U. S. C. § 294（2014）。

❷　LEMLEY M A. Rational ignorance at the Patent Office ［J］. Northwestern University law review，2001，95（4）：1495. "理性忽略"英文为"rational ignorance"，也译为"理性无知"，是经济学中的概念，是指在考虑决策所需的全部信息需要投入较大成本而未必值得时，决策者会选择故意忽略部分信息而进行决策。绝大多数已授权专利从未被诉讼或许可，而专利审查的高昂成本使得针对每一件专利申请进行全面深入的审查并无必要。

❸　参见：35 U. S. C § 102（b）；37 C. F. R. § 1.292（1997）（现行法规中该条款已经取消）。

❹　参见：37 C. F. R. § 1.291（2018）。"抗议"程序仍为现行程序。

ings)❶，但作为纠错机制这些一直以来运行效果不佳。设立行政复审制度的建议始于 20 世纪 60 年代，直到 1980 年才正式通过了单方复审程序。❷ 单方再审和双方复审程序虽然具有了纠错性，但一直处于司法诉讼程序的附属状态，并且使用率不高。为了提高使用率又设立了新的程序。但因为各个程序所具有的局限性，直到 AIA 改革后的双方再审程序，其程序设计的双方性和对抗性大大提高了其纠错能力，才真正使得专利行政复审程序具备了替代司法诉讼程序的效果。

（三）彰显平衡专利垄断利益和公共利益的行政职能

专利确权行政复审程序不仅能解决专利效力争议，宏观意义上看，更承担着平衡专利垄断利益和公共利益的行政职能。Cuozzo Speed Technologies，LLC v. Lee 案的争议点之一在于美国专利商标局启动双方再审程序这一决定是否具有终局性而不受后续司法程序的审查。对于是否启动行政复审程序，美国专利商标局具有终局裁量权，美国联邦最高法院通过判例确立这一规则。这一方面重申了美国专利商标局可以就是否审查请求人未提出再审的权利要求依职权进行自由裁量；另一方面，即使在没有请求人提出请求的情况下，美国专利商标局也可以依职权启动对专利效力的再审。这一判例对于厘清专利确权行政复审的行政程序性质、更好地发挥美国专利商标局在专利效力争议解决中的专业优势具有比较深远的影响。这一依职权审查原则是与 AIA 改革前的双方重审程序相一致的。行政复审程序承载着因为初始授权程序的不完美而进行纠正错误授权的公共职能，发挥着行政机关对授权专利的数量和质量控制的作用。

（四）司法谦抑性要求对行政复审程序表现出充分尊重

这种尊重可以从两个方面来理解。一是法院对行政复审结果的充分尊重。专利效力的证明标准上，行政程序适用优势证据标准，而司法程序适用"清晰且确信"标准，"清晰且确信"证据标准高于优势证据标准，这一分层级制度设计就给予了行政复审决定实体结论上的尊重和保障。二是 AIA 改革后法院在程序上对给予行政复审程序的更多尊重。AIA 改革前，无论是单方再审还是双方再审程序，因为其更多地体现对

---

❶　参见：35 U. S. C. §§ 251-252 (1994)；37 C. F. R. §§ 1. 171-1. 179 (1997)。

❷　JANIS M D. Rethinking reexamination：toward a viable administrative revocation system for U. S. patent law [J]. Harvard journal of law & technology，1997，11 (1)：20-22.

法院诉讼程序的附属性,法院中止专利侵权诉讼程序而等待复审程序决定的情形比较少。而 AIA 实施后,美国联邦地区法院对 PTAB 行政复审程序显示出充分的尊重。据统计,在专利争议案件中法院核准被告停止诉讼程序申请的比例高达 73.4%,其中,以进入 CBM 程序为由请求停止诉讼的获准率高达 90.48%,IPR 程序达 69.9%。❶

(五)行政权和司法权的平衡是专利行政确权司法审查考量的重要制度性因素

在美国行政诉讼制度的视野下,绝大部分行政案件在行政机关系统内部解决,由当事人起诉至法院的仅为很小一部分。美国普通法院在进行司法审查时注重遵循的重要原则是,司法不应不适当、不适时地干预行政权的行使,从而在美国行政诉讼制度中广泛形成了行政机构"优先裁判"的惯例,特别是行政机构行使自由裁量权对事实问题而非法律问题作出判断的情形。在美国 AIA 改革后,对于专利行政确权程序的司法审查标准问题,反思曾在授权后复审程序中适用民事诉讼标准的声音增多,倾向于认为专利行政确权程序是行政程序,应适用美国行政程序法中的谢弗林尊重原则(Chevron deference)。按照行政程序法基本理念,对行政行为的司法审查应考量行政权与司法权的平衡;司法干预究竟应深入到什么程度取决于司法与行政的专长比较;行政机构是行政事务的主要决策者,行政机构能力范围之内的事务应留给行政机构自己处理,法院不应该替代行政机构作出判断。

提高专利行政确权渠道的独立性和替代性、构建以行政复审为主渠道的专利确权制度是美国半个世纪以来的历史性路径选择。司法渠道的明显弊端包括为追求正义而将效率置于第二位、个案裁决所固有的社会资源高消耗等。各个联邦地区法院可以一审裁决专利效力,这是美国司法体系下专利制度演变的历史沉淀,专利确权司法管辖权的分散会产生专利效力裁判标准不一致等问题。美国 AIA 专利确权制度的改革方向和实践成效为我国专利确权制度的未来展望提供了思路上的反思和启示。

---

❶ 财团法人"台湾实验研究院科技政策研究与资讯中心". 美国专利救济制度改革复审救济程序效益显现 [EB/OL]. [2020-10-09]. http://cdnet.stpi.narl.org.tw/techroom/pclass/2014/pclass_14_A185.htm.

国防专利补偿问题研究

李 也[1] 苏 林[2] 李凡迪[3] 葛颖琛[4] 王卫军[5]

摘 要

国防专利是指涉及国防利益以及对国防建设具有潜在作用需要保密的发明专利。由于国防专利的创造、运用、保护、管理等全链条均需保密处理，权利人的市场化实施权益受到天然的限制，有必要对权利人的权益受损提供补偿救济。以奖励国防专利价值为导向的奖励式补偿模式存在制度目的的不合理，既混淆了职务发明奖励与补偿制度定位，不明确的救济途径也影响制度的执行力。本文基于我国国防专利补偿制度现状需求，借鉴国外保密发明（专利）补偿制度经验，对国防专利补偿制度重新定位，提出以弥补保密损害为目的，填平损失为计算原则，行政与司法结合为路径的制度完善思路。

关键词

国防专利 补偿机制 保密损害 政府使用

[1][3][4][5] 作者单位：中国航天系统科学与工程研究院。
[2] 作者单位：中央军委装备发展部国防知识产权局。

一、国防专利补偿制度现状及问题

国防专利施行补偿制度并非新兴概念，国外保密发明（专利）制度中大多构建了相应的补偿制度，以弥补权利人由于专利保密受限而导致的损失。1990 年我国颁布《国防专利条例》，开始施行国防专利制度，1996 年《国防专利补偿办法》批准实施，此后"对国防专利施以补偿"便作为配套保护机制同步运行，但上层法规中并未明确启动补偿的具体条件。对比 1990 年《国防专利条例》与 2004 年《国防专利条例》对补偿的规定，❶ 发现国防专利补偿模式基本没有实质性变化，均以主动申请模式启动，以国防专利转化运用价值为评估标准，评定国防专利补偿的具体费用。

1998～2003 年，国防专利局（现国防知识产权局）共评定、发放 6 批专利补偿费，总计 1056 件，累计 290 余万元。虽然 2004 年《国防专利条例》将职务发明人补偿比例由原来的不少于 20％提高到不少于 50％，但在 2004 年以后再未进行国防专利补偿❷。补偿制度的停滞，一方面是由于《国防专利补偿办法》已失效❸，另一方面在于国防专利运用价值的"奖励式补偿"资金保障与供给需求较大，已偏离"补偿"的制度定位。这说明，发明人补偿比例的细微调整等改进措施并非消除现行国防专利补偿制度运行障碍的关键所在，而真正造成补偿制度机制不畅的原因，还需从其制度机理上探究。

（一）国防专利补偿具体模式

目前规制国防专利补偿的最高阶法律法规为中央军委与国务院 2004 年颁布的《国防专利条例》，指导补偿具体实施的操作指南为原国防科学技术工业委员会（以下简称"国防科工委"）综合计划部 1996 年颁布的《国防

---

❶ 1990 年《国防专利条例》第 30 条："国防专利局设立国防专利补偿费。在颁发国防专利证书时和在该专利首次实施后，由国防专利局向国防专利权人发给补偿费。属于职务发明的，国防专利权人应当将不少于 20％的补偿费发给发明人。补偿费数额，由国防专利局确定。"

2004 年《国防专利条例》第 27 条："国家对国防专利权人给予补偿。国防专利机构在颁发国防专利证书后，向国防专利权人支付国防专利补偿费，具体数额由国防专利机构确定。属于职务发明的，国防专利权人应当将不少于 50％的补偿费发给发明人。"

❷ 林建成. 国防专利［M］. 北京：国防工业出版社，2005.

❸ 《国防专利补偿办法》第 1 条："根据《国防专利条例》第三十条规定，制定本办法。"其中所指《国防专利条例》为 1990 年颁布的，现行的 2004 年《国防专利条例》中补偿办法条款已作调整。因此，《国防专利补偿办法》依法当然失效。

专利补偿办法》。具体操作模式如表 1 所示。

表 1　国防专利补偿具体模式

序号	关键点	具体模式
1	启动方式	主动申请制
2	启动条件	（1）授权有效国防专利 （2）授予国防专利权之日起 4 个月内
3	补偿方式	一次性补偿
4	补偿经费来源	国家（国防知识产权局设立专项经费）
5	补偿费设置	设置 6 个等级（特等 30000 元、一等 15000 元、二等 8000 元、三等 5000 元、四等 3000 元、五等 2000 元，未获等级的不补）
6	补偿评审标准	主要是考虑该项国防专利的发明价值，产生国防专利的项目经费来源以及推广应用情况和应用前景等因素决定
7	补偿流程	提交请求书、评定评审、局长审批三步
8	补偿费分配	涉及职务发明的，补偿费不少于 20% 分给发明人（2004 年《国防专利条例》调整此比例为不少于 50%）
9	补偿评定时间	每年定期 2 次（5 月/11 月）

1. 基本情况

授权有效的国防专利在授权之后 4 个月内可由权利人提出补偿申请。满足补偿启动要求的，则进入补偿评审阶段。补偿费共有六个等级，其评审标准主要围绕转化运用价值设立❶。国防专利补偿为一次性补偿，不再提供二次补偿和补偿异议的救济途径。国防专利若属职务发明的，补偿费按一定比例发放给相应发明人。

2. 补偿程序

国防专利补偿程序大致分为提交请求书、评定评审、局长审批三步。一是提交请求书阶段。国防知识产权局向权利人发放《国防专利补偿请求书》表格，凡请求补偿的，应在授予国防专利权之日起 4 个月内提交请求书。逾期未提交的，视为放弃。请求书将作为后续评审的启动依据。二是评定评审阶段。国防知识产权局设立国防专利补偿专项评定

---

❶ 参见：《国防专利补偿办法》第 13～15 条规定，评审标准应由发明价值，项目经费来源、推广应用情况和应用前景等因素决定。

组，由国防科工委机关和国防知识产权局相关专家组成。评定组每年 5月和 11 月举行例行的评定会议，对收到的请求项目进行评定。补偿评定评审流程，首先由审查员提出预先评定意见，然后提供给专家评定组评审。三是局长审批阶段。国防知识产权局局长主要对较高等级补偿项目进行再审查，必要时可向上级主管部门征求意见。待国防知识产权局局长审批通过以后，可向权利人一次性发放国防专利补偿费。

（二）补偿制度特点与问题

我国现行补偿制度的主要特点在于它是采用"补偿与奖励结合"的一次性模式，且不提供异议纠纷救济途径。补偿制度的运行不畅也揭示出制度本质和操作模式与新形势下的国防专利的需求有所背离。

1. 补偿目的不明造成制度设置底层逻辑不清

补偿制度目的应为"补偿损害"。而目前国防专利补偿启动条件非常宽泛，补偿的主要目的围绕对国防专利的转化运用价值的奖励，未要求申请人提供权利损害的补偿申请具体事实依据。补偿所针对的具体目的不明确，也导致了整体补偿制度设置的底层逻辑不清晰。

2. 奖励式补偿不能适应国防专利大幅增长的现实环境

国防专利补偿属于对研发活动和智力成果的奖励制度。其实质是知识产权制度对创新的一种奖励机制。在国防专利制度施行初期，从事国防科研工作的人员对"申请国防专利以保护科研成果"的方式还没有清晰概念，对于申请国防专利的积极性不高。基于这样的目的和历史背景，奖励式补偿可以有效提高国防科研人员申请国防专利的积极性，推动国防专利制度的发展以及提高国防专利的质量。但目前国防专利的申请数量以 30％的年增长速度迅速增加，国防专利的整体战略也由数量提升向质量提升转变。施行初期提出的"奖励式补偿"是否还能适用于当前的国防专利环境成为需要考量的问题。

3. 对职务发明的奖励不应纳入补偿的考量

2004 年《国防专利条例》中提出，补偿金的不少于 50％应作为职务发明奖励发放给发明人。这样规定会产生以下三个方面的问题。

其一，职务发明奖励这笔经费是否应由国家来承担？对比《专利法》第 15 条规定，"被授予专利权的单位应当对职务发明创造的发明人或者设计人给予奖励"，职务发明的发明人奖励由被授予专利权的单位承担；国防专利的专利权人大多数为承担武器装备科研项目的具体承研单位，但职务发明的发明人奖励却规定由国家支付。针对承担的武器装备科研任务国家已经投入成本，那么对其中职务发明人的奖励成本就不应再由国家承担。

其二，对职务发明奖励是否应当采取申请可得的方式？根据《国防专利补偿办法》相关规定，补偿由专利权人主动申请，这也就意味着职务发明的奖励只有主动申请，并且是获得补偿的单位的职务发明人可以得到。这种职务发明奖励的方式不是普适性奖励，而是部分人可得的奖励，与职务发明奖励初衷不符。

其三，对职务发明的奖励不考虑实施后的经济效益是否合适？《专利法》第 15 条规定，"……发明创造专利实施后，根据其推广应用的范围和取得的经济效益，对发明人或者设计人给予合理的报酬。"即职务发明应获得的奖励与经济效益持续性关联。对此，国防专利的"一锤子补偿"的设计是否合理有待考量。

因此，在补偿中包含对职务发明的奖励稍显不妥。在后续修订补偿内涵时，应当对于补偿针对的对象有所更新。

4. 国家资金投入下国防专利补偿可能存在"二次付费"问题

目前制度中国家投资背景下的国防专利仍可申请补偿，有可能引起国家的"二次付费"问题。国家资金投入下产生的国防专利，国家始终作为国防资产的所有人，具有国防领域的绝对使用权。美国在补偿制度设计中规定政府雇员不能申请保密补偿。这种设置对补偿范围的集中以及补偿目的的实现具有正向作用，应是我们考量现行补偿制度问题的维度之一。

5. 补偿费用与真正实施获得利益不平衡

现有的制度规定不足以在国防国家利益和发明人私权利益间作出很好的平衡。《国防专利补偿办法》规定我国国防专利补偿费用从 2000 元到 30000 元人民币不等的六级标准。这六级补偿标准与国防专利智力成果的内在价值相比，往往偏低；与庞大的研发投入资金金额相比，相差悬殊。以北京航空航天大学某教授的"沙丘驻涡火焰稳定器"为例，该项技术获得国防专利后，应用于我国多种型号航空发动机中，仅 1996 年，某生产厂就应用该技术增加效益 1 亿元，而发明人获得的补偿费仅 15000 元。由此可见，这样的补偿规定没有使有价值的国防专利项目得到相应的补偿，即未体现补偿制度目的。

6. 补偿救济途径规定不明确

对补偿费数额存在异议时，没有配套救济措施。我国对于补偿金采用"一锤子买卖"。不估算专利今后的持续价值，国防专利权人就会对补偿金产生异议。目前我国并未配套补偿救济措施。

二、国外保密发明（专利）补偿制度经验借鉴

我国国防专利设置的主要目的是解决国防安全问题。就其制度根源，国外保密发明（专利）制度，无论保密期间是否授权，均为实现国防安全目的而设置。因此，笔者认为国外保密专利与我国国防专利有同样的设置目的，可适当借鉴其补偿制度经验。

美国"全球火力指数"网站的世界最强大的 35 支军队排行榜报告，公布了全球军事实力排行前十位的国家：美国、俄罗斯、中国、印度、英国、法国、德国、土耳其、韩国和日本。本文重点以美国和德国为例，分析它们对于涉及保密发明（专利）的补偿制度设置。

（一）"解密前不授权"模式的补偿机制研究——以美国为例

1. 保密发明工作程序

专利权人提交专利申请后，美国专利商标局将初步判定可能涉及国防安全的专利申请发送至国防部国防技术安全管理局（Defence Technology Security Administration，DTSA）❶，由 DTSA 根据技术内容分配给相应国防机构❷进行审查。具体国防机构根据专利技术的实质内容"是否危及国防安全"进行审查，审查后认为需发布保密令的专利申请则由 DTSA 统一通知美国专利商标局。美国专利商标局在接收 DTSA 保密令通知后即无条件下达对专利申请的保密令。整个保密审查周期为自专利申请日起的 6 个月内，或专利申请提交至国防部审核的 3 个月内（以两者较晚日期为准）❸。被扣压且下达保密指令的专利申请实行一年一审的保密再次审查，保密期间不得授予专利，且专利申请人未经同意不得公开申请的内容。

---

❶ 参见：美国国防部 DoD 5535.02 第 1 条第 c 款。

❷ 美国负责保密审查的国防机构包括：美国国防部（国防技术安全管理局）以及其他相应国防机构，包括陆军部、海军部、空军部、原子能委员会、国家航空航天局、国家安全局等。

❸ 参见：美国专利审查指南第 120.1（e）条。

2. 保密发明的补偿类型

根据美国法典第 35 编第 183 条，发明人拥有以"保密指令和/或政府使用导致损害"提出补偿的权利。其中，由于保密指令本身导致损害的补偿称为"保密损害补偿"，因政府使用导致损害的补偿又称为"政府使用补偿"，发明人可以单独或者同时请求这两类补偿。

3. 保密发明补偿的申请对象限制

美国政府享有财产权利的发明不能申请保密指令补偿。美国保密指令类型是依据美国政府是否享有财产权利和发明技术涉及某种敏感技术进行的划分。美国政府不仅对政府雇员完成的发明享有财产权利，也对政府各种协议下的发明享有财产权利。美国法典第 35 编第 183 条规定的"受雇于美国政府""为美国政府服务"均可以被理解是政府协议下的独资和合资等情况。此类情况下开发完成的发明，根据享有其财产权利的情况，为了避免美国政府"二次付费"，也不能申请保密指令补偿，即只有自筹资金产生的发明的保密指令可以申请保密指令补偿。

4. 保密发明补偿申请的前提条件

美国保密发明补偿申请必须满足以下五项条件：

第一，美国专利商标局颁发保密指令。显而易见，补偿申请的前提是该专利申请被美国专利商标局颁布过保密指令。保密指令的补偿申请可以在保密指令有效期间也可以在保密指令失效、专利授权后 6 年内进行，但都需是美国专利商标局颁发保密指令后进行。

第二，专利申请内容符合获得专利的条件。可申请保密损害补偿的前提条件之一是，该保密发明必须通过"可专利性"审查。因为只有通过审查的申请，从专利有效的角度才具备专利的新颖性、不显而易见性等。在此之前申请人没有请求补偿的权利。

第三，保密指令造成切实损失。无论是保密损害补偿还是政府使用补偿申请，均需由申请人提供自身利益被切实损害的证据。

第四，美国政府对该发明不享有财产权利。根据美国专利法第 183 条规定，政府雇员不能就完成的发明提出补偿请求。这样的规定使得真正能够提出补偿请求的主体主要是私有企业或除政府雇员之外的个人。

第五，受损人对该发明需保密没有提前认知。对保密发明的损害补偿仅针对发明人其发明内容没有"涉及国防需保密"的认知的情况。若在已知专利申请一定会被保密扣压的情况下坚持申请专利的，没有请求补偿的权利。

5. 救济途径及补偿计算

美国保密发明的补偿救济途径分为"行政＋司法"以及"直接司法"两种途径，● 详见图 1。"行政＋司法"是指在救济过程中必须首先穷尽行政补偿的救济途径后，才可进行司法救济。"直接司法"是指在救济过程中可直接提起司法诉讼，对行政与司法的救济途径不作顺序上的限制。

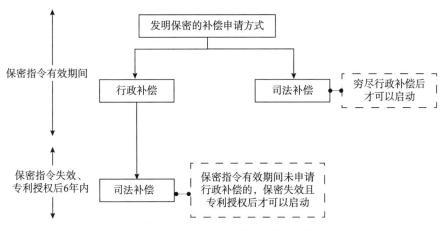

图 1 美国"发明保密"补偿救济途径

保密指令有效期间，申请人可以向建议颁发保密指令的国防机构通过行政途径提出补偿请求，国防机构可以与申请人协商补偿费问题，一经达成协议即具有终局性。申请人对补偿费不满意的，可以在穷尽行政补偿途径后在美国联邦索赔法院或地方法院提起诉讼，要求补充赔偿。如保密指令有效期间未申请补偿的，在保密指令失效、专利授权 6 年内可直接通过司法途径要求赔偿。

美国保密发明的补偿主要遵循填平原则，即补偿金主要用于补偿权利人因被权利损害所受到的实际损失，以使受损害方恢复到侵权行为实施之前的状态。补偿具体计算应包括专利权人的合理诉讼成本（专家证

● 参见美国法典第 35 编第 183 条、DFARS 227.70 和 10 C.F.R. 782 的相关规定。行政请求的程序：（1）补偿请求申报书寄至美国能源部专利法律检查司，由其助理专员顾问受理；（2）接收补偿请求后，进行每项补偿的逐一调查，在此期间可要求补偿请求人提供相应信息；（3）根据法律规定对补偿作出相关裁定并将结果通知补偿请求人。

人和辩护律师的费用）❶，其计算模式主要延用实际损失和合理许可费计算模式。

（二）"保密并授权"模式的补偿机制研究——以德国为例

1. 保密专利模式

德国的发明保密制度属于保密并授权式。德国国防部装备总局下设的专家委员会和保密专利事务处，分别负责保密审查和保密专利管理工作。德国专利商标局保密专利事务处对所有专利申请进行初步保密审查，认为需要保密扣压的，移交至国防部保密专利事务处进行再次保密审查，并由专家委员会评定需要保密的专利申请的密级（绝密、机密和秘密）。国防部部长通知德国专利商标局局长，由局长颁布保密指令并通知申请人。需要保密的专利会交回德国专利商标局进行进一步"可专利性"审查，通过审查的，授予保密专利，并不公开。国防部保密专利事务处负责一年一审的保密审查。

2. 保密专利补偿申请前提条件

德国专利法第 55 条对德国保密专利补偿作出了相关具体规定。针对合法颁布保密指令而造成损害的，以及德国专利商标局不当颁布保密指令而造成损害的，专利申请人或者权利人可以请求损害赔偿。根据相关规定，保密专利申请补偿须满足以下六个条件。

第一，德国专利商标局颁发保密指令。德国专利法第 50 条规定了保密指令的两种情形：涉及德国国家秘密的专利申请，以及其他国家基于国防理由要求保密并且经其同意向德国提出的继续保密的专利申请。

第二，首先向德国专利商标局提出的专利申请。根据德国专利法第 55 条第 3 款规定，保密补偿请求的专利的首次申请须是向德国专利商标局提出。若在保密指令颁布前向其他国家提出过给予国防理由要求保密的专利申请，则不具备申请补偿的主体资格。

第三，专利申请具备可专利性且已授予专利权。与美国保密指令补偿的前提条件类似，只有保密指令下的发明具备可专利性并已被授予专利权的，专利权利人才有权提出保密补偿。

第四，专利具有和平使用属性。德国专利法第 55 条第 1 款中规定，

---

❶ 参见美国法典第 28 编第 1498 条。

只有在专利的和平使用受限时才可启动补偿机制。换言之，只有保密指令下的发明具有民用可能性或是军民两用性，才能请求保密补偿。因军事用途使用而受到损失的，不能请求补偿。

第五，因保密而停止专利实施。德国专利法第 55 条第 1 款中规定，只有因为保密而停止和平利用专利的，才能请求补偿。基于其他原因，例如专利技术不够成熟或实施利润低而没有运用保密专利的不享有保密补偿权。

第六，已产生不合理损失。只有当权利人遭受不合理损失后，才能向德国政府请求补偿，并且期间不少于 1 年。德国政府在判断当事人请求补偿的合理性时，应当重点考虑受损人的经济状况、为完成发明或取得专利权花费的成本、受损人对该发明内容需保密的判断是否具有显而易见性以及受损人在对发明的其他实施方式中的既得利益。

3. 保密专利补偿的申请对象限制

德国法律中并未就政府投资背景下的专利申请的保密指令作出另行规定。换言之，我们可以认为在德国补偿体系中，政府投资背景下的专利申请的保密指令也可以申请补偿。

4. 申请补偿救济的途径与程序

德国发明保密制度给由于保密指令的颁布所导致的损害提供补偿途径。补偿类型有行政补偿和司法救济两种方式，且司法救济途径与行政补偿属于并行方式，没有进行行政补偿的也可以进行司法诉讼。

5. 补偿金额的计算方式

对补偿金额主要以专利权人提出的损失证据为依据进行补偿协商和诉讼判决。主要包括：受损失方的经济状况、发明人因发明和为获得对发明的权利所带来的消费、损失方从发明的实施中得到的收益等。

（三）其他军事强国"保密专利"的补偿机制分析

除以上美国、德国的保密发明（专利）的补偿制度外，其他军事强国的保密专利总结梳理见表 1。

表 1　各国"保密发明"的补偿机制对比分析

国家	申请模式	行为认定	保密指令颁布机构	保密审查制度	补偿方式	补偿受理机构	补偿计算
俄罗斯	主动申请	保密且授权	联邦执行权力机构	解密降密制	无		

续表

国家	申请模式	行为认定	保密指令颁布机构	保密审查制度	补偿方式	补偿受理机构	补偿计算
印度	被动扣压	保密且不授权	印度专利、外观设计和商标局	半年一审制	(1) 主动申请补偿；(2) "行政＋司法"	(1) 行政：中央政府或印度专利、外观设计和商标局；(2) 司法：印度高级法院	(1) 保密期间政府征用的损害：专利的经济价值估计；(2) 保密指令周期延长的损害：考虑新颖性、实用性和发明目的；(3) 保密失效后授权的专利，保密期间的费用免除
英国	被动扣压	保密且不授权	英国知识产权局	(1) 首次保密审查在确认为保密专利后的9个月之内完成；(2) 此后再审为一年一审制	(1) 主动申请补偿；(2) 行政	相应国防机构	无明确的补充金额计算方式
法国	被动扣压	保密且不授权	相应国防机构	一年一审制	(1) 主动申请补偿；(2) "行政＋司法"	(1) 行政：授意颁布指令的国防机构；(2) 司法：巴黎大审法院	无下限控制，主要参考申请人提供的损失举证

国家	申请模式	行为认定	保密指令颁布机构	保密审查制度	补偿方式	补偿受理机构	补偿计算
土耳其	被动扣压	保密且授权	土耳其专利局	一年一审制	（1）主动申请补偿；（2）"行政＋司法"	（1）行政：土耳其政府；（2）司法：土耳其法院	应考虑发明的价值、特殊原因无偿使用专利技术的利润估计
韩国	被动扣压	保密且禁止申请	韩国专利商标局	无具体说明	（1）主动申请补偿；（2）行政	行政：韩国政府	申请方获得发明相关权利的费用以及发明实施的收益等
日本	无						

（四）国外补偿制度小结

1. 申请模式影响补偿救济对象

对比我国与其他九国的做法发现，从申请模式上看，我国国防专利采用"主动申请＋被动筛查"的双重模式；而其他九国除俄罗斯以外多选择了被动扣压的模式。完全主动申请制的俄罗斯，未对其保密专利设置配套补偿救济措施。这也印证了本文观点：主动申请的申请人对申请模式下自己私权受到损害的情况是知悉并认同的；而被动扣压的申请人出于对私权的维护，更需要设置补偿救济制度予以支持。由此可见，申请模式可能是影响各国对保密专利补偿救济对象限制的考量因素之一。

2. 补偿申请人的切实损害是保密发明（专利）补偿设立目的

对比九国可以看出，仅有我国的补偿申请启动条件不主张申请人提供关于切实损害的事实依据。其他国家要求请求补偿的申请人对于保密造成的损害提供事实依据，是着眼于保密补偿制度的设立目的：解决保密给申请人带来的实际损失。"无损失不补偿"更为符合保密发明（专利）设置补偿制度的设立目的。

3. 保密期间给予的权利影响权利损害行为认定

对国防专利权利损害行为进行法律认定，是影响补偿的性质、补偿的方式和补偿的程度的重要法理基础。各国对该法律认定的操作不尽相同。美国等国家在专利保密期间不给予相应保密发明（专利）排他专利权利，采用暂时冻结该申请所包含的技术内容的方式以达到保护本国国防利益的目的。这种情况下的专利申请，其权利损害不应被认定为侵权。德国等国则在保密期间授予专利权。授予专利排他权的保密专利具备了一定知悉范围内，与普通专利类似的转化运用、促进国防科技创新的功能。因此，在这种法律认定下的专利，其权利损害可以被认定为侵权。

三、国防专利特殊性对补偿制度的功能性调整

（一）国防专利"双重申请制"对补偿启动条件及计算的影响

我国国防专利采用"主动申请为主，被动保密筛查为辅"的模式。被动保密筛查，与国外被动扣压的保密专利一致，"保密处理"对私权存在一定程度的损害，申请人有权基于私权已受到损害的事实前提对其提出补偿申请。而对于主动申请制，申请人对这种申请模式会导致自己私权受到损害的情况是知悉并认同的，因此选择主动申请国防专利，其补偿启动的条件应适当收紧，例如仅在此部分国防专利的保密期限被延长的情况下启动补偿。笔者认为，申请模式对补偿启动条件而言，其一，主动申请下的国防专利是否成为补偿申请对象需要考量；其二，考虑影响补偿计算裁量因素时也应纳入具体申请模式。

（二）国防专利"保密限制"属性对补偿类型的影响

国防专利由于涉及国防利益和对国防建设具有潜在作用而需要保密，在权利行使过程中，对国防专利的信息公开、转让许可等运用造成必然限制。信息公开方面，国防专利仅能在知悉范围内限制性公开，直接导致信息不对称，从国防专利制度运行的源头上就造成了阻碍。这势必会引起国防专利运用的不顺畅。国防专利转让许可方面，信息的不对称造成转让许可不利；且国防专利保密性使其受让人须具有相应知悉权，也进一步限制了国防专利的转让许可。基于以上公开、转让许可方面均会由于保密性受到相应限制的考虑，笔者认为对此损害设置补偿机制是必要的。

（三）国防专利项目来源对补偿对象的影响

我国国防专利补偿制度的补偿对象即为申请并获得补偿的自然人、

法人等。就项目来源来看，国家全资支持的武器装备建设中产生的国防专利，在无其他权利归属声明或协议的情况下，其专利权归国家所有。此情况下应考虑补偿是否会成为"二次付费"的问题。国家与民营企业合作支持完成的武器装备建设中产生的国防专利，则国防专利获补偿对象为专利权人，但应考虑补偿比例设计问题。无国家支持背景的发明创造产生的国防专利，该国防专利补偿对象为权利人。

四、完善我国国防专利补偿制度的建议

（一）总体思路

笔者认为补偿制度目的在于解决"补偿保密所致的损害"。为适应新形势下国防专利制度发展，补偿制度从其设立根本上需要有所调整。确定补偿制度目的最为关键。目前补偿对象是所有具备转化运用价值的国防专利，这显然不符合"补偿损害"的制度底层逻辑，只有将补偿类型合理调整，补偿制度才能真正运转并保障权利人的合法权益。

1. 补偿损害类型——以保密损害为主的三种类型结合

笔者建议针对国防专利的保密、保密时间延长以及政府国防目的使用所导致的损害构建补偿机制。

①保密损害。国外保密发明（专利）针对保密导致其市场收益受损设置补偿途径以弥补权利人的权益损失。这一特点同样适用我国。我国国防专利的保密性使其专利的运用范围受限，也应设置保密损害补偿机制。②保密时间延长损害。同样是由于保密所致的权益损失。保密时间延长或解密驳回后，对在解密驳回后的时间段或保密延长时间段内产生的真实损害提出补偿。③政府国防目的使用损害。国防专利和普通专利一样，都可能由于国防目的被政府使用。国外对于政府国防目的使用设置补偿救济途径。由于不是"保密"所致的损害，此部分不属于国防专利的独有补偿类型。因此，笔者认为国防专利的补偿类型中包含政府国防目的使用损害，但无需单独讨论，应结合整体专利制度一并考量。

2. 补偿对象限制——政府投资项目背景及职务发明除外

国防专利涉及政府投资背景的，由于可能引起国家的"二次付费"问题，笔者认为不应赋予补偿申请权利。①针对政府全资投资项目中产生的国防专利，在无其他权利归属声明或协议的情况下，其专利权归国家所有。此类情况产生的国防专利,为了避免政府"二次付费",可不提供补偿途径。②针对合资项目中产生的国防专利,则考虑补偿金裁量及分配比例问题。③无政府投资背景的国防专利,应提供补偿救济途径,其补偿对象为权利人。

有关职务发明的国防专利,笔者建议在补偿的内涵认定上不再包含职务发明奖励部分。原因有三:一是补偿针对保密损害,与职务发明奖励的制度底层逻辑不统一;二是职务发明人的奖励成本不应由国家承担,而应由具体承研单位承担;三是补偿只针对有切实保密损害发生的情形,而职务发明奖励是普适性奖励制度,两制度间有冲突。因此,笔者认为国防专利补偿制度包含职务发明奖励,存在制度底层逻辑不清、制度目的冲突等问题。国防专利的职务发明奖励问题应另行规定。

3. 补偿申请主体限制——区分主动申请与被动筛查模式

我国国防专利属于"主动申请为主,被动筛查为辅"的模式。被动保密筛查中,"保密处理"对私权存在一定程度的损害,申请人有权基于私权已受到损害的事实对其提出补偿申请。而主动申请制下,申请人对这种申请模式会导致自己私权受到损害的情况是知悉并认同的。笔者建议,主动申请下的国防专利启动条件应适当收紧,例如仅在此部分国防专利的保密期限被延长的情况下启动补偿,或在必要情况下放弃此模式下的国防专利。

4. 补偿形式——有效国防专利权利主动申请制

目前的补偿属于一年两审,划等级的补偿方式更偏向于是对国防专利质量选优的奖励制度。在国防专利制度刚刚施行初期,奖励式补偿可以有效提高国防科研人员申请国防专利的积极性,推动国防专利制度的发展以及提高国防专利的质量。但就目前情况而言,施行初期提出的"奖励式补偿"也许已经不再适用。国防专利在有效期间内权利受到损害进行申诉的形式更为适用。

5. 补偿救济途径——行政与司法结合

一直以来,我国国防专利制度都缺乏救济通路,国防专利权人和发明人的权益得不到保障时,没有相应的救济途径可供其进行诉讼。国外的救济途径通常都是以行政协商与司法诉讼相结合的模式。结合我国国防专利的实际情况,建议引入行政协商和司法诉讼相结合的模式以应对补偿异议或纠纷。

6. 补偿费依据——填平原则为主，三类经费结合

国防专利保密损害补偿主要是为保障国防安全，对权利人的私权损害提供补偿。笔者建议补偿金计算以填平原则为主，将受到的实际损失恢复到损害之前的状态。国防专利可根据三大类综合进行补偿金计算。第一类，专利权人的合理开销。国防专利权人维护专利的成本，以及专利权人进行发明创造的成本开销。第二类，损害补偿。可根据实际损失和合理许可费方式计算保密造成的损害价值。第三类，适当考量发明应用价值。在此基础上，还可根据专利的发明价值、应用前景等综合考量发明应用价值。

（二）程序设计

1. 总体程序

符合补偿条件的，自行提交申请。补偿申请总体流程：国防专利权人提出补偿申请→申请受理→补偿调处审理→补偿结果公示→补偿结果不满或追加补偿金的可提起诉讼。

2. 申请程序

国防专利权人提交补偿申请申报书以及相应申请补偿的证明材料至国防知识产权局负责该申请受理的相应机构。自申请提交后最近的提交周期截止日起算，专利权人可在 6 个月后得到补偿结果。其间，可根据受理机构的相应指示，修改、完善、补充补偿申请的材料。补偿结果在《国防专利内部通报》上公示。对补偿结果不满意的，不可异议，只能诉至法院。

3. 审理程序

申请受理机构对提交的材料进行初步的形式审查，并根据技术类别进行分类。满足受理条件的补偿申请由国防专利机构立案审理。受理机构组织军工单位、各军兵种总部机关审查专家团队对通过形式审查的补偿申请材料，根据上述申请补偿因素的具体涉及内容，逐条进行审查，通过合理的补偿金额公式，得出具体补偿金额。最终形成的补偿结果文件统一管理，对此有异议的相关人员可以申请查看补偿结果文件。

4. 纠纷解决

国外相应的补偿纠纷解决途径大多数采用了"行政＋司法"的救济途径。但结合我国国防专利相应法规完善和修订的现状，笔者认为可先采用"行政救济为主，司法救济为辅"的补偿纠纷解决方式。以后，可

再根据国防专利的相应法规完善和修订的情况进行调节。国防专利补偿纠纷可通过提出异议的方式进行行政救济。提出的相关异议应由国防知识产权局相应部门承担处理职能，并协调军工单位、各军兵种总部机关审查专家团队对产生补偿纠纷的国防专利进行专利发明价值、"保密损害"和"政府或军队征用"的审查。

综上，笔者建议对我国国防专利补偿制度进行重新定位：以弥补保密所致损害为目的设置三类补偿类型；以填平损失为原则计算具体补偿金；以行政为主、司法为辅的救济途径为权利人提供保障，统筹推进制度完善。

参考文献

[1] MAUNE J. Patent secrecy orders：fairness issues in application of invention of secrecy act [EB/OL]. [2020-03-12]. http：//www. tiplj. org/wp-content/uploads/Volumes/v20/v20p471. pdf.

[2] BRUSTEIN J. Congratulations，your genius patent is now a military secret [EB/OL]. (2016-06-08) [2020-05-12]. https：//www. bloomberg. com/news/articles/2016-06-08/congratulations-your-genius-patent-is-now-a-military-secret.

[3] Federation of American Scientists. Administration of the Invention Secrecy Act in the Patent and Trademark Office [EB/OL]. [2020-05-12]. https：//fas. org/sgp/othergov/invention/admin. html.

[4] LAVENUE L M. Patent infringement against the United States and government contractors under 28 U. S. C. § 1498 in the United States Court of Federal Claims [J]. Journal of intellectual property law，1995，2 (2)：389-507.

[5] Federation of American Scientists. The secrecy order program in the United States Patent & Trademark Office [EB/OL]. [2020-05-12]. https：//fas. org/sgp/othergov/invention/program. html.

[6] CITRIN A J. Are the secrecy order compensation provisions of the patent act constitutional under the fifth amendment? [EB/OL]. (2007-05-18) [2020-05-12]. https：//www. uakron. edu/law/lawreview/aipj/docs/volume-1_2/citrin3. pdf.

[7] GROSS D P. The consequences of invention secrecy：evidence from the USPTO patent secrecy program in World War Ⅱ [EB/OL]. [2020-05-12]. https：//www. nber. org/system/files/working_papers/w25545/w25545. pdf.

[8] LEE S H. Protecting the private inventor under the peacetime of the Invention Secrecy Act [J]. Berkeley technology law journal，1997，12 (2)：345-411.

［9］欧宁. 知识产权与国防秘密［M］. 北京：清华大学出版社，2020.

［10］梁波. 我国国防专利产权制度问题研究［D］. 长沙：国防科学技术大学，2009.

［11］崔立红. 中美保密发明制度比较研究［J］. 知识产权，2016（1）：134-140.

［12］李泽红. 国防科学技术专利保护研究［D］. 长沙：湖南师范大学，2012.

［13］李泽红，陈云良. 中美国防专利制度之比较［J］. 电子知识产权，2006（6）：42-45.

［14］袁晓东，张军荣，冯灵. 美国发明保密制度的历史沿革、运行及评价［J］. 自然辩证法通讯，2013（4）：70-75.

我国功能性特征侵权判断规则研究

——兼议《最高人民法院关于审理侵犯专利权纠纷案件应用法律若干问题的解释（二）》第8条第2款 [*]

赵　　刚[1]　　刘吴娟[2]

摘　要

　　权利要求由技术特征组成。与一般概括而得的技术特征相比，功能性特征侵权判断标准一直争议较大。对此，《最高人民法院关于审理侵犯专利权纠纷案件应用法律若干问题的解释（二）》提出了基本判断准则，但适用中仍然有不少问题。首先，《最高人民法院关于审理侵犯专利权纠纷案件应用法律若干问题的解释（二）》中"不可缺少的技术特征"是对功能性特征技术内容的限定，并应当依据类似全面覆盖的原则，判断是否与该功能性特征相同或等同。其次，功能性特征范围应当包括说明书记

　　* 本文为上海市社科规划项目"专利确权的功能定位及其多元化实现机制研究"（2019BFX019）阶段性成果。

　　[1] 作者单位：华东政法大学法律硕士教育中心。
　　[2] 作者单位：闻泰科技股份有限公司。

载的实施方式及其等同实施方式。此处等同的判断标准应当为基本相同的手段，实现相同的功能和基本相同的效果，并且判断时间限制为申请日之前。最后，功能性特征的等同特征判断标准，应当回归"三基本，一容易联想"标准，避免对其保护范围的过度限缩。

关键词

功能性特征　全面覆盖原则　相同侵权　等同侵权

引　言

　　功能性特征是指通过功能性限定的技术特征，此处功能性限定的含义既包括功能也包括效果。❶ 功能性限定与上位、并列选择概括一起，构成权利要求对发明内容概括的三大方式之一，但历来不受各国鼓励。即便如此，功能性特征还是在权利要求中屡屡出现。究其原因，主要是作为权利要求的主要撰写方式之一，功能性特征在表达发明内容方面，对于某些技术有着不可替代的作用。然而，功能性特征由于其特殊的性质，一直是专利审查、确权和侵权判断过程中的难点，也一直是学术争论的焦点。

　　审查授权阶段和侵权诉讼阶段对功能性特征的解释，我国目前采取了大相径庭的态度。功能性技术特征的技术内容在审查程序中应当理解为覆盖了所有能够实现该功能的实施方式，而在侵权诉讼中，《最高人民法院关于审理侵犯专利权纠纷案件应用法律若干问题的解释》却将功能性特征的技术内容限缩到说明书和附图中描述的具体实施方式及其等同实施方式。❷为了更准确地判断功能性特征的技术内容和范围，《最高人民法院关于审理侵犯专利权纠纷案件应用法律若干问题的解释（二）》第8条进一步详细规定了功能性特征的认定以及侵权判断标准，在进行功能性特征等同对比时，应当与"实现功能和效果不可缺少的技术特征"进行对比，并且被控侵权产品中相应技术特征的功能和效果与之达到"相

---

❶　参见：《专利审查指南2010》第二部分第二章第3.1节"权利要求"和第3.2.1节"以说明书为依据"。

❷　《最高人民法院关于审理侵犯专利权纠纷案件应用法律若干问题的解释》第4条：对于权利要求中以功能或者效果表述的技术特征，人民法院应当结合说明书和附图描述的该功能或者效果的具体实施方式及其等同的实施方式，确定该技术特征的内容。

同"时，才能构成功能性特征的等同。❶

虽然其后的《最高人民法院知识产权案件年度报告（2018）摘要》对于功能性特征除外情形的认定，同时使用结构与功能限定的技术特征不属于功能性特征，以及普通技术特征等同与功能性特征等同的区别等三个问题进行了明确❷，但是对于功能性特征仍然存在许多问题值得探讨。首先，《最高人民法院关于审理侵犯专利权纠纷案件应用法律若干问题的解释（二）》中规定"实现前款所称功能或者效果不可缺少的技术特征"，在功能性特征不能再分解的前提下有什么作用？同时由于功能性特征的内容复杂，包含诸多组成部分，在认定功能性特征的相同与等同特征时是否可以按照"全面覆盖"原则的思路要求被控侵权产品对功能性特征涵盖的诸多组成部分进行覆盖？其次，功能性特征的字面含义能否包括《最高人民法院关于审理侵犯专利权纠纷案件应用法律若干问题的解释》中规定的等同实施方式？最后，《最高人民法院关于审理侵犯专利权纠纷案件应用法律若干问题的解释（二）》中对功能性特征的等同标准比直接上位的技术特征，也就是一般的结构特征更为严格，这样的规定是否合理？

笔者尝试回答这几个问题，以期为功能性特征侵权判断规则的完善作出一点贡献。

一、功能性特征的技术内容及其比对规则

按照《最高人民法院关于审理侵犯专利权纠纷案件应用法律若干问题的解释》第 4 条的规定，功能性特征的技术内容是说明书及附图记载的具体实施方式组成的整体，对功能性特征不能再进行分解。在温州钱

---

❶ 《最高人民法院关于审理侵犯专利权纠纷案件应用法律若干问题的解释（二）》第 8 条：功能性特征，是指对于结构、组分、步骤、条件或其之间的关系等，通过其在发明创造中所起的功能或者效果进行限定的技术特征，但本领域普通技术人员仅通过阅读权利要求即可直接、明确地确定实现上述功能或者效果的具体实施方式的除外。与说明书及附图记载的实现前款所称功能或者效果不可缺少的技术特征相比，被诉侵权技术方案的相应技术特征是以基本相同的手段，实现相同的功能，达到相同的效果，且本领域普通技术人员在被诉侵权行为发生时无需经过创造性劳动就能够联想到的，人民法院应当认定该相应技术特征与功能性特征相同或者等同。

❷ 人民法院报. 最高人民法院知识产权案件年度报告（2018）摘要［EB/OL］. （2019-04-25）［2019-12-18］. http：//www. court. gov. cn/zixun-xiangqing-154682. html.

峰科技有限公司与温州宁泰机械有限公司侵害发明专利权纠纷再审案中，最高人民法院明确指出，对于功能性特征应当进行整体比对。❶美国联邦巡回上诉法院在相关判例也指出，在实施方式中独立的元件不能作为功能性特征的对应限制特征，与功能性特征对应的技术特征应当是实施方式的整体。❷

但是《最高人民法院关于审理侵犯专利权纠纷案件应用法律若干问题的解释（二）》对功能性特征的内容进行了进一步明确——功能性特征由说明书和附图中描述的具体实施方式中实现该功能和效果不可缺少的技术特征组成。"不可缺少"对功能性特征的内容进行了筛选。最高人民法院认为，这种规定一方面有利于鼓励专利权人主动公开与功能性特征的功能、效果有关的技术内容，便于社会公众更好地理解专利技术方案；另一方面亦可以让权利人无需顾虑由于公开的具体实施方式过于具体、细节而导致"功能性特征"的保护范围受到不必要的限缩。❸

可见，最高人民法院认为将功能性特征的内容限制为仅包括"不可缺少"的技术特征时的保护范围，大于技术内容包括具体实施方式的全部技术特征时的保护范围。为什么将功能性特征的技术内容限制为不可缺少的技术特征要比技术内容包括具体实施方式中全部技术特征时的保护范围范围要大呢？

对于一个技术特征而言，与其相同或者等同的判断要依照"三基本，一容易联想"的规则。"基本相同的功能""基本相同的手段""基本相同的效果"并没有更为具体的判断方式。最高人民法院认为功能性特征的技术内容包括不可缺少的技术特征时，其保护范围要大于包括具体实施方式的全部技术特征时的保护范围。笔者认为这种观点，实则将界定权利要求保护范围的全面覆盖原则，移植到了对技术特征的相同和等同判断中。

权利要求的保护范围根据技术特征的全面覆盖原则来确定，所以记载的技术特征越多（全面覆盖的难度越大），保护范围就越小，而记载的技术特征越少（全面覆盖的难度越小），保护范围就越大。所以，全面覆盖原则是权利要求保护范围的大小与技术特征的数量之间的桥梁。如果不采纳全面覆盖原则，那么权利要求保护范围的大小与技术特征数量之

---

❶ 参见：（2017）最高法民申 2073 号民事判决书。

❷ 参见：Odetics Inc. v. Storage Technology Corp. 2185 F. 3d 1259，1268（Fed. Cir. 1999）。

❸ 参见：（2018）最高法民申 1018 号民事判决书。

间并没有必然的联系。

权利要求由技术特征组成，但是技术特征的保护范围如何判断❶，并没有一个既定的规则。正如笔者上文所述，"三基本，一容易联想"规则对于是否属于基本相同的手段、功能和效果，往往根据技术原理、元件的性质或者元件之间的连接关系等进行综合判断，存在很大的不确定性。但是功能性特征的特殊性在于，其技术内容由结合说明书和附图描述的该功能或者效果的具体实施方式组成。❷ 虽然不能再分解，但是实质上，一个功能性特征还包括具体实施方式中的若干组成部分。

所以，按照上述分析，最高人民法院的司法解释和相关判决，笔者认为是在判断功能性特征相同和等同时，再一次适用了全面覆盖原则。建立在全面覆盖原则之上，功能性特征的内容中包含的组成部分越多，全面覆盖这些组成部分的难度越大，与功能性特征的相同或等同就越难成立；而当只含不可缺少的组成部分时，全面覆盖这些特征的难度较小，与功能性特征的相同或等同就较容易成立，自然其保护范围就越大。

在胡贝尔和茹纳股份公司诉武进凤市通信设备公司侵犯发明专利权纠纷案中，一审法院认为紧固套设置技术特征的必须的内容应当包括"该紧固套设有轴向缝隙并构成多个弹性卡舌。在这些卡舌的前端形成径向向内的卡钩。紧固套的端面突出于外导体套的接触面"。而被控侵权产品中并无"在这些卡舌的前端形成径向向内的卡钩"，因此被控侵权产品缺少紧固套设置技术特征的内容之一。❸ 二审法院却指出一审判决将紧固套设置技术特征再行分解成若干技术特征，以被控侵权产品中弹簧片缺少"在这些卡舌的前端形成径向向内的卡钩"这一特征为由，认定两种实施方式不相同亦不等同，其比对方式和理由欠妥。❹

---

❶　更准确地说，技术特征没有保护范围这种概念，保护范围只针对权利要求而言。

❷　《最高人民法院关于审理侵犯专利权纠纷案件应用法律若干问题的解释（二）》第 8 条中"与说明书及附图记载的实现前款所称功能或者效果不可缺少的技术特征相比"，此处"技术特征"的用语，笔者认为用"组成部分"更为恰当。权利要求由技术特征组成，对于功能性特征而言，其技术内容依据《最高人民法院关于审理侵犯专利权纠纷案件应用法律若干问题的解释》的规定应当为"说明书和附图描述的该功能或者效果的具体实施方式"，所以《最高人民法院关于审理侵犯专利权纠纷案件应用法律若干问题的解释（二）》第 8 条中的"技术特征"应为实施方式中"不可缺少"的组成部分。

❸　参见：（2010）常知民初字第 99 号民事判决书。

❹　参见：（2011）苏知民终字第 0139 号民事判决书。

在该案中，笔者认为一审法院实则并未将"在这些卡舌的前端形成径向向内的卡钩"作为权利要求中一个独立的技术特征对待，并没有将功能性进行再分解，而只是作为该功能性特征的技术内容之一，认为被控侵权技术缺少该内容，从而认定不侵权，是将全面覆盖原则应用到技术特征相同或等同判断的实例。二审法院实则是在功能性技术特征的相同与等同判断中否定了全面覆盖的判断方式。在笔者看来，二审法院的认定方式较一审法院显然存在更大的不确定性。

综上，对于功能性特征相同或等同的判断方式，应当首先划分出功能性特征的具体实施方式中不可缺少的组成部分，剔除非必要的组成部分，然后依据全面覆盖原则，如果被控侵权产品的对应技术特征缺少不可缺少的组成部分，则可以得出手段不相同的结论，认定不构成相同或者等同。

另外，当被控侵权产品的对应技术特征缺少某个不可缺少的组成部分时，实际上被控侵权产品一般也不能实现该功能，所以亦便于从功能的角度，认定两者不构成相同或者等同。如佛山市顺德区凯铭威机械有限公司与伦教迪豪机械厂侵害实用新型专利权纠纷案中，法院指出对于切割管机一类的产品，通常会设置带有"V"形或者"U"形夹紧槽位的夹紧座，以便用于固定管材，由于被诉侵权产品导轨末端的方框型结构缺少夹紧槽位，显然不能实现夹紧管材的功能。❶ 因此划分出功能性特征不可缺少的组成部分，也有助于功能和效果相同和等同的判断。

权利要求的保护范围建立在技术特征全面覆盖原则之上，但是技术特征相同和等同的判断规则，即"三基本，一容易联想"，仍然有很大的不确定性。针对诸如功能性特征等复杂并有诸多技术内容组成的技术特征，再一次适用全面覆盖原则，显然有助于法院进行侵权比对，增加权利要求保护范围的确定性。

二、功能性特征的字面含义

相同侵权主要涉及权利要求字面含义的确定，也就是确定各技术特征的字面含义。对于一般的结构特征来说，根据权利要求解释的一般规

---

❶ 参见：（2018）粤 73 民初 180 号民事判决书。

则，遵循先内部证据后外部证据的顺序，能够正确地得出该结构特征的字面含义。但是对于功能性特征，由于审查和侵权阶段存在不同的处理方式，所以对于其字面含义的确定仍有进一步讨论的必要。

（一）对功能性特征字面含义的两种解读

《最高人民法院关于审理侵犯专利权纠纷案件应用法律若干问题的解释》第 4 条规定："……人民法院应当结合说明书和附图描述的该功能或者效果的具体实施方式及其等同的实施方式，确定该技术特征的内容。"功能性特征的字面含义根据该条的规定可以有两种不同的理解。

1. 字面含义包括等同实施方式

第一种理解是将与说明书和附图描述的功能或者效果的具体实施方式等同的实施方式纳入功能性特征的字面含义，作为相同侵权来认定。在日星缝纫机有限公司与启翔有限公司侵害实用新型专利权纠纷案中，涉案专利权利要求中技术特征 H 为"冠状齿轮与送料齿、中继齿轮的传动机构，在外观形状上是呈可以缩小针至针板座垂直面端距离的纵向排列"，被控侵权产品中技术特征 H1 与涉案专利说明书中记载的实现技术特征 H 的具体实施方式相比，法院认为属于等同实施方式，所以二者属于相同的技术特征。❶ 该案是典型的将等同的实施方式作为相同的技术特征来认定的案例。

《上海市高级人民法院专利侵权纠纷审理指引（2011）》与《江苏省高级人民法院侵犯专利权纠纷案件审理指南（2010 年 11 月）》以及《专利侵权判定标准和假冒专利行为认定标准指引（征求意见稿）》沿用了《最高人民法院关于审理侵犯专利权纠纷案件应用法律若干问题的解释》中的表述，并没有具体指出相同侵权的范围。❷ 但是，《北京市高级人民法院专利侵权判定指南（2017）》第 42 条，则明确将等同的实施方式纳

---

❶ 参见：（2010）沪高民三知终字第 11 号民事判决书。

❷ 参见：《江苏省高级人民法院侵犯专利权纠纷案件审理指南（2010 年 11 月）》第 3.1.1.3 节；《上海市高级人民法院专利侵权纠纷审理指引（2011）》第 4 条；国家知识产权局《专利侵权判定标准和假冒专利行为认定标准指引（征求意见稿）》第 2.5.3.2 节对功能性特征的解释，第 3 款述及所谓"等同的实施方式"，是指相对于专利说明书和附图描述的实现该功能或者效果的具体实施方式，以基本相同的手段，实现相同的功能，达到基本相同的效果，并且是本领域技术人员在专利申请日（有优先权的，指优先权日）无需经过创造性劳动就能够联想到的技术特征。

入功能性特征的字面含义，作为相同侵权来判断，并将此处的等同规定为基本相同的手段和相同的功能和效果。❶ 有学者也持基本相同的观点，认为功能性特征中的"等同"所针对的是权利要求字面保护范围的解释。❷ 也有部分学者认为构成功能性限定的字面侵权的等同标准为"以基本相同的手段，执行相同的功能，达到基本相同的效果。"❸

美国专利法第 112 条第 6 款规定，使用功能性特征撰写的权利要求应当被解释为覆盖了说明书记载的结构、材料或者动作及其等同物。❹ 美国联邦最高法院指出，专利法明确允许功能性权利要求，但是应用此类字面含义非常广泛的权利要求必须限制于说明书中描述的方式的等同实施方式。❺ 可见美国明确将说明书描述的实施方式及其等同方式作为功能性特征的字面意义，用相同侵权来进行判断，并将字面含义下的等同标准规定为基本相同的结构，实现相同的功能和基本相同的效果。❻ 并且满足上述条件的等同实施方式必须在专利公布时已经存在，不能包括专利公布之后出现的等同技术，因为权利要求的字面含义在专利公布时已经确定。❼

2. 功能性特征的字面含义不包括等同的实施方式

第二种理解则是将与说明书和附图描述的该功能或者效果的具体实

---

❶ 《北京市高级人民法院专利侵权判定指南（2017）》第 42 条：对于包含功能性特征的权利要求，与本指南第 19 条所述的结构、步骤特征相比，被诉侵权技术方案的相应结构、步骤特征是以相同的手段，实现了相同的功能，产生了相同的效果，或者虽有区别，但是以基本相同的手段，实现了相同的功能，达到相同的效果，而且本领域普通技术人员在专利申请日时无需经过创造性劳动就能够联想到的，应当认定该相应结构、步骤特征与上述功能性特征相同。

❷ 党晓林. 从贡献论分析功能性特征的司法保护范围：功能性特征中的"等同"不应该采用等同侵权判定原则中的等同的判断标准 [J]. 专利代理，2016（8）：26.

❸ 张鹏. 功能性限定权利要求认定与解释的制度完善 [J]. 电子知识产权，2013（8）：43. 同样的观点，参见：杨志敏. 专利权保护范围研究：专利权行使与对抗的理论和实践 [M]. 成都：四川大学出版社，2013：403.

❹ 美国法典第 35 编第 112 条。

❺ 参见：Warner-Jenkinson Co. v. Hilton Davis Chemical Co. 520. U. S. 17，28（1997）。

❻ 参见：Odetics，Inc. v. Storage Technology Corp.，185 F. 3d 1259，1267（1999）。

❼ 参见：Al-Site Corp. v. VSI Intern.，Inc.，174 F. 3d 1308，1320（1999）。我国学者将申请时已存在的等同物称为"先发等同物"；将申请时还不存在，但随着技术的发展才出现的等同物，称为"后发等同物"。参见：杨志敏. 美国法院对专利权利要求的等同解释：理论与方法 [M] //国家知识产权局条法司. 专利法研究 2010. 北京：知识产权出版社，2011：442. 此种界分方法的时间节点为申请日，与美国将专利公布日（the time of the issuance of the claim）作为划分的时间节点稍有不同。

施方式等同的实施方式作为等同特征来认定，功能性特征的字面含义仅限于说明书中描述的具体实施方式。有学者就持这样的观点，认为功能性特征相同侵权的条件是，被控侵权技术实现了相同的功能，而且实现该功能的方式与说明书记载的实现该功能的具体方式之一相同。❶

《最高人民法院关于审理侵犯专利权纠纷案件应用法律若干问题的解释》第 7 条第 2 款规定，被诉侵权技术方案包含与权利要求记载的全部技术特征相同或者等同的技术特征的，人民法院应当认定其落入专利权的保护范围。❷ 专利的保护范围由相同侵权的范围和等同侵权范围共同决定，将"功能性特征的内容"比照"功能性特征的保护范围"，很自然地可以将与说明书记载的具体实施方式相同的方式作为相同侵权，而将等同实施方式作为等同侵权来判断。同时，在 2020 年《最高人民法院关于审理侵犯专利权纠纷案件应用法律若干问题的解释（二）》修改的等同判断标准还未出台前，等同的实施方式也容易根据 2015 年修正的《最高人民法院关于审理专利纠纷案件适用法律问题的若干规定》第 17 条第 2 款规定的等同特征的判断标准来理解，从而作为等同侵权来处理。❸

《最高人民法院关于审理侵犯专利权纠纷案件应用法律若干问题的解释（二）》第 8 条规定，"……被诉侵权技术方案的相应技术特征是以基本相同的手段，实现相同的功能，达到相同的效果，且本领域普通技术人员在被诉侵权行为发生时无需经过创造性劳动就能够联想到的，人民法院应当认定该相应技术特征与功能性特征相同或者等同"，很显然采纳了该种理解，通过规定相同侵权的成立条件，进而明确了功能性特征的字面含义。该条规定不仅将等同实施方式排除出相同侵权的范围，还进一步严格限制了等同的成立条件。

（二）功能性特征的字面含义应当包括等同实施方式

笔者更倾向于第一种理解，将等同的实施方式作为功能性特征的字面含义，并将其判断标准规定为以基本相同的手段，实现相同的功能和基本相同的效果（如果该功能性特征是用效果描述，则应为实现基本相

---

❶ 尹新天. 中国专利法详解［M］. 缩编版. 北京：知识产权出版社，2012：461.

❷ 参见：《最高人民法院关于审理侵犯专利权纠纷案件应用法律若干问题的解释》第 7 条第 2 款。

❸ 参见：2015 年修正的《最高人民法院关于审理专利纠纷案件适用法律问题的若干规定》第 17 条第 2 款。

同的功能和相同的效果），同时将判断时间规定为申请时。对于申请日至
侵权日产生的新的等同实施方式，不能落入功能性特征的字面含义。

首先，《最高人民法院关于审理侵犯专利权纠纷案件应用法律若干问
题的解释》第 2 条规定，人民法院应当根据权利要求的记载，结合本领
域普通技术人员阅读说明书及附图后对权利要求的理解，确定专利法第
59 条第 1 款规定的权利要求的内容。❶《最高人民法院关于审理侵犯专利
权纠纷案件应用法律若干问题的解释》第 2 条是用来确定权利要求的字
面含义，第 2 条与第 4 条存在一个共同点——都使用了"确定……的内
容"这一表述。所以根据体系解释的方法，可以得出第 4 条的作用也是
为了确定功能性特征的字面含义。

其次，《专利审查指南 2010》规定使用功能性特征必须能够覆盖实现
该功能的所有实施方式，而对于一般的结构性特征来说，审查授权阶段
只审查能够实现某一特定功能和效果的一种结构。两相对比可以发现，
功能性特征和结构性特征在我国的审查范围并不一致。功能性特征审查
实现该功能的所有实施方式，则必然包含了说明书和附图中的实施方式
和在申请时已知的该实施方式的等同方式。在申请日至侵权日之间产生
的等同实施方式，由于在申请时还未知，不可能经过审查，所以也不应
包含在授权时确定的实现该功能的所有方式之内。但是结构性特征因为
内涵和外延非常清楚，不存在类似功能性特征根据说明书和实施例的记
载推断能否覆盖所有实现该功能的实施方式的过程。对于结构性特征不
论是先发等同物还是后发等同物都没有经过审查，所以通过等同原则纳
入保护范围。

一般认为，《最高人民法院关于审理侵犯专利权纠纷案件应用法律若
干问题的解释》第 4 条的规定限缩了功能性特征的保护范围。但也有学
者认为，一个能够得到说明书支持的功能或效果式描述的特征，说明书
中必然记载了足够多的实施例及技术信息，其说明书中实施例及与其
"等同"的方式应该几乎覆盖了该技术领域中所有能够实现所述功能的实
施方式。❷《专利审查指南 2010》中"实现所述功能的所有实施方式"的
准确含义应该是在得到说明书支持的前提下的"实现所述功能的所有实

---

❶ 参见：《最高人民法院关于审理侵犯专利权纠纷案件应用法律若干问题的解释》第 2 条。
❷ 郭鹏鹏. 功能性特征解释之冲突与合理化路径分析 [J]. 专利代理，2017（11）：39.

施方式"，所以与功能性限定的解释"具体实施方式＋等同"是从不同角度对同一事物的不同表达，在理论上并不存在实质性的区别。❶

上述观点从权利要求必须得到说明书支持的角度，认为《专利审查指南 2010》和《最高人民法院关于审理侵犯专利权纠纷案件应用法律若干问题的解释》的保护范围是一致的。基于上述观点，从覆盖范围的角度可以这样认为："功能性特征的所有实施方式"≥"说明书记载的实施方式＋先发等同物"＞"说明书记载的实施方式"。但是，不管功能性特征的所有实施方式的覆盖范围是大于还是等于《最高人民法院关于审理侵犯专利权纠纷案件应用法律若干问题的解释》中的规定，申请日之前出现的先发等同物，均应当被视为经过国家知识产权局的审查，从而作为功能性特征的字面含义，纳入相同侵权的范围。

通过上面的论述，笔者认为功能性特征的字面含义应当界定为说明书和附图中描述的实施方式，以及在申请日时已经存在的等同实施方式。等同的实施方式仅限于在申请日之前，能够以基本相同的手段，实现相同的功能和基本相同的效果（如果该功能性特征是用效果描述，则应为实现基本相同的功能和相同的效果）。

三、功能性特征的等同标准

（一）我国适用更严格的等同标准

美国联邦巡回上诉法院在 Chiuminatta Concrete Concepts，Inc. v. Cardinal Indus.，Inc. 案中，分析美国专利法第 112 条和一般的等同原则的区别时旗帜鲜明地指出，前者将等同实施方式纳入功能性特征的字义范围，后者在超出字义范围的情况下认定等同侵权。❷ 该案中，法院认定对于专利公布之后出现的等同技术不能落入字面含义的范围，不是美国专利法第 112 条下的等同实施方式，但不排除依据等同原则认定侵权成立。在 WMS Gaming Inc. v. International Game Tech 案中，联邦巡回上

---

❶ 张旭波，姜妍，肖光庭. 行政审查与司法审理中功能性限定实质内涵的解析［M］//国家知识产权局条法司. 专利法研究 2013. 北京：知识产权出版社，2015：71-72.

❷ 参见：Chiuminatta Concrete Concepts，Inc. v. Cardinal Indus.，Inc. 145 F. 3d 1303，1310（Fed. Cir. 1998）。

诉法院推翻了地区法院关于相同侵权的认定，判决构成等同侵权。❶ 该案中被控侵权的结构与专利说明书披露的结构基本相同，但是法院认定两者的功能并不完全相同，虽然功能不相同排除了相同侵权，但是仍然在等同原则下构成侵权。

美国专利法第 112 条下的等同与一般等同原则同时存在，一般等同原则主要用于解决后发技术和功能等同的情况。而我国最高人民法院在临海市利农机械厂、陆杰侵害实用新型专利权纠纷再审案中指出，关于《最高人民法院关于审理专利纠纷案件适用法律问题的若干规定》第 17 条规定的"等同特征"，应当以"实现基本相同的功能""达到基本相同的效果"作为认定标准；而《最高人民法院关于审理侵犯专利权纠纷案件应用法律若干问题的解释（二）》第 8 条第 2 款规定的"与功能性特征……等同"，则必须"实现相同的功能""达到相同的效果"，认定标准更为严格。❷ 最高人民法院再次通过判例强调了功能性特征与普通技术特征在适用等同原则时的区别。

我国与美国在处理功能性特征的侵权判定时，主要区别在于：首先，我国现行司法实践判断等同的时间点在侵权时，并不区分先发等同还是后发等同，一并纳入等同侵权的范围，而美国则将先发等同物作为相同侵权来处理；其次，由于我国的标准更为严格，功能或效果等同的情况在美国成立等同侵权而在我国将不侵权。

针对第一个区别，笔者在前文已经论述建议借鉴美国的做法，将先发等同物作为功能性特征的字面含义，但是这并没有实质影响功能性的保护范围。第二个区别则严重缩小了功能性特征的保护范围，笔者认为对于功能性特征的等同判断标准，仍然应当与普通技术特征的等同标准保持一致，遵循"三基本，一容易联想"标准。

（二）等同标准应当放宽

有学者指出将原本属于相同侵权判断的那一部分划分出去，归入等同侵权的判断，使得功能性限定特征侵权判断能够与其他类型的权利要求更加趋于一致，便于专利执法部门和公众理解和掌握。❸ 从该观点中可

---

❶ 参见：WMS Gaming Inc. v. International Game Tech. 184 F. 3d 1339，1353-1354 (Fed. Cir. 1999)。

❷ 参见：（2017）最高法民申 1804 号民事判决书。

❸ 尹新天. 专利权的保护［M］. 2 版. 北京：知识产权出版社，2005：340.

以窥见，《最高人民法院关于审理侵犯专利权纠纷案件应用法律若干问题的解释（二）》的做法实质将上文所述原本属于相同侵权范围内的等同实施方式，作为等同侵权来处理。此种判断标准来源于将等同实施方式解释入功能性特征的字面含义，但是当把等同的实施方式从字面含义中剥离出来之后，仍然适用这种限缩后的等同标准并没有足够的法理基础。同时笔者也认为这种做法既破坏了字面含义的解释规则，又破坏了等同原则，实则破坏了体系的一致性，是一种不妥当的做法。美国专利法第112 条下的等同和一般等同原则的不同标准确实会产生法律适用的不统一，增加了功能性特征侵权判断的难度，但是这是尊重权利要求的体现，也是专利法复杂性的体现，一味的简化从而脱离其本质并不可取。

最高人民法院在对《最高人民法院关于审理侵犯专利权纠纷案件应用法律若干问题的解释（二）》的理解与适用中指出，《最高人民法院关于审理侵犯专利权纠纷案件应用法律若干问题的解释（二）》未采纳二次等同理论❶，主要考虑功能性特征字面含义比较宽泛，同时大量的实用新型专利未经过实质审查，如果对功能效果适用基本相同，则会不适当扩张专利权的保护范围。❷ 北京市高级人民法院也认为，如果给予功能性限定特征以普通等同侵权一样的保护力度，则无形中会向专利申请人释放一个信号，即用功能性限定特征与结构特征撰写权利要求保护范围一样。❸ 这表明对于功能性特征的限缩主要是基于政策的考量。但是正如有学者指出，通过将功能性技术特征解释为覆盖具体实施方式及等同的实施方式已经消解了功能性技术特征带来的具体技术特征不清楚、保护范

---

❶ 二次等同理论只有在将功能性特征的字面含义理解为包含说明书中和附图的实施方式及其等同的实施方式时才能出现。因为把这种等同实施方式作为相同侵权来判断，所以还有利用等同原则判断是否侵权的空间，只不过等同实施方式的判断与等同原则判断侵权的标准不同，一般将后者称为一般等同原则。《最高人民法院关于审理侵犯专利权纠纷案件应用法律若干问题的解释（二）》中将等同的实施方式作为等同侵权，一方面如前述限定了功能性特征的字面含义，另一方面排除了一般等同原则的适用，也就明确禁止了二次等同原则，显著限缩了功能性特征的保护范围。

❷ 宋晓明，王闯，李剑.《关于审理侵犯专利权纠纷案件应用法律若干问题的解释（二）》的理解与适用［J］. 人民司法，2016（10）：31.

❸ 北京市高级人民法院知识产权审判庭. 北京市高级人民法院《专利侵权判定指南》理解与适用［M］. 北京：中国法制出版社，2014：206.

围过大的弊端，在此前提下，似无理由对此类技术特征持更严厉的立场。❶ 笔者深表赞同，对于含有功能性特征的发明专利，这种功能性特征能够通过审核，已经证明其涵盖所有实施方式是没有问题的，对其解释时限缩为说明书中的实施方式已经十分不公平，如果再适用更严格的等同标准更是雪上加霜，严重缩小了专利权的保护范围。对于含有功能性特征的实用新型来说，虽然不经过实质审查，但是在侵权判断中对其限制为说明书中实施方式已经能够很好地限缩这种过大的保护范围，也没必要再适用更严格的等同标准。

同时也有学者指出，功能性特征与普通技术特征在权利要求中的目的、在语言学上的关联、在司法实践中的解释方式、等同原则与功能性特征的根源与目的等均显示功能性特征与普通技术特征对等同原则有同样的需求甚至更多的需求。❷ 功能性特征接受审查时的含义是覆盖能够实现功能的所有方式，但是侵权判断中限缩为说明书和附图中的实施方式及其等同方式之后，完全可以用实施方式对功能性特征进行改写。既然功能性特征改写之后与普通技术特征相比已经没有区别，那么这种政策的考量也将失去任何依据。

虽然我国一直不鼓励功能性特征的撰写，但是功能性特征仍然在权利要求中占有相当大的比重，随着科学技术的发展可能还有增长的趋势。撰写功能性技术特征，一方面是专利权人自身想通过功能性限定来获取更大的保护范围；另一方面，在诸如电子、软件等领域，撰写功能性特征有时是无奈之举，而且在这些领域功能与结构特征之间的界限也变得模糊。例如，软件的"功能"和"结构"的区别不是本体论上的差异而只是一种程度上的差异，即功能究竟被描述到何种具体程度可以算作是"结构"。❸ 所以针对功能性特征本身的不可避免性和界限模糊性，对其适用更为严格的等同标准也是非常不合理的一种制度选择。

结构、功能、效果是技术特征不可缺少的组成元素，三者应当同等重要。根据目前《最高人民法院关于审理侵犯专利权纠纷案件应用法律

---

❶ 刘军华. 功能性技术特征的识别与保护范围的界定：最高人民法院法释〔2009〕21 号司法解释第 4 条的适用与完善 [J]. 科技与法律，2014（4）：743.

❷ 李春晖. 等同原则对功能性特征的适用：评法释〔2016〕1 号第 8 条 [J]. 知识产权，2016（9）：52.

❸ 张曦，李卫. 软件专利功能性限定特征的解释 [J]. 电子知识产权，2015（10）：84.

若干问题的解释（二）》的做法，使功能性特征的保护范围在理论上小于结构特征的保护范围，打破了三者之间作用的平衡。虽然传统的技术特征一直是"结构"走在"台前"，"功能和效果"屈居"幕后"，但是不代表三者在确定技术特征的保护范围时存在明显的差异。功能性特征使得"功能和效果"走到了"台前"，但是结构、功能、效果在侵权判断中的作用依然是三位一体、地位平等，所以对于功能性特征不应适用更严格的等同标准。

笔者检索了《最高人民法院关于审理侵犯专利权纠纷案件应用法律若干问题的解释（二）》颁布之后适用其第 8 条第 2 款来裁判的案件，在属于功能性特征的前提下，不构成等同特征案件中，均是由于手段的不同而直接排除了等同的范围。并没有出现手段等同但是由于功能、效果等同而排除侵权的案例。这也从一个侧面反映新的等同标准与一般的等同标准在实际施行过程中的差别并不大。新的等同标准目前也只在理论上缩小了功能性特征的保护范围，在实践中并没有体现出这种效果。同时，也有学者认为在功能上要求与权利要求记载的功能相同，在实际侵权判断中这种差别很小，相同和实质相同很难区分。❶ 所以基于实践中的运行效果，以及相同和基本相同之间判断的难度，这种新的等同标准是否能够给功能性特征一个更小的保护范围也是存在疑问的。

所以笔者建议对于功能性特征的等同标准仍然适用与普通技术特征一致的"三基本，一容易联想"的标准，去除对功能性特征的过度偏见，还功能性特征与结构性特征相同的对待。

结　语

首先，为了在判断与功能性特征相同或等同的技术特征时减少主观性，增加法律判断的稳定性，可以在区分出功能性特征对应的实施方式中不可缺少的组成部分之后，适用全面覆盖原则进行判断。其次，将《最高人民法院关于审理侵犯专利权纠纷案件应用法律若干问题的解释》中等同的实施方式作为功能性特征的字面含义，纳入相同侵权的范围。此时等同实施方式的判断标准是基本相同的手段，实现相同的功能和基

---

❶　闫文军. 专利权的保护范围［M］. 北京：法律出版社，2018：628.

本相同的效果（如果该功能性特征是用效果描述，则应为实现基本相同的功能和相同的效果），并且判断时间应当限制为申请日之前。最后，对于实现了基本相同的功能或效果以及申请日之后出现的等同技术，可依据一般等同原则来判断。现阶段对于功能性特征的等同标准过于严苛，建议与结构特征的等同标准保持一致，从而为功能性特征确立一个较为公平合理的保护范围。

药品补交实验数据问题

——兼论《专利审查指南 2010》的最新修改（国家知识产权局第 391 号公告）

周胡斌❶　周　文❷

摘　要

本文以对于补交实验数据问题的争议焦点为切入点，系统论述了补交实验数据的性质和作用、先申请制的法律保障、药品医药用途或使用效果的公开要求，并对我国补交实验数据审查标准和最新的《专利审查指南 2010》（据国家知识产权局第 391 号公告修改）进行了分析解读，阐释了在我国正由仿制药向创新药、由医药大国向医药强国的转型期间，在"健康中国"上升为国家战略的大背景下，相关审查标准的调整的重要意义。

关键词

补交实验数据　先申请制　医药用途　充分公开　第 391 号公告

❶❷　作者单位：国家知识产权局专利局审查业务管理部。

一、前　言

医药行业是对于专利保护最为依赖的行业之一。药品研发具有周期长、成本高和风险大的特点，而且非常容易通过"反向工程"被仿制。能够获得有力的专利保护是医药企业持续进行研发投入的动因。只有获得专利保护，申请人/发明人才有可能通过垄断技术，最大限度回收研发成本，赚取更多利润，进而刺激进一步的研发投入和创新。

专利制度的基石是"公开换保护"。专利法要求申请人以清楚、完整、能够实现的方式公开一个具有实用性、新颖性和创造性的发明；作为交换，国家授予申请人一定时间阶段的排他性权利，即专利权。对于医药领域的专利申请而言，不论是为了证明发明具有所声称的技术效果还是与现有技术的技术效果相比更好的技术效果，很多时候都需要实验数据的验证与支持。补交实验数据问题也一直是中美经贸谈判关注的焦点和热点问题之一。

二、问题的提出

实践中，对于补交实验数据的不同观点主要包括：

（1）放宽补交实验数据的要求可能造成专利权的保护范围超出原申请文件公开范围的法律后果，违背先申请制的立法精神；甚至鼓励申请人在申请时公开仅仅是推测、尚未完成的技术方案，从而动摇专利法公开换保护的制度基石。

（2）补交实验数据通常只是将数据作为证据提交，目的是消除审查员对技术效果的怀疑，并不是要将其加到原始申请文件中，因此不存在违反《中华人民共和国专利法》（以下简称《专利法》）第33条或先申请制的问题。而且《专利法》第26条第3款的要求是发明能够实现，而非已经实现。要求申请人在申请时就知晓所有的现有技术，准确确定最佳实施方案并有针对性地公开实验效果数据，既不现实也不合理。

这些争议的产生，一方面与不同创新主体的不同视角和定位有关。由于药品研发过程漫长而充满风险，原研药企业的策略通常是在认为满足法律对于说明书公开的最低要求的情况下尽早提交专利申请（基本上是在临床前研究阶段，完成化合物的制备和初步活性筛选后提交），同时进行专利全球布局。而仿制药企业实行"快速跟随"的战略，因此一般希望专利管理机关对说明书公开和补交实验数据审查采取更加严格的要求。另一方面，这些争议的产生也反映出我们对申请日后补交实验数据与先申请制的关系、医药领域发明公开要求、补交实验数据的性质和作用等都存在一定的困惑。

三、补交实验数据的性质、作用和"界限"

（一）先申请制的法律保障

根据《专利法》第9条第2款规定，两个以上的申请人分别就同样的发明创造申请专利的，专利权授予最先申请的人。在我国现有法律框架下，对于"先申请制"的法律保障主要是通过《专利法》第26条第3款和第33条实现的。《专利法》第26条第3款规定："说明书应当对发明或者实用新型作出清楚、完整的说明，以所属技术领域的技术人员能够实现为准，……""能够实现"是专利法对于说明书公开的要求。《专利法》第33条允许申请人在申请日后对其专利申请文件进行修改，但同时限制修改不得超出原说明书和权利要求书记载的范围。按照"先申请制"的法律逻辑，申请日具有法律效力，其是确定申请专利性（patentability）的法定时间界限，审查员应当以申请日所提交的申请文件记载的内容作为认定申请事实和确定专利性的基础。

对于申请日后提交实验数据，2019年修订的《专利审查指南 2010》（以下简称《指南》）第二部分第十章第3.5.1节的规定："判断说明书是否充分公开，以原说明书和权利要求书记载的内容为准。……补交的实验数据所证明的技术效果应当是所属技术领域的技术人员能够从专利申请公开的内容中得到的。"这也就是说，一个本质上公开不充分的申请，不能通过在申请日后提交的实验数据变得公开充分甚至获得授权，否则，意味着挑战了申请日的法律效力，架空先申请制。

（二）药品医药用途或使用效果的公开要求

《专利法》第26条第3款要求的"所属技术领域的技术人员能够实现"，是指所属技术领域的技术人员（又称"本领域技术人员"），按照说明书记载的内容，就能够实现技术方案，解决其技术问题并产生预期的技术效果。由于医药领域属于实验科学，可预期较差，对于医药领域专利申请而言，有时需要在申请说明书中记载实验结果数据才能使得本领域技术人员相信发明具有所述技术效果。《指南》第二部分第二章第2.1.3节（5）指出，已知化合物的新用途发明即属于技术方案必须依赖实验结果加以证实才能成立的情形。以公知的解热镇痛药阿司匹林为例，如果申请人首次发现了其还可以预防血栓形成，那么仅仅在说明书中声明阿司匹林具有预防血栓的作用往往并不能达到使得本领域技术人员相信发明能够实现的程度。这是由于其和现有技术中对于阿司匹林的用途给出的信息和教导是完全不同的。"预防血栓"的发现本身是发明对于现有技术的贡献之所在，通常还需要在说明书中记载必要的实验结果数据以证明阿司匹林确实具有预防血栓作用。

对于化学产品充分公开，《指南》第二部分第十章第3.1节给出了判断的一般原则，包括化学产品的确认、制备和用途，也可以看作是对申请人如何撰写申请文件的一种指引。对于药物化合物或药物组合物的用途而言，根据相关规定，说明书：①通常应当记载具体医药用途或者药理作用、有效量及使用方法；②如果本领域技术人员无法根据现有技术预测发明能够实现所述医药用途或药理作用，则通常应当记载对于本领域技术人员来说，足以证明发明的技术方案可以解决预期要解决的技术问题或者达到预期的技术效果的实验室试验或者临床试验的定性或者定量数据；③如果现有技术存在多种测定方法，则说明书通常应当记载活性实验方法和实验条件。说明书通常应当清楚地记载活性实验方法和实验条件，特别是在现有技术存在多个实验方法的情形下，可以为申请日后补交实验数据提供一个用于验证或比较的可信赖的基础，增强补交的实验数据作为证据的证明力。

其他国家或组织的相关规定和实践经验也可以给我们一些有益的借鉴。欧洲专利局审查指南（以下简称"EPO指南"）F部分III-1指出，对于宽范围权利要求，发明应公开足够的信息，使得本领域技术人员根据普通技术知识，不需要过度劳动和创造性能力就可以在整个范围内实现发明。EPO案例法的T609/02对于充分公开提出了可信性（plausibility）标准：

医药用途发明应公开到本领域技术人员认为"可信的"（plausible）的程度。这里，仅仅指出化合物 X 可以用于治疗疾病 Y 也并不必然意味着用途充分公开了，至少专利申请中应当说明化合物可以治疗所述疾病的"适宜性"（suitability），包括提供一些信息（如实验数据）以证明化合物对疾病的发生发展（机理）具有直接作用或影响——这种作用或影响可以是通过现有技术已知的，也可以是通过专利申请证明的。但 EPO 案例法的 T 1616/09 又指出针对药物组合物或药盒的公开程度要求与医药用途权利要求不同：对于一般药物组合物，如果本领域技术人员没有实质性怀疑其可以用于所述医疗用途，发明即是公开充分的，即 EPO 案例法的 T 609/02 提出的"适宜性"标准仅仅适用于第二医药用途。另外，关于如何判断"可信的"，EPO 案例法的 T 716/08 认为并不必须在说明书中提供发明确实可以实现所述效果的"绝对证据"；T 1255/11 则指出由于该案原始申请中提供了中链甘油三酯（medium-chain triglyceride, MCT）可以治疗老年痴呆症的完整的理论解释，并且有文献支持，故所述的技术效果是可信的，申请日后申请人可以补充提交实验证据。

日本对医药产品和用途发明充分公开的要求与我国基本类似。《日本发明·实用新型审查指南》（以下简称《日本指南》）第Ⅱ部分第 1 章第 1 节 3.1.1 规定：对于产品发明要清楚说明，记载到能够制造和使用该产品的程度；用途发明（例如医药用品）通常需要支持用途的实施例。《日本指南》的附件《日本〈发明·实用新型审查指南〉特定技术领域适用实例》第 3 章 1.1.1 指出，能够支持医药用途的实施例通常应记载药理实验结果，原则上药理实验结果需明确记载以下 4 项内容：①什么样的化合物；②药理实验系统；③实验结果；④该药理实验系统与权利要求所要求保护的医药发明的医药用途之间具有怎样的关联性；并且实验结果通常应以数据方式记载。但该节同时指出：对于审查员的相关质疑，申请人可以提供不同的技术常识证据，说明说明书的记载是清楚且充分的，足以达到使本领域技术人员能够实施该权利要求所要求保护的发明的程度；申请人还可以通过实验数据支持意见陈述书的主张。

美国专利审查指南（Manual of Patent Examining Procedure, MPEP）对于发明"能够实现"的解释是：本领域技术人员根据专利申请公开的内容以及已知信息，不需要过度实验（undue experimentation）就可以制造和使用发明。判断实验是否"过度"需要考虑美国 In re Wands 案❶中确立的 Wands 因素：权利要求的范围、发明的性质、现有技术的状况（现有技术提供了可预测性证据）、本领域技术人员的水平、本领域的可预见性、提供教导的数量、实施例的多少和根据公开内容制造和使用发明需要实验的数量。在 Enzo Biochenm Inc. v. Calgene Inc. 案中，法院认为，随着技术的高速发展，曾经不可预见的技术可能会变得可预见。在 In re Cook 案中，法院则指出，在任何领域和案件中，应以"可以预见和不可以预见"二分法来看待这个问题，而非简单以"机械案件"或"化学案件"进行区分。在 In re Zenitz 案中，美国联邦巡回上诉法院（the United States Court of Appeals for the Federal Circuit，CAFC）认为，补交实验数据所证明的降血压效果必须考虑；该效果虽未被明确记载在说明书中，但是能够从说明书公开的化合物作为镇定剂的用途中内在、固有地产生（inherently/naturally flow）。

从上述相关的规定和判例来看，对于说明书应当记载哪些内容才能满足"能够实现"或者说"充分公开"的要求，均认为需要综合考虑权利要求的范围、发明的性质、现有技术状况和可预期程度等因素，根据个案情况进行判断。总的来说，对于生物技术领域发明和涉及第二医药用途发明的公开往往有更高的举证要求。

（三）充分公开和创造性的关系

实务中，充分公开与创造性条款是与补交实验数据问题密切相关的两个法律条款。但是，两者在专利法上具有不同的功能：《专利法》第 26 条第 3 款要求发明公开到本领域技术人员能够实现的程度，是要求申请人公开的是一个"有意义"的发明，以保障发明的"交换价值"；而该法第 22 条第 3 款则是对发明创新高度的要求，要求发明相对于现有技术具有突出的实质性特点和显著的进步。通常，对于发明是否充分公开的审查要先于对发明创造性的审查。根据《指南》第二部分第二章第 2.1.3 节规定，由于缺乏技术手段、技术手段含混不清或彼此矛盾导致技术方案无法实现，或者涉及已知化合物新用途发明而在说明书中缺乏实验证据的情况下，适用《专利法》第 26 条第 3 款。而如果技术方案可以实现，

---

❶ 参见：858 F. 2d 731（1988）-In re Jack R. WANDS，Vincent R. Zurawski，Jr.，and Hubert J. P. Schoemaker。

但是不能确定其是否能够解决某个特定的技术问题（特别是体现了发明对现有技术贡献的特定技术问题），则实践中通常适用《专利法》第22条第3款的规定。

对于充分公开和创造性的关系，EPO 指南 F 部分Ⅲ-12 指出：如果要求保护的发明缺乏再现性，这可能属于说明书公开不充分或缺乏创造性的问题；如果所要达到的技术效果表征在权利要求中但被怀疑该效果不能实现，则有悖于《欧洲专利公约》第 83 条对充分公开的要求；如果技术效果本身未表征在权利要求中，而仅仅是所要解决的技术问题的一部分，则属于创造性问题。EPO 指南 G 部分Ⅶ-5.2 指出：只要技术效果是可以从原始申请文件导出的（derivable），发明的任何技术效果都可以作为评价创造性时确定发明实际解决技术问题的基础；如果要依据申请日后提交的实验数据确定发明实际解决的技术问题，其前提则是本领域技术人员认为所述效果是原始申请中隐含或者至少与最初的技术问题相关的（亦可参见 EPO 指南 G 部分Ⅶ-11）。根据 EPO 案例法中确定的一般原则，本领域技术人员根据原始申请文件公开的内容可以认定的事实，才能作为评价创造性时确定"发明实际解决的问题"的基础；申请日后补交的实验数据不能用于证明在原始申请文件中没有公开的、"新"的事实，审查员也不能基于这样的事实认定发明具有创造性。这一原则与我国的规定也是基本类似的。

一个本质上未充分公开的发明也不可能具备创造性。充分公开和创造性条款存在竞合关系。而且，在审查实践中，由于对发明的理解、站位本领域技术人员的能力以及对审查策略的考虑上的差异和变化，不同的审查员，或者同一个审查员在不同的时期，其基于同样的事实可能选择适用不同的法律条款。对于专利性判断是以申请日公开的事实为依据的，因此，对于补交的实验数据的审查而言，判断其所证明的技术效果是否能够从专利申请公开的内容中得到的标准，并不因个案适用具体法律条款不同而不同；最终个案审查结论也不应由于审查员具体采用不同的法律条款而有所差别。

（四）补交实验数据的"补强"作用

申请人在申请日后补交的实验数据，通常是作为证据，证明发明具有所述技术效果或者相比现有技术更好的技术效果，以反驳审查员关于申请公开不充分或者缺乏创造性的质疑。但与一般证据不同的是，由于申请日的法律效力，法律要求补交的实验数据所能够证明的事实应当在原始申请文件中有一定的依据，我国《指南》明确规定了"补交实验数据所证明的技术效果应当是所属技术领域的技术人员能够从专利申请公开的内容中得到的"。因此，更加准确地说，申请日后补交的实验数据作为证据，只能对申请日公开的内容"补强"，用以担保说明书记载内容的真实性或增强其证明力，例如，进一步确认或证实原始申请公开的技术效果；或者更多是在为了证明创造性的情况下，通过提交对比实验数据来证明要求保护的发明与现有技术相比具有更好甚至是预料不到的技术效果。

对于申请日后补交的实验数据采纳的"界限"在哪里？对此，各国均明确指出需要站位本领域技术人员，根据个案具体情况进行判断。EPO 案例法的 T 1329/04 中提出"申请日后补交的实验数据不能作为唯一证据证明专利性"的观点，指出：发明意味着对现有技术有贡献，其不应当是仅仅提出一个技术问题，而是应至少根据原始申请文件的教导来看，"所述的技术问题能够解决"这一声明是可信的；因此，申请日后补交的实验数据不能作为唯一的证据证明所述技术问题已经解决，因为在这种情况下，申请日后补交的证据构成了"超出预期的首个公开"（the first disclosure going beyond speculation），不再是"支持性证据"（supportive of evidence）。EPO 案例法的 T 778/08 解释该案考虑了申请日后证据的理由是：原始申请文件对于技术效果的公开是可信的，补交证据仅仅是进一步证实要求保护的方法的构思是能够实现的，不能被认为是构成了"超出预期的首个公开"。EPO 指南 H 部分 V-2.3 还指出，为方便公众监督，补交的实验数据必须置于审查案卷中供公众查阅，并且在授权说明书的扉页上对涉及补交实验数据的情形进行提示。《日本指南》则规定，（所要证明的）效果应在原始说明书中有记载，或者虽然没有记载，但本领域技术人员基于说明书或附图的内容能够推论该技术效果；同时明确补交实验数据不能替代说明书的作用，不能克服发明本身记载不充分、即使考虑技术常识也不能实施的缺陷。MPEP 第 716.02（f）节规定，判断发明对普通的本领域技术人员来说是否显而易见时，必须考虑所有记录的完整性，因此，未在说明书中公开的、指向发明优点的证据和理由（包括补交的实验数据）也不能被忽略。另外，美国专利法实施细则（37 CFR）1.132 规定，申请人必须通过宣誓或声明等方式保证

145

补交的实验证据的真实性和正确性。

当然，如何撰写申请文件是申请人的权利。在医药化学领域，对于证明技术效果的实验数据（包括实验方法和实验条件等）是在原始申请文件中公开还是在申请日后根据情况补交，是申请人根据发明的情况、法律的要求和申请策略等进行权衡后的选择，申请人自然也应承担相应的法律后果。

四、国家知识产权局关于修改《指南》的第 391 号公告

为全面贯彻习近平总书记关于加强知识产权保护的重要指示精神，进一步鼓励和保护医药领域的创新，国家知识产权局在 2020 年 3 月启动了相关的研究和《指南》修改工作，并于 2020 年 12 月 11 日通过了国家知识产权局决定关于修改《指南》的公告（第 391 号公告）。

此次修改在 2017 年相关修改（国家知识产权局令第 74 号）基础上，将《指南》第二部分第十章第 3.5 节"关于补交的实验数据"进一步分为第 3.5.1 节和第 3.5.2 节，其中，将原第 3.5 节的内容移至第 3.5.1 节，作为补交实验数据的一般"审查原则"；同时，第 3.5.2 节为"药品专利申请的补交实验数据"，并通过两个案例进行阐释。除上述修改外，相关完善建议还拟借鉴 EPO 做法，在发明专利单行本扉页上对涉及补交实验数据的情形进行提示，以方便社会公众等利益相关方的监督。

（一）第 3.5.1 节有关修改内容

在第 3.5.1 节中，在"对于申请日之后"之后，"补交的实验数据，审查员应当予以审查"之前，增加了"申请人为满足专利法第二十二条第三款、第二十六条第三款等要求"。这一修改的目的是进一步明确对补交实验数据的审查标准，与审查中审查员具体采用了哪个法律条款无关；"专利法第二十二条第三款、第二十六条第三款"在此仅是举例。

（二）第 3.5.2 节有关修改内容及其解读

在第 3.5.2 节中，新增两个案例，分别涉及申请人为证明说明书充分公开和发明创造性而提交实验数据的情形。

第一个案例中的权利要求请求保护化合物 A。首先，就该案的审查过程来说，审查员对于要求保护的发明是否具有所述降血压的效果存在

疑虑（可能由于没有检索到相关的现有技术），在通知书中提出了有关说明书公开不充分的质疑。申请人补交了化合物 A 的降血压效果数据。审查员没有相反的证据或理由。此时补交的实验数据是对所述技术效果的进一步验证和确认。可以认为化合物 A 及其降血压效果在原始申请文件中已经公开，补交实验数据所要证明的降血压效果也是能够从专利申请文件公开的内容中得到的。其次，案例中所述的"应该注意的是，该补交实验数据在审查创造性时也应当予以审查。"是提示后续审查中，如果审查员发现了合适的对比文件并进一步质疑化合物 A 的创造性，也应考虑该补交的实验数据以及可能随后提交的对比实验数据，判断原则同第二个案例。

第二个案例中的权利要求请求保护通式 I 化合物。首先，该案的案情部分具体给出实验结果数据记载为实施例化合物对肿瘤细胞 IC_{50} 值在 $10 \sim 100nM$ 范围内，表明申请人进行了抗肿瘤活性实验并对其活性大小进行了一个合理的概况描述。通常，权利要求要求保护的范围越大，说明书需要公开的内容越多。在说明书中公开上述信息有助于使本领域技术人员相信在通式 I 整个范围内的化合物均具有预期的抗肿瘤活性。其次，该案中，申请人补交的对比实验数据显示化合物 A 的 IC_{50} 值为 $15nM$，对比文件 1 化合物为 $87nM$。申请人补交实验数据是为了反驳审查员对于创造性的质疑。此时，不宜再以对比实验数据所证明的发明的抗肿瘤效果相比现有技术优异的程度超出本领域技术人员的预期为由，认为对比实验数据所证明的技术效果不能"得到"。一则，如果认为要求保护的发明已经公开（包括实现技术方案、解决所述技术问题和产生预期技术效果），理论上，发明的创新高度已经确定。对比实验数据想要证明的是，即使相对于审查员指出的最接近的现有技术文件，该发明也具有更好甚至预料不到的技术效果，并未引入新的信息。二则，"根据现有技术能够预期"是指对化合物的效果或用途本身能够根据现有技术预期，而非能够预期出具体活性数值大小或程度的高低，否则容易陷入审查逻辑死循环，即如果根据现有技术可以预期发明技术效果（两者不相上下），则发明不具备创造性；而如果补交的实验数据证明了发明的技术效果明显优于现有技术，也会因其优异程度超出预期导致补交的实验数据"不能得到"，发明同样不具备创造性。最后，案例中所述的"审查员还需要结合补交实验数据进一步分析权利要求请求保护的技术方案是否满足创造性的要求"是提示后续审查中，还应考虑该补交的实验数据作为证据是否足以支持通式Ⅰ整个范围的创造性的问题。

如前所述，对于补交的实验数据是否能"得到"，应当根据原始申请文件记载的所有内容，综合考虑权利要求的范围、发明的性质、现有技术的状况以及可预期性等因素，站位本领域技术人员进行判断。个案情况千差万别，我们更需关注的是两个案例所体现的审查思路和审查原则，而非机械套用。还需要说明的是，补交的实验数据作为证据，应当满足法律对于证据的一般要求。补交的实验数据应当是真实、客观和准确的，实验结果应当是可重复和可验证的，否则实验结果有可能被认为是不恰当或不相关的，也影响其证明力。

知识产权对于保护和鼓励医药创新至关重要。近年来，相关法律法规和政策不断出台。2019 年修订的《中华人民共和国药品管理法》在总则中明确了鼓励创制新药的大方向。2020 年修正的《专利法》引入了药品专利期限补偿制度，对创新药因审评审批占用的时间给予专利期限补偿。此次《指南》的修改，进一步明确了对于补交的实验数据的审查标准，回应了创新主体的合理诉求，在我国正由仿制药向创新药、由医药大国向医药强国转型的期间，在"健康中国"上升为国家战略的大背景下，具有特别重要的意义。

以保藏编号限定的微生物本身专利保护范围初探

张晓东❶

摘　要

近十年来，我国微生物领域研发活跃，以保藏编号限定的微生物本身专利的申请量、授权量及保藏量持续上升，申请总量目前已排名全球第一；2008年后专利微生物的年增保藏量跃居第一位。然而以保藏编号限定的微生物专利的保护范围一直不甚清晰，业界对保藏样品发放也有诸多疑虑。本文从微生物领域技术发展和专利申请现状出发，参考欧洲相应指令，基于利益平衡视角，探讨以保藏编号限定的微生物本身专利的权利要求保护范围、专利权的权利用尽、专利权保护与保藏微生物样品的发放之间的关系以及侵权判定原则的适用等问题，就相关规定的完善提出了一些细化的建议。

关键词

微生物专利　保藏编号　保护范围　保藏样品发放　权利用尽

---

❶　作者单位：华东理工大学法学院。

19 世纪后期，法国生物学家巴斯德创立了微生物学。迄今，微生物的应用已深入人类生活及作业过程，在食品工业、医药、环境治理、生物化工、生态农业、可再生能源、矿藏开采等方面大放异彩，成为各国扶持与推动的绿色朝阳产业。我国也极为重视该领域的研究和工业应用。

微生物相关的发明属于可专利授权的客体，这在国际上已没有争议。我国专利审查指南对微生物的界定包括细菌、放线菌、真菌、病毒、原生动物、藻类等。就发明保护的主题而言，微生物相关专利包括微生物本身、微生物制备方法、微生物的应用三大类别，其中最为重要的是微生物本身的发明。

从微生物本身发明实施后最终向市场上提供的产品来看，主要分为三类❶。

第一类为包含微生物活体或其混合物的产品，例如：食品发酵用的酵母、酸奶、可食药两用的微生物灵芝、螺旋藻、冬虫夏草等；可调节肠道内菌群平衡的益生菌制剂；可用于杀虫、杀菌、除草的活体微生物农药制剂；活体微生物肥料固氮菌肥等。从这些最终产品中有可能通过技术手段反向纯化分离得到相应的微生物。

第二类为以微生物作为催化剂或载体生产的提纯产品，包括：各种小分子或大分子化合物，如乙醇、丙三醇、丙酮丁醇、有机酸、抗生素、维生素、类固醇激素、酶抑制剂、免疫调节剂、受体拮抗剂等；高分子聚合物，如 γ-聚谷氨酸、聚羟基脂肪酸酯、黄原胶、凝胶多糖、红曲色素等；蛋白类物质，如酶、干扰素、生长激素、疫苗、抗菌肽等。从这些最终产品难以反向提取出制造过程中需要的微生物。

第三类为通过微生物参与发酵产生的混合物产品，主要在食品领域，包括酱油、食醋、酒等。从最终产品中也提取不到制造过程中需要的微生物。

由于微生物易培养增殖，菌种一旦流失，就难以监控其去向，因此，从商业角度考虑，不论何种具有工业用途的新微生物菌种，其所有人都不会愿意向外提供菌种，而更倾向于保密。特别是生产第二类产品过程中使用的微生物，是非常关键的原材料，也常常是企业的竞争优势所在。

---

❶ 依据教科书整理分类，参见：李明春，刁虎欣．微生物学原理与应用［M］．北京：科学出版社，2018：221-314.

但商业秘密保护不能限制合理的反向工程，而且商业秘密维权时在权属认定、侵权证据收集等方面面临更大的困难。同时，在基因工程技术快速发展的今天，基因工程菌的发明在技术上较易实现。权衡之下，微生物本身发明申请专利保护不失为一种可选的保护途径。

要获得专利，新微生物本身需"成为纯培养物，并且具有特定的工业用途"，同时还需具有创造性，即该新微生物是新种❶微生物，或者虽与已知种微生物的分类学特征没有实质区别，但产生了本领域技术人员预料不到的技术效果。❷ 这些新微生物可以是从自然界筛选得到的野生型菌株，也可以是人工常规诱变后筛选的诱变菌株，或者是通过基因工程改造产生的工程菌株。对于基因工程菌株，其发明点在于基因工程改造微生物的方法，插入、删除或修改特定的片段以实现特定的功能，由于可以通过重现该方法获得相应的微生物，能满足充分公开的要求，一般情况下，可以不再进行保藏。但其他的微生物本身发明，若本领域技术人员无法根据说明书内容重现该菌株，则新微生物本身必须进行保藏，以满足充分公开的要求。根据我国《专利审查指南 2010》，国家知识产权局认可的保藏机构是指《国际承认用于专利程序的微生物保藏布达佩斯条约》（以下简称《布达佩斯条约》）承认的国际保藏单位。根据世界知识产权组织（WIPO）官网公布的数据截至 2020 年 7 月 28 日，26 个国家的 48 个保藏机构具有国际保藏单位资格，其中我国有 3 个❸。

近年来，微生物领域研发活跃度持续上升，相应专利申请量也维持高位。特别特殊的是，我国以保藏编号限定的微生物本身专利的申请量和授权量呈爆发趋势。这可能与我国微生物资源丰富有关，也可能与发明者的技术偏好、申请偏好及相关专利的授权审查条件有关。在大量以保藏编号限定的微生物本身专利存在的情况下，相关的一些基础问题却

---

❶　目前，将特定微生物划归到种的主要依据是它们的 16S 或 18S rRNA 序列的同源性（＞97％）和基因组的同源性（＞70％）。参见：李明春，刁虎欣. 微生物学原理与应用［M］. 北京：科学出版社，2018：144.

❷　《专利审查指南 2010》第二部分第十章第 9.4.2.2 节（1）"微生物本身"中规定：与已知种的分类学特征明显不同的微生物（即新的种）具有创造性。如果发明涉及的微生物的分类学特征与已知种的分类学特征没有实质区别，但是该微生物产生了本领域技术人员预料不到的技术效果，那么该微生物的发明具有创造性。

❸　我国本土经认定的国际菌种保藏单位为：中国微生物菌种保存管理委员会普通微生物中心（CGMCC）、中国典型培养物保藏中心（CCTCC）和广东微生物菌种保藏中心（GDMCC）。

缺少深入的讨论，例如权利要求的保护范围、专利权的权利用尽、专利权保护与保藏微生物样品的发放之间的关系、侵权判定原则的适用等问题。如何从利益平衡角度，发挥专利制度对于微生物领域创新的保护和促进作用，值得业界关注。2020 年 3 月，北京知识产权法院审结了首例微生物本身专利的侵权案件❶，对相应问题有一些回应。本文在数据调查及现有规定及案例基础上，试图对以上问题进行进一步探讨。

一、以保藏编号限定的微生物本身专利
申请授权及保藏情况概述

如上所述，对于无法通过说明书描述以使本领域技术人员重现微生物的发明，为了满足《中华人民共和国专利法》（以下简称《专利法》）的充分公开要求，该微生物菌株本身必须进行保藏，因此保藏编号成为其权利要求的必要技术特征——这为检索全球范围内的该类微生物本身专利提供了一个较为便捷的方法。笔者依托 incoPat 数据库，在权利要求书入口以 46 个国际保藏机构❷简写进行检索，辅以相关 IPC 号进行限制，并排除明显偏离的 IPC 分类号，获得了相关专利数据❸。从专利申请总量来看，截至 2020 年 6 月 30 日，以保藏编号为特征的微生物本身专利的全球申请总量为 46357 件，前五名依次为中国（21874 件）、美国（7373 件）、WIPO（5290 件）、韩国（4427 件）、日本（2311 件）。

在中国公开的专利申请中，20103 件来自本土，占比 91.9％；1771 件来自国外，占比仅 8.1％，本土申请占比畸高。图 1 显示了我国微生物本身专利近 20 年的申请/授权趋势。可以看出，从 2007 年起我国的申请

---

❶ 参见：(2017) 京 73 民初 555 号民事判决书。

❷ 2018 年和 2020 年新增的国际保藏单位 CCMM 和 NAIMCC 未检索统计在内。

❸ 检索数据库：www.incopat.com；检索式：((((CLAIM=（CBA OR NMI OR BCCM OR NBIMCC OR IDAC OR CCHRGM OR CCTCC OR CGMCC OR GDMCC OR CCM OR VTTCC OR CNCM OR DSMZ OR NCAIM OR MCC OR MTCC OR ABC OR DBVPG OR IZSLER OR IPOD OR NPMD OR MSCL OR CM-CNRG OR CBS OR IAFB OR PCM OR KACC OR KCCM OR KCLRF OR KCTC OR VKM OR VKPM OR CCY OR BEA OR CECT OR CCOS OR CCAP OR ECACC OR IMI OR NCIMB OR NCTC OR NCYC OR NIBSC OR ATCC OR NCMA OR NRRL)) AND (IPC=（C12N1 OR C12N7 OR C12R1)) NOT (IPC=（C12R1/91 OR C12N5 OR C12N15/02))) AND (AD=［19600101 to 20200701]）；检索截止日：2020 年 7 月 1 日。

量总体呈明显上升趋势，2012 年已突破年度 1500 件；授权量也上升显著，至 2019 年总量已达 12647 件，2012 年突破年度 1100 件。本土授权专利中，权利人为大专院校与科研单位的占比达 67%，权利人为企业的占比 28%（见图 2）。授权量排名前十位的本土专利申请人依次为江南大学（539 件）、浙江大学（235 件）、浙江工业大学（215 件）、华中农业大学（211 件）、南京农业大学（204 件）、南京工业大学（201 件）、中国科学院微生物研究所（195 件）、中国农业大学（150 件）、山东大学（134 件）及华南农业大学（130 件）。没有企业进入前十位。

外国专利申请人在中国以保藏编号限定保护微生物本身的专利布局量不大，总量仅 1771 件，但申请量排名靠前的基本都是企业，例如韩国 CJ 第一制糖株式会社（68 件）、美国纳幕尔杜邦公司（53 件）、瑞士雀巢制品公司（36 件）、德国巴斯夫公司（33 件）、美国孟山都技术公司（29 件）、丹麦诺维信公司（25 件）、德国赢创德固赛有限公司（21 件）、法国乐斯福公司（19 件）等，也有少量的研究机构，例如巴斯德研究所（18 件）。

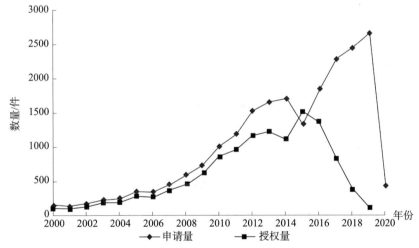

图 1　以申请日统计的中国以保藏编号限定的微生物本身专利近 20 年申请/授权趋势

注：由于专利申请延迟公开的原因，申请趋势中 2019 年和 2020 年申请量的数据无法显示所有的申请数据，仅显示该年度申请且已公开的数据；考虑到 2019 年申请的专利尚有部分未公开，该数据可能更高；2020 年的数据明显偏低，部分是由于数据仅统计到 2020 年 6 月 30 日，部分是由于已提交的专利尚未公开。

授权趋势中 2016～2019 年呈逐年下降趋势，尚不能说明该领域授权量明显下降，由于申请后授权审查时间需 2 年或更多时间，这些年度的授权数据后续还会上升。

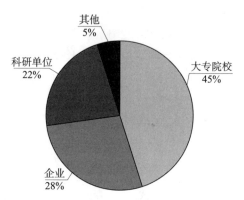

图 2　按申请量统计的中国授权本土微生物本身专利的权利人类型分布

　　与微生物本身专利申请的热度相应，中国专利微生物的总保藏量近年也大幅度增长。根据 WIPO 统计的数据❶，截至 2017 年底，世界各保藏中心的专利微生物保藏总量为 107889 个，其中中国保藏量为 25654 个，占比 23.78%，位于全球第二位。排名前七位的总保藏量及 2001～2017 年的保藏量对比如图 3 所示，可见中国在 2001～2017 年的保藏量已超过美国升至第一位。其中排名前三位的美国、中国、日本在 2001～2017 年的保藏量年度趋势如图 4 所示。中国保藏量自 2008 年后快速上升，2012 年已突破年度 2000 个，2017 年当年的保藏量已超过 3000 个。但与保藏量不相适应的是，截至 2017 年我国依据《国际承认用于专利程序的微生物保藏布达佩斯条约实施细则》（以下简称《布达佩斯条约实施细则》）第 11.3 条应在法律上享有权利的人请求提供而向外提供的样品仅 6 株，而美国、日本、德国、英国、法国的发放量依次为 4429 株、849 株、746 株、480 株、180 株。相比而言，我国保藏的专利微生物样品虽然数量巨大，但就如何合法发放和利用，业界尚未普遍有恰当认知。

---

❶　世界知识产权组织. 布达佩斯微生物国际保藏体系：统计数据［EB/OL］.［2019-09-01］. https：//www. wipo. int/budapest/zh/index. html.

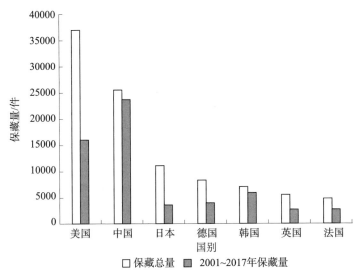

图 3　WIPO 统计的专利微生物保藏量前七位国家

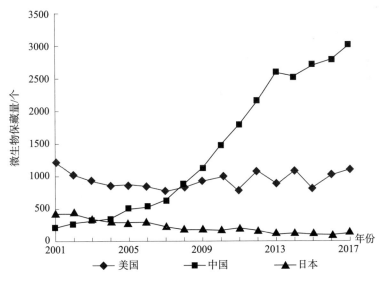

图 4　专利微生物保藏前三位国家 2001～2017 年保藏趋势

二、我国微生物本身专利权利要求的撰写模式

我国《专利审查指南 2010》明确保藏了的微生物的权利要求应当以保藏单位的简称和保藏编号形式表述。❶ 在这一规定下，保藏了的微生物本身发明专利的权利要求主要存在以下三种表达形式。

（1）"种属＋保藏单位＋保藏编号"形式限定

其中，保藏单位可以直接文字明确表述，也可以体现在保藏编号的前几位字母简写中。

例如，授权公告号为 CN107937282B 的专利的独立权利要求 1：

> 一株绳状青霉（Penicillium funiculosum）S01324，于 2017 年保藏于：中国微生物菌种保藏管理委员会普通微生物中心，保藏编号为 CGMCC14991，保藏地址为：北京市朝阳区北辰西路 1 号院 3 号，中国科学院微生物研究所。

再例如，授权公开号为 CN102260649B 的专利的独立权利要求 1：

> 一种传染性法氏囊病毒 HQ 株，其保藏编号为 CGMCC NO. 4935。

（2）"功能效果＋种属＋保藏单位＋保藏编号"形式限定

例如，授权公告号为 CN105567578B 的专利的独立权利要求 1：

> 一种灵芝酸高产工程菌株 kmust-SE，其在中国微生物菌种保藏管理委员会普通微生物中心的保藏编号为 CGMCC NO. 11401。

（3）"种属＋其他生物学特征＋保藏单位＋保藏编号"形式限定

例如，授权公告号为 CN1015604808B 的专利的独立权利要求 1：

> 一株含有基因组岛 KpGI-2 的肺炎克雷伯菌株，其特征是与肺炎克雷伯 MGH78578 基因组 DNA 3.72Mb 处相对应的 phe tRNA 位点携带有基因组岛 KpGI-2，其中 KpGI-2 序列如序列 1 所示，所述菌株命名为 HS04160，保藏编号：CGMCC No. 2558，分类命名：肺炎

---

❶ 《专利审查指南 2010》第二部分第十章第 9.3.2 节（1）规定：权利要求中所涉及的微生物应按微生物学分类命名法进行表述，有确定的中文名称的，应当用中文名称表述，并在第一次出现时用括号注明该微生物的拉丁文学名。如果微生物已在国家知识产权局认可的保藏单位保藏，还应当以该微生物的保藏单位的简称和保藏编号表述该微生物。

克雷伯菌 Klebsiella pneumoniae。

再例如，授权公告号为 CN105039263B 的专利的独立权利要求 1：

> 一种噬菌体 Str-PAP-1，其特征在于：该噬菌体能杀灭副乳房链球菌，具有由序列号 1 表示的基因组，并以保藏编号 KCTC12568BP 被保藏。

除上述三种撰写模式外，也有少量的菌株专利独立权利要求采用了其他的表达方式，特别是基因工程菌株，例如授权公开号为 CN1981029B 的专利，其独立权利要求 8 以保藏编号方式撰写，但独立权利要求 1 中采用了功能限定的方式：

> 一种遗传改变的酵母菌株，其从单一碳源自主生产胆固醇，其特征在于它表达了 7-脱氢胆固醇还原酶和 3β-羟基固醇 Δ24-还原酶。

或者独立权利要求中仅采用核苷酸序列限定方式，例如授权公告号为 CN100558896C 的专利的独立权利要求 1❶：

> 一种长双歧杆菌菌株，其特征在于它的基因组和质粒序列为 SEQ ID. NO. 1 和 SEQ ID. NO. 2。

虽然还有上述其他的撰写方式，但我国绝大多数微生物本身专利都以保藏编号形式限定。因此，下文在讨论微生物本身专利权的保护范围及相关侵权认定问题时，聚焦于保藏编号这一技术特征。

三、以微生物保藏编号为技术特征的权利要求保护范围

（一）保藏编号成为技术特征的缘由

新微生物发明解决的技术问题在于：提供了一种全新种的、可培养纯化的、具有至少一种工业应用用途的微生物；或提供了一种已知种的，但在应用中更有价值的微生物，丰富了现有的微生物库，提升了现有的微生物工业应用能力。从技术问题出发，微生物本身专利权利要求中的

---

❶ 该专利的另一个分案申请（授权公告号 CN101671640B）权利要求 1 也以保藏编号方式撰写。

技术特征集合必须能清晰地表征该微生物本身。然而，自 20 世纪 80 年代微生物成为可授予专利权的客体之始，● 如何在权利要求中表征该微生物就成为一个问题。这一表征必须能给公众一个明确的边界，不得模糊不清，同时也不得超出发明本身对社会的贡献。

在基因技术发展起来之前，只能通过传统的培养、分离、诱变、筛选等技术获得在应用中有价值的新微生物。这些新微生物的表征手段主要集中于形态特征、生理生化特征、生态习性、血清学反应、噬菌反应、细胞壁成分、红外吸收光谱等，● 但这些只是初步的分类学特征，并不能精确表征该微生物，从而将该微生物与其他微生物明确区分出来。另外，考虑到专利制度"以公开换保护"的基本原则，微生物本身需要充分公开，一方面证明该发明已经实质上完成，另一方面让本领域的一般技术人员能够通过一定手段再现该发明。于此发展出了微生物交由第三方保藏并由第三方出具存活证明的制度，再通过保藏样品的对外提供以保证公众至少有渠道获取该微生物以供检验。

新微生物用于专利程序的保藏制度使得某一特定微生物具有了唯一的保藏编号，该保藏编号即指代该微生物，从而使得保藏编号成为能清晰指代该微生物本身的特征，也使得新微生物的权利要求可以被较为精确地描述。

以前述授权专利"一株绳状青霉及其用途"（授权公告号：CN107937282B）为例，据说明书披露：该绳状青霉分离自山东省青岛市城阳区上马街道葛家屯社区的小麦孢囊线虫病田，在形态鉴定中，"菌落在 MEA 上 25℃培养 7 天，直径 32～47mm；质地绳状兼絮状；菌落前期呈白色，后期产生分生孢子呈现灰绿色；背面淡黄色；分生孢子梗发生于菌丝绳，孢梗茎 44.92～66.75μm×1.73～3.27μm，壁光滑；帚状枝通常双轮生；梗基每轮 4～8 个，8.18～10.06μm×1.85～2.73μm，彼此紧贴；瓶梗每轮 4～8 个，9.14～14.64μm×1.53～2.24μm，披针形，梗颈明显；分生孢子呈现典型椭圆形，2.73～3.73μm×1.73～2.44μm，壁泡水光滑；分生孢子链较疏松"。其在分子鉴定中采用了 rDNA-ITS 序列系统发育分析，包括：采用 CTAB 提取菌株 S01324 基因组 DNA；以基因

● 参见：Diamond v. Chakrabarty. Supreme Court, June 16 1980, 447 US 303; 65 L. Ed. 2d 144; 100 S. Ct 2207, 206 USPQ 193。

● 李明春，刁虎欣. 微生物学原理与应用 [M]. 北京：科学出版社，2018；143-147.

组 DNA 为模板，利用引物对 ITS1/ITS4 扩增 rDNA-ITS 片段；扩增产物经纯化和测序获得 ITS 测序结果；测序结果经 Seqman5.0 软件自动装配后导出重叠群并在 NCBI（http：//www.ncbi.nlm.gov）数据库中进行序列对比，菌株 S01324 与绳状青霉的同源性可达到 99%。综合以上形态特征和 rDNA-ITS 序列系统发育分析结果，确定菌株 S01324 为绳状青霉。在应用效果方面，说明书虽然没有提供与其他绳状青霉的比对试验数据，但就菌株 S01324 提供了针对燕麦孢囊线虫的毒性试验数据及用于防治燕麦孢囊线虫病的杯栽防效和田间防效数据，显示了良好的防治燕麦孢囊线虫病效果。

纵观该专利的说明书，其完成了我国专利审查指南对于专利微生物种属鉴定的要求，提供了良好的试验效果，满足了专利的创造性要求，也按规定进行了保藏，因此获得了专利授权。但需要注意的是，该微生物的种属鉴定披露出来的特征并不能完全地表征该专利微生物，只能表征其归属于哪个种；效果试验披露出来的效果特征也不能完全地表征该专利微生物，只能表征其部分性能；两者的组合同样不能表征该专利微生物本身。因此，真正能表征该微生物，同时又满足充分公开要求的即保藏编号为 CGMCC14991 的该微生物的保藏株，用保藏编号来限定权利要求就成为必然。

随着基因技术的发展，微生物分类中又增加了 GC 含量、DNA 杂合率、核糖体核糖核酸（rRNA）相关度、rRNA 的碱基顺序等分子生物学分类特征。然而这些特征仍难以替代微生物保藏编号的唯一指代性，直到微生物的全基因组测序技术成熟且价格可接受。[1] 理论上讲，某一特定微生物的全基因组即可表述该微生物，但也要看到，并非所有的微生物都可测出其全基因组序列，例如 G+C 含量过低或过高、含有大量重复序列等问题仍是测序技术及序列组装的难题。[2] 因此，即使是在全基因组测序可能的情况下，专利申请文件并不强制要求一定公开该微生物的全基

---

❶　据基因测序仪器公司 Illumina 官网（https：//www.illumina.com/? langsel=/us/，最后访问日期：2019 年 8 月 15 日）："对于碱基对在 5MB 以下的小型微生物的全基因组测序可以在 2 天内完成"。基因测序公司金唯智（Genewiz）官网客服 2019 年 8 月 15 日回复基因测序的相关费用为：如果没有参考基因组，需要用 Denovo 测序，用第三代测序的方法，细菌完成图 8200 元一个样品（建库＋测序＋标准分析）；如果有参考基因组，关注的只是 SNP 与 Indel 等信息，可以用重测序，采用的是第二代测序的方法，重测序 1400 元一个样品（建库＋测序＋标准分析）。

❷　何培新．高级微生物学［M］．北京：中国轻工业出版社，2017：298.

因组序列结果，用保藏编号作为权利要求的特征仍旧是可选，甚至是优选的方案。在国内外申请及授权实践中，大量的微生物本身专利的权利要求中都包含了保藏编号这一特征，在我国专利审查指南的相关规定下尤其是如此。

（二）以保藏编号为技术特征的微生物本身专利权利保护范围的界定

由于微生物本身可以容易地培养增殖，因此微生物的专利保护具有很强的特殊性，在某些方面可类比植物新品种的种子。但目前法律上对微生物本身的专利保护并没有如植物新品种权那样的共识，对于如何解释以保藏编号方式描述的微生物本身的专利权利要求，业界普遍存有疑问。

微生物的保藏编号分为两部分，一部分为保藏机构的国际认可简写代码，另一部分为该保藏机构给予的编号。两者合起来即具有了菌株唯一的指向性。专利权的权利范围以权利要求书为准。对任一项权利要求，其范围是由该项权利要求的全部技术特征的总和来决定的。在判断侵权时，对每个技术特征都要进行逐一比对。从这个意义上而言，保藏机构代码及编号作为一个技术特征该被如何看待？如果严格按照全部技术特征的原则，则该微生物仅仅限于该保藏编号及地址背后的微生物菌株，那么该保藏微生物若没有发放记录，就没有办法维权。这使得微生物本身专利的保护几乎成了一纸空文。

继续以前述授权专利"一株绳状青霉及其用途"（授权公开号：CN107937282B）为例，申请人筛选分离得到了一种绳状青霉 S01324，用于防治燕麦孢囊线虫病，将其保藏于中国微生物菌种保藏管理委员会普通微生物中心，保藏编号为 CGMCC14991，并以"保藏单位＋保藏编号＋种属特征"描述专利权利要求。假设专利权人对外销售含有该绳状青霉的菌液用于杀虫剂，一旦竞争对手合法获得该菌液后实施反向工程，分离出了该菌种，自行增殖后向外销售，在专利权人试图向该竞争对手主张维权时，即面临下述困境：竞争对手的菌种非来源于保藏单位和相应保藏编号，貌似不包含权利要求的技术特征，而且其是合法获取，专利权人的权利用尽问题也对维权产生妨碍。如果该竞争对手进一步在该专利绳状青霉的基础上作了基因工程改良，制作出与该专利绳状青霉效果类似的另一菌种，则侵权判断面临更大的困境。

从利益平衡角度分析，微生物本身专利应当给予与其发明对社会贡献相匹配的保护范围，以通过新菌种的公开，促进该领域的研发，也促进后续发明的涌现。

欧洲议会和理事会 1998 年 7 月通过并生效的《关于生物技术发明的法律保护指令》（98/44/EC）❶（以下简称《欧洲指令》）中首次尝试界定生物技术发明的专利权利范围。其在第 8 条第 1 款规定："对于具有特定特性的生物材料的专利保护，应延伸至任何通过相同或不同的形式对该生物材料进行繁殖或增殖而获得的具有相同特定特性的生物材料"。该款将生物材料❷的专利保护范围扩大到亲本材料增殖产生的后代，落脚点在生物材料是否具有相同特定特性上，对于从何种途径获得该生物材料没有限制；其中"相同特定特性"是一种弹性的表达，指令中并没有对此进一步细化，留下了司法灵活适用及证据多样性的空间。

《欧洲指令》第 9 条规定："对一项含有基因信息或由基因信息组成的产品专利的保护应及于与该产品结合在一起的、含有该基因信息且执行其功能的所有材料"。该条也是对保护范围进行扩展解读的条款。以微生物的改进发明为例，若在已有专利权的微生物基础上进行基因修饰以表达新的功能，但若这种基因修饰并未干扰原微生物基因的正常表达，则修饰后的新微生物仍落入原微生物专利的范围内。

从《欧洲指令》的上述规定看，欧洲议会和理事会对于微生物本身发明专利的保护范围的态度还是相当宽松的。相比欧洲的明确态度，其他国家，包括当前专利申请量第一的中国和第二的美国均未对此有法律规定。美国曾对此有相关的讨论，但未得出有价值的结论。❸ 2020 年 3 月，北京知识产权法院在"纯白色真姬菇菌株"专利侵权案中首次探讨

---

❶ The European Parliament and of the Council. On the legal protection of biotechnological inventions：DIRECTIVE 98/44/EC［EB/OL］.［2019-08-22］. https：//eur-lex. europa. eu/LexUriServ/LexUriServ. do？uri=CELEX：31998L0044：EN：HTML.

❷ 《欧洲指令》中的"生物材料"涵盖范围广，是指"含有基因信息的、且能自我复制或在生物学系统中进行复制的任何材料"，包含本文中讨论的微生物。

❸ 据美国联邦审计总局 2000 年向国会提交的报告，美国生物技术产业界担忧由生物保藏支持的美国专利比其他专利更容易受到侵犯或滥用，然而经过美国联邦审计总局调查，虽不能排除侵权的可能性，但至 2000 年尚未发现一个该领域的生效判决。参见：U. S. General Accounting Office. Report to Congressional Committees GAO-01-49, Intellectual Property：Deposits of Biological Materials in Support of Certain Patent Applications（Oct. 2000）［EB/OL］.［2019-08-22］. www. gao. gov/new. items/d0149. pdf.

了相关问题，● 就侵权比对内容及比对方法进行了探索，但业界对此尚存争论。该案中，被控侵权产品与涉案专利保藏样本未进行全基因组比对，而是限于比对专利说明书中记载的 SCAR 分子标记 975bp 特异序列和 ITS rDNA 序列。争议之处在于，975bp 的 SCAR 分子标记特异序列仅由专利权人所建立，并无业界标准，而 ITS rDNA 序列的序列差异通常应用于真菌中系统发育研究，并不完全适合属内种及种群的标记，● 以此为依据确认两菌株相同尚嫌不足。

笔者认为，以保藏编号为技术特征的微生物本身专利可以被解释为"与保藏编号所指向的微生物在特定特性方面相同的微生物"，保藏编号指向的微生物在侵权比对中作为专利权人一方用于比对的产品，构成一种在第三方存管的证据，保藏机构及编号对权利要求的范围没有其他的限制作用。对繁殖或增殖与否可以不用考虑。上述表述可以涵盖增殖的后代，关键在于特定特性方面是否具有同一性。

至于何为"特定特性相同"，笔者认为具有个案特点，建议在司法实践中总结相关的判断标准，兼顾专利权人和社会公众的利益。考虑到基因工程技术的快速发展，对基因进行突变等修饰已成为常规技术，而且多代增殖后产生少量的突变也属常见，因此，"特定特性相同"不宜直接与"微生物基因组完全相同"画等号，也不宜将基因组序列的碱基分列作为单独特征一一比对，而应该综合考虑微生物本身的性状和其基因组序列特征两方面。即使微生物基因组中有极少量的差异，但若外在生物学特征特性方面相同，仍应纳入侵权考察的范畴；否则微生物专利极易规避，专利保护也会成为一纸空文。

但上述情形也不能一刀切。我国微生物本身的发明有大量是从特定的环境材料（例如土壤）中采用筛选培养的方法分离得到的，这种从自然界中分离获取微生物的方法一般被认为不具有重现性，● 因此不能满足专利的实用性要求。但分离得到的微生物本身可以申请专利，在进行了种属鉴定、公开了应用效果的基础上即有望获取专利权，其微生物仅保

● 参见：（2017）京 73 民初 555 号民事判决书。

● 燕勇，李卫平，高雯洁，等．rDNA-ITS 序列分析在真菌鉴定中的应用 [J]．中国卫生检验杂志，2008，18（10）：1958-1961．

● 参见：《专利审查指南 2010》第二部分第十章第 9.4.3.1 节"由自然界筛选特定微生物的方法"。

藏于有资质的保藏机构。若该保藏样品从未向外发放过，也没有任何证据可证明样品以其他途径流失过，或可以反向工程得到，则在这种情况下，若有第三人也偶然地通过独立研发筛选到了相同特定特性的微生物，即使其基因组差别不大，也不宜认定为构成侵权，毕竟这不是能通过分析已有专利可以规避的技术方案。从这个意义上说，微生物本身的专利在侵权纠纷中的证据组合应有一些特殊的考量，必要的时候，应该可以允许独立研发的抗辩。

《欧洲指令》第9条对微生物本身专利权的扩张，涉及是否能涵盖专利微生物经基因工程等技术手段改良后的产物。这是专利权人非常关注的问题，特别是在当今基因工程技术已相对成熟的情况下。专利侵权判断的全面覆盖原则和等同原则如何适用，需要进一步依基因改造的技术内容重新进行解读。对于引入外源基因的，绝大部分情况下可以通过比对基因组序列，应用全面覆盖原则进行判断，但特殊情况下，例如引入的外源基因抑制了原有基因的表达从而产生了完全不同的性状，则需要从整体上进行考量；对于对已有基因进行原位突变或替换的，需要考虑等同问题；对于敲除基因的，则更为复杂，要具体研究敲除对微生物的特定特性是否有显著的影响，而不是仅仅比对基因组序列，以缺少部分碱基为由定为不侵权。如前所述，在将以保藏编号为技术特征的微生物本身专利解释为"与保藏编号所指向的微生物在特定特性方面相同的微生物"时，为司法留有一定的余地，可以在个案情况中对发明的保护范围进行解读，逐步形成类案裁判规则。

上述权利要求解释的范围相对比较大，在实践中可能产生较多的依存专利侵犯母专利权利范围的情形，从而产生相应的依存专利实施构成侵权但又无法得到原专利权人许可的问题。这在我国可以依《专利法》第51条的强制许可相关规定解决，不能因为这一问题而过于严格地限制保藏编号限定的微生物本体专利的保护范围。

（三）以保藏编号为技术特征的微生物本身专利权的权利用尽

根据《专利法》，专利产品由专利权人或者经其许可的单位、个人售出后，使用、许诺销售、销售、进口该产品的，不视为侵犯专利权。❶ 这被称为"专利首次销售的权利用尽"。其立法基础在于专利权人通过其第一

---

❶ 参见：《专利法》（2008年修正）第69条第2项。

次合法销售已取得了合理的利益，如果允许其权利延续到销售后产品的流通和使用上，会给公众及下游工业链条中的成员生产经营带来不便，妨碍科技进步及社会经济发展。但考虑到微生物等生物材料一旦获得了菌株就可以较为方便地进行无限增殖，每次的增殖产品都可以作为下次增殖的基础材料，应用专利权一次销售用尽对专利权人是不公平的。

《欧洲指令》第 10 条规定了销售权利用尽的边界："第 8 条和第 9 条所说的保护不及于用专利持有人或经其许可而投入成员国市场的生物材料经繁殖或增殖而获得的生物材料，因为该繁殖或增殖行为是已进入市场的生物材料应用的必然结果，但该获得的材料其后不得为其他繁殖或增殖目的而使用。"该条对于以增殖后微生物作为新的增殖基础材料的行为进行了限制。这与我国植物新品种保护中的禁止商业目的生产或销售授权植物新品种的繁殖材料❶类似。但针对微生物目前我国尚未在法律中有相应规定，比较可行的办法是在涉及侵权问题的司法解释中加入一条："禁止未经许可，将合法得到的专利微生物材料为生产经营目的再次增殖使用。"其中"生产经营目的"排除了个人使用，例如在家以购买到的酸奶为原料（假设酸奶内含用于发酵的专利菌株）自制酸奶不会在该条款下构成侵权。

四、微生物本身专利权的保护
与保藏样品发放之间的关系

根据《布达佩斯条约实施细则》第 11.3 条，成员国需"向在法律上享有权利的人提供样品"，但没有硬性规定提供的时间和条件。实践中，不同国家向外提供样品的情况差异甚大。微生物保藏是为了满足公开性的要求，同时也是发明已经完成的证明。公开性意味着公众可获取，但由于微生物的特殊性，对公众获取微生物的目的是否进行限制、是否仅限于独立第三方获取成为业界关注的焦点。基于以下的理由，对保藏样品发放的担忧不是毫无根据的：

---

❶ 《中华人民共和国植物新品种保护条例》第 6 条：完成育种的单位或者个人对其授权品种，享有排他的独占权。任何单位或者个人未经品种权所有人许可，不得为商业目的生产或者销售该授权品种的繁殖材料，不得为商业目的将该授权品种的繁殖材料重复使用于生产另一品种的繁殖材料；但是，本条例另有规定的除外。

（1）获取微生物菌株后即可无限增殖，大部分情况下，从利用该微生物产出的最终产品无法反推出所用的微生物；

（2）发放了的微生物缺少进一步流转的跟踪机制，完全不可控，维权取证难度大；

（3）微生物本身专利的保护范围在法律上不够明确，侵权原则中的等同原则如何适用也不清楚，加之基因工程技术的成熟，从基因层次改良微生物变得容易，微生物本身专利的市场垄断效力成为一个问题。

即使在目前的技术条件下，绝大部分情况下，通过全基因组测序等技术已可以鉴别是否是同一个微生物，但由于上述问题的存在，微生物专利的维权仍面临极大的困难。在没有发放条件限制的美国，业界也有同样的担忧，认为潜在滥用不可避免，尽管国会报告中认为这些质疑和担忧并没有实证方面的支持❶。

因此，实践中，对于微生物保藏样品发放不作任何限制的国家非常少。对应于专利的不同时间段，各缔约国和政府间工业产权组织有不同的规定，主要涉及三个时间段：

时间段一：专利申请已公开但未决；

时间段二：专利已授权且仍有效；

时间段三：专利申请未被授权，或授权专利已失效，但仍在保藏贮存期内。

根据从 WIPO 文件翻译的《根据布达佩斯条约保藏微生物指南》（2017）❷，笔者整理列出各成员国在不同时间段的限制条件如表1所示。

如表1所示，不同国家在不同时间段的样品发放限制条件有较大差异。在"不得向第三人提供该材料"方面，更严格的限制延及该材料的衍生材料或衍生培养物；在"仅用于实验目的"方面，更严格的限制表现在仅能用于专利相关程序例如异议程序，或仅能用于涉及申请主题的实验目的，排除了基于该材料本身的改良实验目的。部分国家或组织支持"独立专家"选项：即使仅用于实验目的，也只能由独立专家进行。

---

❶　U. S. General Accounting Office. Report to Congressional Committees GAO-01-49，Intellectual Property：Deposits of Biological Materials in Support of Certain Patent Applications（Oct. 2000）［EB/OL］．［2019-08-22］. www. gao. gov/new. items/d0149. pdf.

❷　国家知识产权局. 用于专利程序的生物材料保藏相关法律文件汇编［M］. 北京：知识产权出版社，2018：236-361.

表1 《布达佩斯条约》缔约国和政府间工业产权组织对
专利涉及的微生物保藏样品发放的限制

条件	时间段一	时间段二	时间段三
保证不向任何第三方提供该生物材料或其衍生的材料或衍生的培养物❶	澳大利亚、奥地利、加拿大、文莱、芬兰、比利时、法国、德国、希腊、匈牙利、冰岛、荷兰、葡萄牙、摩尔多瓦、罗马尼亚、新加坡、斯洛伐克、南非（当面保证）、西班牙、瑞士、英国、欧洲专利组织（当面保证）	与时间段一的国家和组织无差别	加拿大、欧洲专利组织（方案a，当面保证）
保证不向任何第三方提供该生物材料	中国、意大利（只允许指定的专家）、挪威（当面保证）、韩国、塞尔维亚、斯洛文尼亚（当面保证）、日本（仅限于收到书面警告的情况下方可请求）	与时间段一的国家和组织相比，意大利本时间段不发放样品；日本额外的请求限制取消；塞尔维亚在本时间段无需此保证	中国
保证只作为实验目的使用该生物材料	中国、意大利（只允许指定的专家）、韩国、罗马尼亚、塞尔维亚、斯洛文尼亚（当面保证）、西班牙、瑞士、日本（仅限于收到书面警告的情况下方可请求）	与时间段一的国家和组织相比，中国、塞尔维亚在本时间段无需此保证；意大利本时间段不发放样品；日本额外的请求限制取消	
保证除实验目的外不使用该保藏的生物材料样品或其衍生的材料	奥地利、法国、芬兰、德国、希腊、匈牙利、冰岛、荷兰、葡萄牙、摩尔多瓦、斯洛伐克、欧洲专利组织（当面保证）	与时间段一的国家和组织相比，法国和冰岛在本时间段无需此保证	

---

❶ 在匈牙利，如果一种材料带有保藏的生物材料对实现发明必要的特性，则其被视为衍生的。在南非，衍生的培养物被认为是显示该保藏的培养物对实施提及该保藏的培养物的完整说明书描述的发明必要的那些特性的任何微生物培养物。

续表

条件	时间段一	时间段二	时间段三
保证仅以涉及该申请主题的实验目的使用该保藏的生物材料样品或其衍生的材料	加拿大、文莱、新加坡、英国、挪威（当面保证）	加拿大、英国、挪威（当面保证）	加拿大
保证仅在涉及专利的异议程序或涉及该专利的相关程序中，以实验目的使用该微生物	澳大利亚	澳大利亚	
仅向独立专家提供	专利申请人有权要求：芬兰、比利时、捷克、德国、希腊、冰岛、荷兰、挪威、葡萄牙	专利权人有权要求：捷克、冰岛	专利申请人有权要求：捷克、冰岛；专利申请人有权要求在该申请最终没有被授权情形下：芬兰、比利时、希腊、葡萄牙、摩尔多瓦、罗马尼亚、斯洛伐克、西班牙、欧洲专利组织（方案b）
无需任何保证		美国、塞尔维亚	澳大利亚、奥地利、法国、匈牙利、南非、英国

笔者认为，若不加任何领用的限制，理论上讲，确易导致对菌株的滥用。对于微生物保藏样品的发放限制是有必要的。实际上，在国际范围内，从所有者处申请领用生物材料签署相应的约束性合同也很常见。这种材料转移协议（material transfer agreement，MTA）的相关限制性

条款有的比专利微生物保藏品发放的条件更严格。❶ 考虑到我国专利侵权诉讼中证据收集的难度，专利权人的举证负担比较重，限制条件可以更严格一些，例如可以考虑将禁止向第三人传播的微生物扩展到其衍生材料，专利申请公开但未决阶段的"实验目的"也可以进行更为明确细化的界定。但从促进科技创新的角度看，专利授权后仍将"实验目的"限制在"仅以涉及该申请主题的实验目的使用该保藏的生物材料样品或其衍生的材料"或"仅在涉及专利的异议程序或涉及该专利的相关程序中实验使用"是不妥当的：这将严重限制在已有技术基础上的改进研发，与专利法的立法宗旨相违背。至于这种改进研发成果是否落入原专利的保护范围，从促进创新角度和利益平衡角度两方面考虑，应对涉及微生物专利的侵权比对的原则进行明确。如前文所述，可通过对全面覆盖原则、等同原则的针对性解读，将改进技术纳入在先专利的保护范围；对改进技术的实施也可通过交叉许可、强制许可来协调双方的利益冲突。

独立专家的制度设置是一种特殊安排，我国曾对此进行过论证❷：领域内专家认为该途径不现实，且会限制样品请求人的实验活动，因此未在立法中予以考虑。由于我国目前保藏样品发放量很小，相应侵权风险评估的时机还不成熟，未来不排除该制度作为我国领用微生物的可选项。

五、小　结

在微生物领域创新蓬勃发展的情况下，我国微生物本身专利申请量、授权量、微生物保藏量持续上升，然而相关法律规范的缺失使得微生物本身专利的保护范围一直处于模糊地带。由于保护范围的不清晰，对保藏微生物样品的发放，一方面，专利权人多存有被领用后滥用、作为他人的改良基础使用而得不到补偿、难以维权取证等担忧，甚至出现送交保藏的样品非专利微生物的情形，不仅留下专利无效的隐患，也对技术成果转化多有影响；另一方面，在基因工程技术日益成熟的今天，领用人也需要明确实验性使用的合法边界和改进成果的侵权与否等问题，以

---

❶ STREITZ W D, BENNETT A B. Material transfer agreements: a university perspective [J]. Plant physiology, 2003, 133 (1): 10-13.

❷ 王甦，卢素华. 关于制定我国用于专利程序的微生物发放办法的思考 [G] //中国专利局专利法研究所. 专利法研究 1996. 北京：专利文献出版社，1996：231.

顺利进行跟进性创新。笔者尝试回应以上业界关心的问题，期望能为我国以后相关的司法实践提供一些思路。

生物技术近年来多有突破，特别是基因测序技术的商业化发展，使得微生物的全基因组测序已成为现实，不仅快速，价格也可以承受。在此环境下，我国专利审查指南硬性规定无法重复获得的微生物本身必须用保藏编号进行限定的权利要求撰写方式已不恰当，应当允许多种表达方式，例如直接用全基因组序列表述。我国的发明者也应考虑多种撰写方式，不要局限在保藏编号一种模式中，特别是对于基因工程技术改良的微生物，在通过文字描述即可使得本领域技术人员可重现制造该微生物的情形下，应优先采用嵌入基因序列或表达特定蛋白的方式来撰写微生物的独立权利要求，以获得更宽的权利要求范围；同时，关注新微生物表达的特有衍生物等，力图从多角度对微生物发明予以保护。

另外，为减少潜在的菌株滥用风险，平衡在先专利权人与在后跟进研发者的利益，也可参考其他的模式，例如在适度限制发放的基础上，建立领用人与专利权人以材料转移协议方式发放的通道。细节问题有待再行论证。

外观设计专利审查
质量提升问题论证

蒋　媛❶　苗青盛❷　瞿卫军❸

摘　要

　　笔者调查了我国外观设计专利现状，并与国外相关制度进行比较，分析影响外观设计专利审查制度运行的问题及重点因素。借鉴国外经验并结合我国实际，着眼于近期质量问题，从审查业务实践角度探索提高外观设计专利审查质量的可行方案；着眼于中期发展，从制度顶层设计角度提出对外观设计制度运行的相关政策建议；放眼于远期考虑，从法律修改角度提出对外观设计专利法律法规的立法建议，以期促进外观设计专利的审查质量提升。

关键词

工业品外观设计　外观设计专利　审查质量　审查制度

---

❶❷❸　作者单位：北京路浩知识产权集团有限公司。

工业品外观设计作为智力劳动成果的一类形式，是知识产权保护的重要客体之一，在我国被纳入专利法体系进行保护，授权后被称为外观设计专利。外观设计已广泛应用于各行各业，随着我国经济快速发展，对外观设计的保护需求也越加迫切。若想充分发挥外观设计专利的保护作用，提升外观设计专利质量是前提和基础，其中提升其审查质量尤为关键。

一、我国外观设计专利现状

（一）相关法律法规

根据 2020 年修正的《中华人民共和国专利法》（以下简称《专利法》）第 2 条第 4 款，外观设计是指对产品的整体或者局部的形状、图案或者其结合以及色彩与形状、图案的结合所作出的富有美感并适于工业应用的新设计；根据其第 27 条的规定，申请人在我国申请外观设计专利应当提交请求书、该外观设计的图片或者照片以及对该外观设计的简要说明等文件，所提交的有关图片或者照片应当清楚地显示要求专利保护的产品的外观设计。我国外观设计专利采用初步审查，对申请文件是否完备、填写方式是否符合要求、申请费用是否缴纳、申请中是否有明显的实质性的缺陷等进行审查。在初步审查中没有发现驳回理由的，由国务院专利行政部门作出授予外观设计专利权的决定，发给相应的专利证书，同时予以登记和公告，外观设计专利权自公告之日起生效。

可以看到，当前审查停留在形式审查和明显实质性缺陷审查阶段，对于相同设计、相似设计的关注较少，造成了同样、近似的大量外观专利的存在。这种情况在一定程度上可以通过申请量和授权量数据看出。

目前我国外观设计专利权的期限为自申请日起 10 年。2020 年修正的《专利法》将外观设计专利的保护期限修改为 15 年。因此，申请日为 2021 年 6 月 1 日以后的我国外观设计专利保护期限为自申请日起 15 年。

（二）运用数据统计

根据国家知识产权局公布的知识产权统计数据以及智慧芽 patsnap 和合享智慧 incoPat 专利数据库检索到的数据，从申请/授权量、法律状态、专利权评价报告三个维度展开分析我国外观设计专利的运用情况。

1. 申请/授权量

图 1 为 2010～2019 年我国外观设计专利的历年申请授权情况。10 年间的外观设计专利申请量呈波动上升趋势，2018 年和 2019 年的年申请量连续接近 70 万件，可以看出我国的外观设计专利申请热度较高，也预示着审查工作的任重道远。

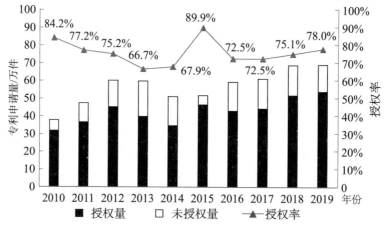

图 1　2010～2019 年我国外观设计专利历年申请授权情况

资料来源：国家知识产权局 2010～2019 年专利统计年报中"1-1 国内外三种专利申请/授权/有效量"。

在授权量方面，授权量在 2012 年和 2015 年出现小高峰后又回落，2016～2019 年呈逐年缓慢上升趋势。授权率趋势呈 W 形，2010～2013 年授权率逐年降低，除 2013 年与 2014 年略低以外，其他年份的授权率均高于 70％，其中 2015 年的授权率最高，为 89.9％。

2010～2019 年美国、日本、韩国的外观设计专利申请授权数据如图 2 所示。从授权率来看，我国的授权率与美国和韩国相近，略低于日本的授权率；但从申请量来看，我国的外观设计专利申请量远远多于这三个国家，审查任务艰巨，提升外观设计专利的审查质量迫在眉睫。

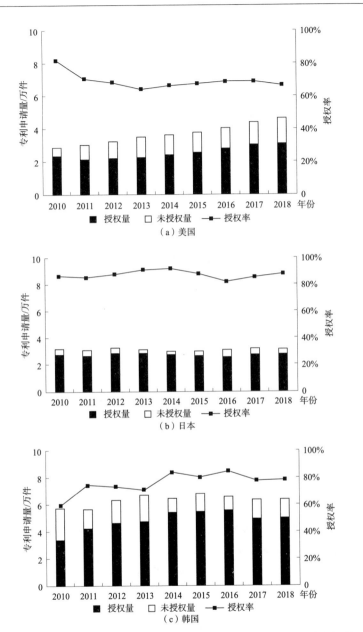

图2 2010～2019年美国、日本和韩国的外观设计专利历年申请授权情况

资料来源：美国专利商标局、日本特许厅、韩国知识产权局官网，以及中国国家知识产权局部分年度的"世界五大知识产权局年度统计报告"。

2. 法律状态

（1）历年有效量

有效量是存量数据，与申请量和授权量这些非流量数据不同，有效量是指在各年度报告期末处于专利权维持状态的专利数量。图 3 为 2010～2019 年我国外观设计专利在各年度报告期末处于专利权维持状态的有效专利量情况。除了 2014 年有效量降低以外，其他年份的有效专利增加，且自 2016 年开始，增长率整体增大，2019 年底的专利有效量超过了 167 万件。

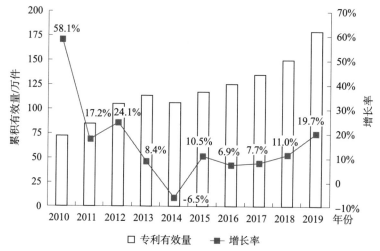

图 3　2010～2019 年我国外观设计专利历年有效情况

资料来源：国家知识产权局 2010～2019 年专利统计年报中"1-1 国内外三种专利申请/授权/有效量"。

（2）现存有效量

图 4 为 2010～2019 年历年申请的外观设计专利中，截至 2020 年 6 月仍处于专利权维持状态的有效专利量以及失效量情况（由于 2010 年申请的部分专利因专利权期限已满 10 年保护期限而失效，该年的数据仅供阅览）。2011 年和 2012 年申请的专利仍处于有效状态的还不到 10%，2013～2016 年申请的专利仍处于有效状态的均不到 50%，权利的失效比例较大。从整体上看，申请的时间越早，失效的专利越多，有效的专利越少，集中体现出了申请量大、维持意愿低的情况，从维持意愿上也能看到这些外观设计的质量和价值堪忧。

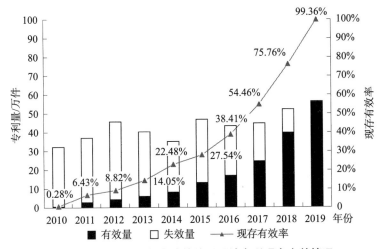

图 4　2010～2019 年申请的外观设计专利现存有效情况

资料来源：智慧芽 patsnap 专利数据库，检索时间为 2020 年 6 月。

（3）失效专利的生命周期

2010～2019 年申请的外观设计专利中，截至 2020 年 6 月已失效专利的生命周期情况如图 5 所示。

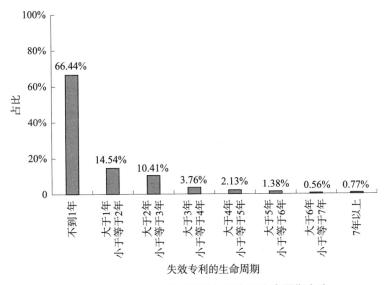

图 5　2010～2019 年外观设计失效专利生命周期占比

资料来源：合享智慧 incoPat 专利数据库，检索时间为 2020 年 6 月。

可以看出，失效专利的生命周期整体呈下降趋势，66.44％的失效专利自申请日起不到 1 年便失效❶；14.54％的失效专利生命周期为大于 1 年小于等于 2 年，10.41％的失效专利的生命周期为大于 2 年小于等于 3 年，生命周期在 3 年以上的仅占 8.61％（生命周期在 8 年以上的仅占到 0.77％，因 10 年保护期限届满而失效的专利仅占 0.388％）。可以看到，整体上外观设计的价值功效较低，权利人维护意愿不高。一定程度上，也是因为外观设计的创新价值不高。而创新价值的高低应该可以在申请阶段和审查阶段分别由申请人和审查机构来控制。

3. 专利权评价报告

自 2010 年我国实施专利权评价报告制度以来，创新主体的申请需求呈显著递增趋势，该制度是对我国外观设计专利初审制度的有益补充。截至 2018 年的外观设计专利权评价报告总请求量约为 5.28 万件，总完成量约为 4.93 万件。请求量和完成量均呈上升趋势，增长迅速。2018 年度外观设计专利权评价报告请求量约为 1.85 万件，同比增加 49.7％；完成量约 1.68 万件，同比增加 43.5％。详见图 6。

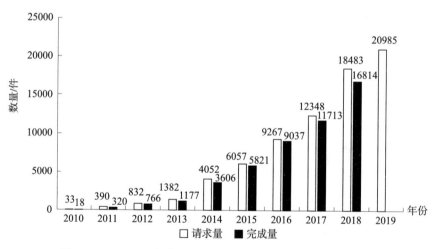

图 6　2010～2019 年外观设计专利权评价报告请求量和完成量

资料来源：国家知识产权局《2018 外观设计专利简要统计数据》第 4 页（网址：https://www.cnipa.gov.cn/20190528164111863119.pdf）和《2019 外观设计专利简要统计数据》第 2 页（网址：https://www.cnipa.gov.cn/module/download/down.jsp? i_ID＝150437&colID＝87）。

---

❶　失效月份大多集中在申请后的第 12 个月。

二、国外外观设计专利现状及比较

（一）相关国际条约

工业品外观设计的相关国际条约有《工业品外观设计国际注册海牙协定》（以下简称《海牙协定》）、《建立工业品外观设计国际分类洛迦诺协定》（以下简称《洛迦诺协定》）、《保护工业产权巴黎公约》（以下简称《巴黎公约》）和《建立世界知识产权组织公约》（以下简称《WIPO 公约》）。《巴黎公约》和《WIPO 公约》在知识产权领域应用较为广泛，而《海牙协定》和《洛迦诺协定》仅专门针对工业品外观设计。其中，《海牙协定》涉及国际注册体系。

《海牙协定》为工业品外观设计的所有人提供了一种用一种语言提交一件申请、用一种货币支付一组费用在多国或地区进行注册的机制，有效地建立起一个使工业品外观设计以最少的手续在多个国家或地区取得保护的国际体系。但海牙体系仅仅是一个国际程序方面的协定，任何关于保护的实质性问题完全取决于被指定缔约方根据其自身的法规进行审查。

（二）部分国家/地区制度比较

本文选取美国、日本、韩国和欧盟这四个外观设计制度相对较为完善的国家/地区，与我国进行外观设计制度比较，如表 1 所示。

表 1　部分国家/地区外观设计制度主要特点对比

比较项目	中国	美国	日本	韩国		欧盟	
立法管理情况	专利法管理	专利法管理	单独立法	单独立法		单独立法	
是否加入《海牙协定》	未加入	加入	加入	加入		加入	
部分保护	无*	有	有	有		有	
审查制度	初步审查	实质审查	实质审查	非实质审查	实质审查	非注册制	注册制
审查形式	审明显缺陷	实质审查	实质审查	只审形式	实质审查	不审查	只审形式
保护期限	申请日起10 年	授权日起15 年	申请日起25 年	申请日起20 年	申请日起20 年	披露日**起3 年	申请日起 5 年（可续延4 个 5 年）

续表

比较项目	中国	美国	日本	韩国		欧盟	
年费缴纳频率	每年	无	每年	每年	每年	无	每5年
申请至保护期届满最低费用	1.1705 万元人民币	1660 美元（约 1.1553 万元人民币）	41.339 万日元（约 2.7009 万元人民币）	69.8 万韩元（约 0.4118 万元人民币）	258.4 万韩元（约 1.5246 万元人民币）		890 欧元（约 0.7269 万元人民币）
申请至保护 10 年最低费用	1.1705 万元	1660 美元（约 1.1553 万元人民币）	15.989 万日元（约 1.0446 万元人民币）	35.8 万韩元（约 0.2112 万元人民币）	62.4 万韩元（约 0.3682 万元人民币）		440 欧元（约 0.3594 万元人民币）

注：表中以外币表示的价格系根据 2020 年 8 月 20 日汇率计算，1 元人民币≈0.1437 美元≈15.3057 日元≈169.4915 韩元≈0.1224 欧元。

* 2020 年修正的《专利法》中已纳入外观设计部分保护。

** 一般资料中描述为披露日，可理解为公开日。

在审查制度方面，主要涉及直接获权制、登记注册制、初步审查制、实质审查制等。多数国家为单一审查制度，我国采用初步实质审查制度，美国和日本采用实质审查制。另外，欧盟和韩国采取两种审查制度相结合的方式，其中欧盟采用注册制的同时，还采用非注册制（保护时间为在欧盟境内被首次披露之日起 3 年）；韩国的两种外观设计审查制度为非实质审查制度和实质审查制度，其中非实质审查制度只进行形式审查，而实质审查制度需要对新颖性和创造性进行审查。相对来说，大多数国家或地区的审查制度采用实质审查制度或者部分实质审查制度，这也是保证外观设计质量的行政保障。

在费用方面，申请 1 件包含 1 项设计的外观设计专利，从申请到保护期届满的最低费用，各国或地区差别较大，日本最贵达到 41.339 万日元（以 2020 年 8 月 20 日汇率计算约为 2.7009 万元人民币），而最低的是欧盟未注册制的外观设计自动获取权利，无需缴费。

在保护期限方面，除欧盟的非注册制度中的外观设计自披露日起只保护 3 年以外，各国或地区所涉及的保护期限也相差较大，有些可以续展。

在年费方面，美国不需要缴纳年费，中国、日本、韩国三个国家为每年一缴，而欧盟为5年续费制。

（三）中国制度特性

综合上述对制度的调研分析发现，我国在外观设计制度上与其他国家和地区既有类似的地方，也有自己的特点，主要体现在以下几个方面。

在维持费用缴纳方式方面，中国与日本、韩国的专利维持费用都为每年一缴年费形式，维持费用随着时间的增长呈阶梯式增加；而美国的外观设计不需要缴纳年费，但美国授权费用高，如公布时一次缴完维持年费；欧盟的外观设计采取5年一期的续展形式；此外《海牙协定》也规定国际注册在5年的首期内有效，可以进行以5年为期的续展。根据表1数据可以看到，从长期层面，中国的费用缴纳方式周期较短，但逐年成本增加，都是从短期考虑，在维持考虑方面没有在缴纳方式上进行长期性引导。

在申请费用方面，从表2中显示的各主要国家或地区维持10年保护期限所需官费情况中，可以看出中国的总费用最高。中国的外观设计专利费用主要包括申请费、印花税和维持费，其中申请费和印花税相对较低（共505元），主要贵在维持费用（10年共11200元）。中国目前的维持费用形式与日本、韩国（实质审查）一致，均为每年一缴，所以维持费用也被称为年费，且费用越到保护后期越高。但三国的具体费用不同，如表2所示。从表2中看出，三国的费用中中国的申请费用最低，但年费最高，以中国目前的10年保护期限来计算，比日本高出约19%，比韩国高出约236%。

相对来说，从维持工作和经济发展水平来看，中国的制度造成了宽进、严管、高支出的状况。从费用上来看，维持的考虑完全交给了权利人，而没有进行创新价值的审查评估后的引导。从创新程度随着年限降低但仍然具有创新价值的角度考虑，设计阶梯式上升的维持制度本身就值得商榷，这在鼓励维持和压制维持上存在一定的矛盾。

表2 中日韩三国外观设计费用比较

费用项目	日本		韩国		中国
	日元	人民币元	韩元	人民币元	人民币元
申请审查公布费	16000	1045	94000	555	505
第1~3年年费	8500	555	25000	148	600

续表

费用项目	日本		韩国		中国
	日元	人民币元	韩元	人民币元	人民币元
第 4～5 年年费	16900	1104	35000	207	900
第 6 年年费	16900	1104	70000	413	1200
第 7～8 年年费	16900	1104	70000	413	1200
第 9 年年费	16900	1104	70000	413	2000
第 10 年年费	16900	1104	140000	826	2000
第 11～12 年年费	16900	1104	140000	826	—
第 13～20 年年费	16900	1104	210000	1239	—
第 20～25 年年费	16900	1104	—	—	—
第 1～10 年年费总计	143800	9395	565000	3334	11200

注：为方便比较，日本、韩国的费用取 2020 年 8 月 20 日的汇率换算为人民币。

在审查制度方面，仅中国采用初步审查制度。美国和日本采用实质审查制，均对新颖性和创造性进行审查；欧盟采用的注册制仅进行形式审查，其还同时采用非注册制；韩国不仅有对部分类别的外观设计只形式审查的非实质审查制度，还有需要对新颖性和创造性进行审查的实质审查制度。

中国外观设计审查制度的宽松以及审查标准不一致（如图 1 所示，有些年度授权率超过 80%）在一定程度上造成了低质量外观设计专利的涌入，尤其是没有真正进行质量把控，审查周期较短，在后期不需要针对性的强制评价引入，也使得短效外观设计专利大量产生。

在保护期限方面，《专利法》第四次修改前中国外观设计专利的保护期限为 10 年；《专利法》第四次修改后，保护期限改为 15 年，达到《海牙协定》在保护期限上的最低要求，但是与部分国家期限为 25 年相比，还是有较大差别。

三、外观设计专利审查质量提升建议

外观设计专利保护的源头，从广义上讲，可以是指设计创造活动本身，从设计创造活动取得成果后申请专利开始，即开启了知识产权保护的过程；从狭义上讲，可以体现为专利授权文本，因为这是后续界定权利范围、利用法律手段维护权益的基本依据。

为强化源头保护，本文所称的审查质量的考核对象也可以狭义地理解为专利授权文本的质量，其含义至少包括以下几个层次：一是获得授权的外观设计专利（文本）从表达形式上是否满足《专利法》所规定的授权条件，例如绘制的图片样式、标记方式等是否符合相关规定；二是文本中所记载的内容是否恰当地囊括了设计人的创新成果，清晰地界定了权利范围，可以有效地用于权利人据此行使权利；三是该授权文本所代表的权利是否足够稳定，不会轻易出现变化而使得权利人或者公众的利益受到损害。

（一）问题分析

本文前面从国内外制度文本规定以及实际运用情况两个方面入手，配合进行其他相关调研分析，部分获取影响外观设计专利审查质量的可能因素。

总的来说，当前造成审查质量偏低的主要因素包括如下方面。

首先，申请人对于外观设计的保护价值不明确，保护目的不精准，保护布局没规划，盲目申请，凑数申请，大量近似外观设计重复申请，不会使用外观设计相应的套件、组件或者相似设计的制度。

其次，审查制度缺失。中国目前主要还是形式审查和对明显实质性缺陷的审查，而没有对于外观设计应该具有创新价值进行审查，也就造成了把关不严导致的大量低质量外观设计申请的进入。

再次，审查标准执行不一致。当前虽然审查基于审查指南进行，但是审查过程中会受到舆论影响或者社会影响。如图1所示，授权率的波动上下超过20％，虽然申请质量有一定波动，但是也反映出审查标准执行上的不稳定，造成了审查标准不能长期一致。

最后，对于创新的后续评估制度不完善，长期维持仅从费用上进行控制，而没有配套的质量把控措施。

综上，在统筹考虑可行性和紧迫性的条件下，同时参考国外的若干做法，提出以下近期、中期和远期建议。

（二）近期建议

从上面分析可以看到，外观设计专利审查质量问题还是由于盲目申请、审查标准低及制度不统一和不严格造成的。着眼于近期质量问题，以下从审查业务实践角度提出提高外观设计专利审查质量的可行方案。

1. 提升申请质量

多数情况下，高质量的申请文件是获得高质量授权文本的基本保障。与发明和实用新型专利不同，外观设计专利的保护范围主要通过图片或者照片来界定，《专利审查指南 2010》中对于外观设计专利的形式要求有明确的规定。

从文件准备的角度来讲，只有法律法规规定得越细致，能够获得授权的标准越明确，申请人对规定了解得越到位，其做出的申请文件才越可能符合法律法规的规定，并进而推动审查质量的提高。

对于诸如图形用户界面（graphical user interface，GUI）、平面设计的特定类型案件，参照发明专利审查过程中对于计算机类别专利、医药化学领域专利的特定规定，也给出特定类型案件审查引导，在文件的形式标准和实质标准上给出明确和具体的规定，引导申请人进行高质量文件的准备。

否则，在《专利法》第 33 条"申请人可以对其专利申请文件进行修改，但是，……对外观设计专利申请文件的修改不得超出原图片或者照片表示的范围"的规定限制下，到审查阶段再修改申请文件，尤其是更正实质问题的空间已经很小了。

目前，为了提升专利质量，对于申请阶段进行把控，中国通过遏制非正常专利申请和审查标准从严来提升。但这属于短期行为，对于长期的申请文件准备没有进行相应的引导，申请人在申请把握上难免存在知识性缺失。

2. 统一审查标准

统一而明确的审查标准会直接影响外观设计专利的申请质量。随着社会的高速发展，申请文件中承载的新兴事物也越来越多，在审查过程中难以避免存在不同审查员掌握的审查标准不一致的问题，导致申请人在申请过程中遇到类似问题的时候不知如何处理，这也在一定程度上影响了申请人使用制度的信心。

为此，一方面建议通过案例讨论、规章研讨等方式，在审查部门内部加大有关审查标准的培训力度，使不同审查员对于审查标准的理解和使用保持尺度一致；另一方面，建议加强审查部门、复审部门和司法部门之间的沟通协调，定期就典型问题交换意见，形成统一规范并共同遵守和执行。

此外，为及时了解申请人和社会公众对于审查标准的疑问，建议建立反馈机制，为申请人、专利代理师或社会公众提供反馈渠道，使得他们在遇到审查标准不一致或者不清晰的问题时可以随时反馈，并得到及时答复。对于反馈较多的问题及时总结，统一解决方式，形成规范并向大众公布。

对于典型案例的审查标准，建议通过公告形式进行传达，并且将典型案例通过行业协会进行讲解和引导。由于当前申请的代理率较高，代理机构的质量把控也在一定程度上能够把好第一道关。

3. 创新审查制度

引入局部外观设计专利制度。局部外观设计，又称部分外观设计，是指对于产品的不能分割或者不能单独出售且不能单独使用的局部外观所作出的创新设计。❶ 实施局部外观设计保护制度是适应我国产业发展的需要、加强源头保护的必然选择，从全球专利制度实践来看，也符合知识产权保护发达国家和地区的大趋势——包括美国、日本、欧盟、韩国在内的多个国家或地区均采取了局部外观设计保护制度。

2020 年 10 月 17 日《专利法》第四次修正获得通过，修改中确立了局部外观设计的客体地位。在此前提下，建议参考国外的具体做法，尽快完善局部外观设计保护的相关实施细则和审查指南，保障局部外观设计保护在《专利法》第四次修改条款生效后的审查质量和效率。对局部外观设计的承认，在一定程度上能够降低相似申请和重复申请的数量。

4. 完善专利权评价报告制度

从前文有关专利权评价报告的数据分析可知，我国外观设计专利权评价报告制度自实行后，请求量逐年增加，2019 年的请求量已经超过 2 万件，体现了创新主体对于该制度的认可。同时从调研实践中也发现，该制度的作用已经超出了最初用其作为司法机关或行政机关中止程序的判断依据的立法目的，创新主体经常通过评价报告来评估外观设计专利权稳定性，进而衡量其经济价值，该报告在专利的商用化环节也发挥了作为外观设计专利权稳定性的参考依据的重要作用。

第四次修改后的《专利法》中规定："专利权人、利害关系人或者被

---

❶ 邓瑶. 论局部外观设计的侵权判定 [J]. 设计，2018（8）：100-101.

控侵权人也可以主动出具专利权评价报告。"意味着与修改之前相比，该报告的请求主体从原来的专利权人和利害关系人扩展到了还包括被控侵权人，解决了此类主体对专利权评价报告的需求。不过对于实践中希望通过外观设计专利权评价报告来了解某外观设计专利的权利稳定性、价值等的竞争主体而言，该制度仍不适用。

为了回应市场需求，使得专利权人、利害关系人和被控侵权人之外的其他创新主体也能尽早获知专利权利稳定性情况，从而做出更适宜的市场行为，建议进一步扩大专利权评价报告的请求主体和请求时机。

此外，由于目前维持费用较高，维持的成本和目的性不对应，建议在外观设计专利授权 5 年后的维持期要进行评价基础上的维持，扩展专利权评价报告的效力范围，从评价体系和评价结果出发来引导专利权的维持意向。

5. 加入海牙体系

海牙体系源于对简便、经济的需求，能使一个缔约方内的外观设计所有人通过履行最少的手续、花最少的费用获得外观设计保护。根据 WIPO 官网的显示，海牙体系在 2020 年 8 月已有 74 个成员，成员区域内的申请人可以在总共 91 个国家或地区的地理区域内获得其外观设计的保护。我国暂未加入海牙体系。在我国还没有加入海牙体系的情况下，我国企业若想利用海牙体系在国外寻求工业品外观设计的保护，需在《海牙协定》缔约方有真实有效的工商营业所，如在缔约方拥有海外机构，例如联想、中兴、华为、小米、格力、美的等公司，都通过该申请方式尝试利用海牙体系在全球寻求外观设计专利的申请和保护。

在第四次修改后的《专利法》中，我国的外观设计保护期限为 15 年，已满足《海牙协定》对保护期限的最低要求。为了使外观设计保护制度在推动中国创意、中国设计和中国制造更好地走向世界舞台、参与全球竞争中发挥更积极的作用，建议相关部门尽快完成其他的相关准备工作，争取尽早加入《海牙协定》，让我国的外观设计主体能够尽快享受到《海牙协定》所提供的便利。

（三）中期建议

着眼于中期发展，以下从制度顶层设计角度提出对外观设计制度运行的相关政策建议。

从之前数据可以看到，中国的专利维持时间过短，维持率较低，和申请数量、授权率完全不成比例，这与审查制度和维持制度没有关联性有一定关系。下面从总体角度考虑审查和维持的一致性，从费用角度和审查制度方面提出建议。

1. 调整费用比例

专利费用与审查质量并无直接联系，但专利费用会影响专利申请阶段的考虑和数量投入。并且，综合调研分析结果中各国费用制度区别以及失效专利生命周期等调研分析结果，中国的专利费用制度对审查质量有间接影响。

在费用制度方面，前文主要国家或地区制度比较中计算分析了 1 件正常程序的只包含 1 项设计的外观设计在各主要国家或地区维持 10 年保护期限所需官费的情况，得出我国的申请费用较低，但维持费用高，导致总费用最高。

同时，结合前文失效专利生命周期趋势分析，66.44% 的失效专利自申请日起不到 1 年便失效，且失效时间大多集中在申请后的第 12 个月，即失效于缴纳维持费用的最后期限前，可以分析出我国的外观设计专利重申请、轻维护，部分申请只为了获得授权而非维持专利权，在一定程度上显示出鼓励申请但不鼓励维持，而专利权是通过维持来实现价值，而不是通过申请后放弃来彰显价值。

综上，我国低成本申请、高成本维护的收费制度在一定程度上刺激了外观设计专利申请数量的快速上升，造成只为授权而没有实际应用价值专利的大量申请，得到授权后又在较短时间内放弃专利权。这种低质量专利申请的情况带来了审查资源的浪费，也对创新风气造成不良影响。

因此，建议调整专利费用比例，通过提高申请费、增加审查费用来减少低价值或无价值专利的申请，同时降低维持费用来帮助一些有应用价值但短时间内未得到转化的专利得以维护，使审查资源用在真正有需求的专利上。在维持费用上，建议保持维持费的统一或者逐年降低，而不是逐年增加，也就是说可以考虑在增加审查费用的基础上增加初期的维持费用，但大幅度降低后期的维持费用。

2. 扩大初步审查范围

《专利法》第 23 条规定："授予专利权的外观设计，应当不属于现有设计；也没有任何单位或者个人就同样的外观设计在申请日以前向国务院专利行政部门提出过申请，并记载在申请日以后公告的专利文件中。

授予专利权的外观设计与现有设计或者现有设计特征的组合相比，应当具有明显区别。授予专利权的外观设计不得与他人在申请日以前已经取得的合法权利相冲突。……"在对 2017～2019 年提起的无效宣告请求的法律依据的随机抽样调研中，该条第2款和第 1 款分别占据了 73.6% 与 31.0%，单独以这两款作为法律依据被判全部无效的案例分别占 49.2% 与 19.0%，比例较高，说明目前在这两款上的审查力度可加强。

因此，建议在外观设计专利审查中提高《专利法》第 23 条第 2 款的审查要求，扩大初审范围，进一步提升专利授权质量，提高外观设计专利的稳定性。初期严格落实《专利法》第 23 条第 1 款的审查，并且将审查标准提升到全面的新颖性审查，而非"明显的"新颖性缺陷审查，考虑全面客观排除现有设计和抵触申请。

（四）远期建议

质量的保证，长远来看，还是商业价值的体现，过程是结果的体现。着眼于远期考虑，以下从法律修改角度提出对外观设计专利法律法规的立法建议。

1. 引入关联申请

申请人常常在保持相同设计特征的基础上，可能会对现有产品进行局部调整或改进，即便是小改动，每次提交申请也都必须提交整体设计，产生很多重复工作，而且后续申请可能会因重复申请而遭驳回，导致真正想要保护的外观设计难以得到授权。

改进型外观设计作为产品设计很重要的一部分，基于专利法鼓励创新的立法宗旨，需要受到专利制度的合理保护。对此，在韩国和日本可申请关联外观设计，外观设计权人或者外观设计申请人可以就与自己的授权外观设计或者正在申请中的外观设计近似的外观设计获得授权。

《专利法》第四次修改后，已经将局部外观设计纳入保护范围，同时引入了国内优先权，在一定程度上解决了改进型外观设计的保护需求，但其仍存在诸多限制，不能对改进型外观设计实行灵活而充分的保护。因此，建议允许申请人在基础申请提交后的一定时间范围内提出关联申请，为申请人提供更为完善的外观设计保护。

2. 采用实审制度

根据《专利法》第 40 条，实用新型和外观设计专利申请经初步审查没有发现驳回理由的，由国务院专利行政部门作出授予实用新型专利权或者外观设计专利权的决定，发给相应的专利证书，同时予以登记和公告。

也就是说，目前我国外观设计专利采用的是初步审查制度。从长期来看，我们建议尽早开展对外观设计专利采用实质审查制度的准备，主要考量如下。

（1）可从源头遏制低质量专利的申请

首先，在对 2017～2019 年提起的无效程序的随机抽样调研中，经无效程序的案件中，判定结果为全部无效的比例达到了 73.6％，反映出目前外观设计专利的质量存在相当缺陷，在现有专利审查资源本就比较紧张的情况下，这种情况也是对专利审查资源的较大浪费。

其次，我国外观设计专利申请数量庞大，但在失效专利的生命周期调查中，66.44％的失效专利仅有 1 年的生命周期，专利权在第 12 个月放弃率最高，表明可能存在大量仅以申请为目的的低质量专利申请。此外，绝大部分的专利失效时间为应缴纳年费的月份，明显表现出重申请而轻维护的态度。

因此，建议采用实质审查制度，统一授权标准，加大授权难度，降低低质量专利申请的授权率，使有限的审查资源真正应用于保护高质量的创新成果，也从源头上遏制为量而申请的行为，回归保护创新的立法初衷。

（2）可增强促进创新和维护市场秩序的作用

经过实质审查的专利权更为稳固，对于专利权人来讲，可以更为可靠地据此维护自身权益；对于其他市场主体而言，能够清晰地了解权利边界，更合理合法地开展自己的创新活动，使得公平公正的市场秩序得以有序运行。

（3）实践中已初步具备了可行性

我国外观设计专利制度尽管一直采用初步审查制度，但在很多具体的审查内容和方式上一直在不断探索和完善，形成了较为规范的审查体系，也建立和培养了一支经验丰富的外观设计审查员队伍；再加上我国对于发明专利申请进行实质审查所积累的管理经验，也可以为外观设计实质审查体系的建立提供很好的借鉴，这些都是对外观设计专利申请采取实质审查制度的良好基础。此外，美、日、韩等发达国家和地区的实践也表明了对外观设计专利申请采取实质审查制度的可行性。因此，从最大发挥外观设计专利保护制度促进创新和经济发展作用的角度出发，建议对外观设计采取实质审查制度。

3. 延长保护期限

延长保护期限是加大知识产权保护力度的举措之一，部分产品生命周期较长，只有给予权利人合理的保护期限，才能较好地平衡创新者与社会公众之间的利益。

据第三次修正的《专利法》，我国的外观设计专利与实用新型专利的保护期限一致，都是自申请日起 10 年。纵观国外主要国家的外观设计制度，美国在 2015 年将 14 年保护期限延长至 15 年，随后加入了《海牙协定》；日本在 2015 年加入《海牙协定》前延长了保护期限至 20 年，2020 年又将期限延长至 25 年；韩国两种审查制度的保护期限均为 20 年；欧盟的最初保护期限为 5 年，其后可续展 5 年，最多可续展至保护 25 年。对比之下，中国 10 年的保护期限是最短的。

在《专利法》第四次修改后，申请日为 2021 年 6 月 1 日以后的我国外观设计专利的保护期限为自申请日起 15 年，与美国一致，但仍低于其他多数国家或地区的最长保护期限；同时，根据前文对外观设计专利生命周期的统计，有部分专利的专利权维持至保护期届满，存在较长的保护期限需求，因此建议将保护期限延长至 15 年以上。

此外，我国对于外观设计专利保护期限的调整可以借鉴欧盟知识产权局的做法，保护期限满 15 年后，权利人可以再通过续展的方式进行缴费续期，这样方便创新主体根据具体情况选择保护期限。

4. 探索单独立法

外观设计在我国属于专利的一种，与发明专利和实用新型专利统一立法。有些国家或地区为工业品外观设计单独立法，而不将其纳入专利法中，日本、韩国、欧盟等国家或地区都是采取对外观设计单独立法。

外观设计与发明、实用新型有所不同，尽管其要考虑产品的技术和功能，但更多的是针对产品的外观作出的新颖、别致、有美感的装饰性设计。而且外观设计专利的侵权判定也不像发明、实用新型专利侵权判定那样要涉及复杂的技术特征比对，而是更多考虑是否实质性相似、是否容易导致混淆。因此，外观设计与其他专利类型以近似标准通过专利法立法实施保护，难以体现外观设计的本质，在司法实践中也会存在较多问题。

专利契约论的制度
映射与伦理解读

刘　鑫❶

摘　要

专利契约论是社会性契约理论和一般性契约理论相结合而形成的一项专利理论。社会性契约层面，以"共有""劳动""需求"三个契约要素为基础架构的"财产权劳动学说"是相关专利契约理论的典型代表，从国家授予发明人专利权的制度映射出发，证成了专利制度的内在伦理正当性。一般性契约层面，专利契约论的制度映射是专利申请人以"专利公开"为对价来换取"权利独占"的交换过程，而"权利独占"契约目标和"专利公开"的契约对价则分别从技术革新之"善"与技术普惠之"善"两个角度诠释了专利制度的实践伦理契合性。

关键词

专利契约论　财产权劳动学说　专利公开　权利独占

---

❶　作者单位：中南财经政法大学知识产权研究中心。

一、专利契约论的两种制度
呈现及其伦理含义

专利契约论作为专利制度设计与运行的重要理论构成，既证成了专利制度内在的伦理正当性，也阐释了专利制度实践的伦理契合性。由中世纪知识财产概念所肇始的专利制度，❶ 在 14 世纪威尼斯元老院以专门法案规范专利授权的过程中初见端倪，并随着 16 世纪以来资产阶级工业革命的兴起而蓬勃发展。❷ 英国于 1624 年出台的《垄断法案》是世界上第一部具有现代意义的专利法，其中所形成的专利含义一直被沿袭至今。❸ 随后，美国、法国、德国分别于 1790 年、1791 年、1877 年颁布了各自的专利法，使专利制度逐步成为一种独立的、受到广泛承认的法律范畴。❹ 进言之，专利制度早期的演进历程实质上是与资本主义商品经济发展并行的，重商主义的理念激发了资产阶级创造先进技术并以此提升生产效率的变革活力，通过授予发明人专利特权以提升社会福利的做法也日渐兴盛。❺ 相应地，支持资本主义商品经济有序运行的契约理论则顺势成为专利制度的理论基础与实践指引，调适专利制度设计与运行的专利契约论也由此滥觞。

专利契约论是由政治哲学上的社会契约理论和私法上的民事契约理论相结合而形成的，❻ 旨在证成国家给予发明人以专利授权的伦理正当性，以及专利申请人以专利公开来换取权利独占的伦理契合性。其中，国家授予发明人以专利权的契约论是以政治哲学中由自然法所衍生的社

❶ LONG P O. Invention，authorship，intellectual property，and the origin of patents：notes toward a conceptual history ［J］. Technology and culture，1991，32（4）：846-848.

❷ 墨杰斯，迈乃尔，莱姆利，等. 新技术时代的知识产权法 ［M］. 齐筠，张清，彭霞，等译. 北京：中国政法大学出版社，2003：100-101.

❸ DENT C. Generally inconvenient：the 1624 statute of monopolies as political compromise ［J］. Melbourne University law review，2009，33（2）：415-453.

❹ 谢尔曼，本特利. 现代知识产权法的演进：英国的历程（1760—1911）［M］. 金海军，译. 北京：北京大学出版社，2012：113-114.

❺ FEDERICO P J. Origin and early history of patents ［J］. Journal of the Patent Office Society，1929，11（7）：292-293.

❻ 杨德桥. 专利契约论及其在专利制度中的实施机制 ［J］. 理论月刊，2016（6）：86.

会契约主义伦理思想为理论依据的❶；而专利申请人"以公开换垄断"这一契约论的伦理基石则是一般性的民事契约，并非"社会契约"❷。由此，可以说，专利契约论从国家层面和个人层面出发，分别具有国家授予发明人以专利权和专利申请人以专利公开来换取权利独占两种不同的制度映射，而在这两种不同的制度映射背后，也体现出了社会性契约理论和一般性契约理论在证成专利制度内在伦理正当性和阐释专利制度实践伦理契合性过程中的面向差异。有鉴于此，为进一步明晰专利契约论两种不同制度映射背后的伦理内涵，有必要分别从社会性契约理论和一般性契约理论出发，展开对于专利契约论的伦理诠释。

二、证成专利制度内在伦理正当性的社会性契约理论

社会性契约理论将道德规则的本源、社会秩序的基础和政治统治的依据，归溯为自由与平等的行为主体在一种虚拟的初始状态下所签订的契约，并以契约维护个人基本利益与自主意志，实现社会成员的普遍认可。❸ 这一理论以个人在初始状态下的充分自由为前提，并以个人利益或个人权利的实现为基础证成了国家权力的合法性。在这种社会性契约理论下，国家给予发明人以专利授权的正当性依据往往源自基础的自然法思想，专利授权的内在伦理正当性即在于其源自人创新本能的自然权利属性。❹ 其中，以洛克社会契约思想为基础的"财产权劳动学说"则是证成专利制度内在正当性的最具代表性的理论学说。为此，不妨以"财产权劳动学说"为例，理顺社会性契约理论证成专利制度内在正当性的伦理脉络。

"财产权劳动学说"是以社会契约理论为基础，以"共有""劳动""需求"三个要素为基本架构的重要财产权正当性理论。❺ 该学说最初是

---

❶ 拉福莱特. 伦理学理论［M］. 龚群，译. 北京：中国人民大学出版社，2008：290.

❷ 吕炳斌. 专利契约论的二元范式［J］. 南京大学法律评论，2012（2）：212-222.

❸ 甘绍平. 论契约主义伦理学［J］. 哲学研究，2010（3）：84-86.

❹ BREAKEY H. Intellectual liberty：natural rights and intellectual property［M］. New York：Routledge，2016：43-74.

❺ 刘鑫. 人工智能对知识产权制度的挑战与破解：洛克"财产权劳动学说"视角下的路径选择［J］. 云南社会科学，2020（6）：138-145.

为证成土地等有形财产私有之伦理正当性而形成的。其中,"共有"是财产权私有的契约前提,即"土地和一切低等动物为一切人所共有,但是每个人对自己的人身享有一种所有权"❶;"劳动"是财产权私有的契约要件,即个人的劳动把个人财产与人类共有财产区别开来❷;"需求"则是财产权私有的契约限制,即个人占有财产应以自身生存与发展的需要为限度,同时应当留有足够多、同样好的东西给其他人共有❸。随着人类创造能力的不断提升,专利权等知识产权相继产生,学者们常常将以体力劳动为基础论证有形财产权正当性的"财产权劳动学说"延伸到脑力劳动之上来论证专利权等知识产权的伦理正当性。❹

(一)"共有"要素:专利授权的契约前提

"财产权劳动学说"是建立在财产由全人类所共有的初始状态之上的,即"谁改变了天然的自然产品在自然中的状态,谁因此取得了它们的所有权"❺,并不需要获得其他共用权人一致同意。作为专利权保护客体的发明创造,在被赋予财产权利之前,无疑也是全人类所共有的财富,其对于发明人等知识产品的生产者而言并没有特殊的意义,任何人都可以自由获取并利用。❻ 而专利权的产生往往也是基于发明人等知识产品的生产者对共有状态下的"思想""信息"等内容的加工与创新。这样看来,专利权的产生前提是与"财产权劳动学说"的初始共有模式完全契合的。但是,在实践中,人们对财产权的追求并不总在高度自觉的基础之上,人类趋利的本性往往会诱发对共有资源的抢占,尤其是对客体非物质的专利权而言,初始共有模式下人们对发明创造的争夺会日益侵蚀公有领域,权利人之间的权利交叉与冲突也会不断加深。由此,为实现"财产权劳动学说"对专利制度正当性的有效证成,有必要对"财产权劳动学说"放任性的初始共有前提加以限制,在专利权的权利取得上设置

---

❶ 洛克. 政府论:下篇 [M]. 叶启芳,瞿菊农,译. 北京:商务印书馆,1964:19.

❷ MERGES R P, MENELL P S, LEMLEY M A. Intellectual property in the new technological age [M]. 6th ed. New York:Aspen Publishers,2012:2.

❸ 洛克. 政府论:下篇 [M]. 叶启芳,瞿菊农,译. 北京:商务印书馆,1964:19-21.

❹ BAIRD D G. Common law intellectual property and the legacy of International News Service v. Associated Press [J]. University of Chicago law review,1983,50 (2):413.

❺ 洛克. 政府论:下篇 [M]. 叶启芳,瞿菊农,译. 北京:商务印书馆,1964:25.

❻ HUGHES J. The philosophy of intellectual property [J]. Georgetown law journal,1988,77 (2):304.

包括"新颖性""创造性"等在内的一系列标准与要求，构筑"财产权劳动学说"下专利授权的契约前提。

（二）"劳动"要素：专利授权的契约要件

"财产权劳动学说"将劳动作为财产权产生的根据，即一个人使任何东西脱离自然所提供的其所处的状态，这个人就已经在这个东西上掺进了他的劳动，加进了他自己的某种东西，因而使它成为他的财产。● 而且，随着人类文明的发展，人类生存无法再完全依靠对共有资源的自然取得方式进行，劳动在财产创造中的作用不断凸显，以"劳动"为契约要件的"财产权劳动学说"也日渐成为证成财产权正当性的主流理论。专利财产权作为财产权谱系中的重要组成部分，虽无法像有形财产权一样被切实占有和完全转让，但也是基于发明人等知识产品的生产者的创造性劳动而符合法律的保护标准，并脱离自然状态而成为一项私有财产权利的。由此，可以说，对发明创造等知识产品的生产者授予专利权是以其在知识产品创造中所付出的劳动为依据的，而"劳动"无疑也是专利制度的正当性证成中的核心要素。但是，必须格外注意的是，由于知识产品产生的偶然性和知识产品仿制的便捷性，作为知识产权归属依据的"劳动"并不是所有生成发明创造等知识产品的劳动，而是在竞争中胜出的劳动。❷ 对于专利权而言，以最先创造出发明成果的"劳动"为基础而提出的专利申请才是专利授权的主要依据，而在其后创造出相同发明成果的"劳动"则往往难以获得同样的专利授权。不仅如此，如若在后"劳动"是知晓在先"劳动"的内容并依照在先"劳动"的模式进行，其甚至还可能会成为专利侵权的证据。❸

（三）"需求"要素：专利授权的契约限制

"财产权劳动学说"中的"需求"不仅仅意味着对某一个体财产权私有需求的满足，而是所有人以自身生存发展为基础的财产权诉求都应得到满足。因而，为使所有人通过占有财产以保障自身生存发展的需求都

● 洛克. 政府论：下篇 [M]. 叶启芳，瞿菊农，译. 北京：商务印书馆，1964：19.

❷ LEMLEY M A. Faith-based intellectual property [J]. UCLA law review, 2015, 62 (5): 1340.

❸ 刘鑫. 专利制度的哲学基础及其正当性分析 [J]. 佛山科学技术学院学报（社会科学版），2016（2）：29-34.

得以满足，就必须对财产权私有的范畴予以必要的限制。为此，洛克提出了"足够保留"和"禁止浪费"两个限制条件：一方面，个人占有财产的同时，应当留有足够多、同样好的东西给其他人共有；另一方面，个人在对共有财产的私有化过程中应以自身生存与发展的需要为限度，因为"上帝创造的东西不是供人们糟蹋和败坏的"。❶ 在专利制度正当性证成中，"需求"的契约限制同样具有至关重要的作用，专利权的行使仍然受到"足够保留"和"禁止浪费"两个条件的限制。正如 1966 年美国在确立法定实用性的现代标准的"Brenner v. Manson"案中所形成的著名法谚所云，"专利不是提前跑马圈地的许可证，她是对实实在在已经存在的发明成果的奖励"。虽说知识产品作为无形财产并不会和有形财产一样出现利用上的冲突，但相同、相似的思想、创意往往是同时存在的，即使一项知识产品被某一个个体所占有，也总会有足够多、同样好的东西留给其他共有人；与此同时，无形财产稀缺性的不足，也会使其失去被浪费的可能，但是当法律通过权利拟制在发明创造等知识产品之上赋予财产权利而形成专利权后，产生了一种人为制造的"强制性稀缺"，权利人对关键专利的掌控往往形成对核心技术甚至产业的垄断。❷ 如若不对专利权的行使加以必要的限制，专利权人往往会不顾其他知识共有人的需求而滥用权利，使他人平等进行创造及获取知识的机会遭受严重损害，导致专利制度背离制度运行的正当轨迹。❸

三、阐释专利制度实践伦理契合性的
一般性契约理论

在一般性契约理论下，专利申请人以"专利公开"为对价来换取"权利独占"的做法，是专利制度设计的基础架构与实践的基本过程，彰显出专利制度保障技术普惠与促进技术革新的伦理之"善"。通常而言，

---

❶ 洛克. 政府论：下篇 [M]. 叶启芳，瞿菊农，译. 北京：商务印书馆，1964：19-21.

❷ DRAHOS P. A philosophy of intellectual property [M]. Surrey：Ashgate Publishing Limited，1996：172.

❸ GORDON W J. A property right in self-expression：equality and individualism in the natural law of intellectual property [J]. Yale law journal，1993，102（7）：1540.

制度的运行实践总是以一定的道德为前提，而道德要为制度提供伦理支持。❶ 当然，专利制度也不例外。在专利申请人以"专利公开"换取"权利独占"的具体实践中，作为对价的"专利公开"有利于保证技术信息共享，进而推进社会进步，此乃专利制度的技术普惠之"善"；而作为目标的"权利独占"则有助于激发私人创新活力，进而提升社会福利，此即专利制度的技术革新之"善"。❷ 这种兼顾技术普惠之"善"与技术革新之"善"的一般性专利契约，是专利制度实践中对于专利申请人的特别要求，也是专利制度实现知识独占与传播之间伦理平衡以及私人权益与公共利益之间伦理协调的必然选择。❸

（一）"权利独占"的契约目标：技术革新之"善"

"权利独占"的契约目标是实现专利制度技术革新之"善"的重要途径。包括专利制度在内的知识产权制度，乃至整个财产权制度，其伦理价值的核心即在于对人们正当财产权益的尊重与维护。❹ 而排他性则是财产权制度确立的基本伦理依据，这是因为只有财产权具有排他效力，才能保证财产权的不可侵害性和自主性，进而使人们的正当财产权益得到应有的保障。❺ 不仅如此，专利制度实践中对于"权利独占"这一契约目标的特别强调，更是由其权利客体非物质性的独特属性所决定的。不同于所有权等传统物权制度的物质性客体，专利制度所保护的客体，即发明创造，其本身作为一种知识产品，并不具有自然对抗他人的排他性，某一个体对某项技术的占有也并不能排除他人同样拥有该项技术的可能。❻ 此外，发明创造物质形态的缺失性，也使其不得不附着于特定的物质性载体，但又与物质性载体相分离，因而，人们对技术产品的"占有"并不是像所有权人对有体物一样的具体的控制，而是一种特殊的认识与利用。❼ 由此，为实现对发明创造之上发明人等相关人利益的区分与保

---

❶ 李仁武. 制度伦理研究：探寻公共道德理性的生成路径 [M]. 北京：人民出版社，2009：284.

❷ 刘鑫. 专利制度安排的伦理映射之阐释 [J]. 中国发明与专利，2020 (12)：25-31.

❸ LEMLEY M A, SHAPIRO C. Probabilistic patents [J]. Journal of economic perspectives, 2005, 19 (2)：75.

❹ 罗能生. 产权伦理学论纲 [J]. 湖南师范大学社会科学学报，2001 (6)：25.

❺ 彭立静. 伦理视野中的知识产权 [M]. 北京：知识产权出版社，2010：18.

❻ 李扬. 知识产权的合理性、危机及其未来模式 [M]. 北京：法律出版社，2003：10-11.

❼ 吴汉东. 无形财产权基本问题研究 [M]. 3 版. 北京：中国人民大学出版社，2013：6.

障,专利制度中专门设置了一定期限的私人权利独占,以保证权利人对技术方案的有效占有与充分使用。与此同时,这一以专利财产权设定为基础的发明利益区分,也为相关伦理道德的形成与完善创造了条件,使人们之间以发明创造为客体的专利财产关系拥有了相应伦理价值与原则指引。❶ 质言之,如若专利制度实践没有了"权利独占"的契约目标,权利人则只能以技术秘密的方式维持自身对发明创造的占有与使用,并不具有排除他人占有及使用相同发明创造的对抗效力;一旦该发明创造在之后被其他人完成,或者该发明创造被他人得知乃至公开传播,该发明创造便失去了价值。❷ 如此一来,发明创造之上的利益区分也就难以有效实现,以专利财产权为基础的伦理道德更是无从谈起。而发明创造一旦缺少了排他的专利保护,也就不免落入共有之范畴,发明人费尽心血研发的发明创造并不专属其自身,由其他人所平等地享有,对于其他人无偿分享成果的要求,发明人也当然没有拒绝的理由。❸ 这无疑会制约人们参与发明创造活动的积极性,进而严重阻碍技术革新与社会进步的进程。因此,可以说,专利制度实践中"权利独占"这一契约目标的伦理理性,即在于为专利伦理道德准则的产生提供制度根基,使专利制度的技术革新之"善"得以充分发挥。

(二)"专利公开"的契约对价:技术普惠之"善"

"专利公开"的契约对价是实现专利制度技术普惠之"善"的基本保证。专利制度实践中,"专利公开"不仅是专利授权的交换条件,也是促进技术扩散、强化技术溢出、减少重复研发、实现发明创造之上私人权利与公共利益相协调的关键所在。❹ 这是因为专利制度所保护的发明创造是一种非物质性的客体类型,其本身具有公共产品属性,可以在一定时空条件下为不同主体所同时使用。❺ 但在专利保护下,发明创造的"权利独占"使原本社会公众所共有的技术知识为私人所"专享",如若不要求

---

❶ 罗能生. 产权伦理初论 [J]. 道德与文明,2001 (1):9-12.

❷ LANDERS A L. Understanding patent law [M]. Newark:Matthew Bender & Company,2008:12-14.

❸ PALMER T G. Are patents and copyrights morally justified - the philosophy of property rights and ideal objects [J]. Harvard journal of law & public policy,1990,13 (3):822.

❹ 梁志文. 论专利公开 [M]. 北京:知识产权出版社,2012:144-152.

❺ 吴汉东. 知识产权本质的多维度解读 [J]. 中国法学,2006 (5):97-102.

专利权人披露发明创造的技术特征，社会公众将难以及时获取相关知识。不仅如此，在专利权人保有技术知识的情况下，后续的发明与创新也会受到阻滞，因为发明创造在很大程度上是基于对现存知识的扩展，其本身就是一个累进过程，如若没有最新的专利技术信息，后续的技术研发就会举步维艰。❶ 为此，专利制度在"权利独占"的基本财产权制度设计之上，增加了"专利公开"的对价规定，要求专利权人披露其发明创造的技术特征，使具有一般知识的专业技术人员能够实施该技术方案，从而保证社会相关公众对相关技术的了解与知晓，为技术后续创新工作的迅速展开创造条件。《中华人民共和国专利法》第26条对专利公开的要求进行了明确规定，即应当在说明书中对发明或者实用新型作出清楚、完整的说明，确保本领域技术人员能够依照该说明书披露的内容实现相应的发明或者实用新型，而权利要求书对于专利保护范围的限定也是以说明书所公开技术特征与流程为依据的。基于"专利公开"机制对披露信息在形式与质量上的严格要求，其在科研工作中为科学家及研发人员提供了大量的有用技术信息，其作用远远超过科学期刊上所发表的文献资料。❷ 然而，在实践中，也会出现一些专利公开不充分的情况，包含专利权人有意规避某些重要技术特征、技术特征描述含糊、提供一些无意义的信息，以及权利主张多元和等同原则的影响等。❸ 例如天津市联想药业有限公司与辉瑞爱尔兰药品公司之间的专利无效行政纠纷案，便是因辉瑞爱尔兰药品公司所研发专利药品在已知第二用途上化合物组合模式与相关试验数据公开不够明确所引起的，虽然最终法院以本领域的技术人员的一般技术认知推定出了专利有效的结论，但如果该药品专利的权利要求能够作出更加清楚、明确的限定，则无疑可以避免发生专利无效纠纷。❹ 不仅如此，现今专利授权量的急剧上升，也进一步增加了人们利

---

❶ SCHOENMAKERS W, DUYSTERS G. The technological origins of radical inventions [J]. Research policy, 2010, 39 (1): 1051-1059.

❷ OULLETTE L L. Do patents disclose useful information? [J]. Harvard journal of law & technology, 2012, 25 (2): 566-579.

❸ DEVLIN A. The misunderstood function of disclosure in patent law [J]. Harvard journal of law & technology, 2010, 23 (2): 403-404.

❹ 参见：北京市高级人民法院（2006）高行终字第519号行政判决书。

用"专利公开"机制来获得有效信息的难度。❶ 但是，我们并不能因此否认专利制度实践中"专利公开"契约对价的技术普惠之"善"。前述专利公开不充分以及披露信息不完整等情况，在一定程度上是由当前专利技术的高度商业化问题所引起的。对此，有学者提出专利动态公开的设想，将专利信息披露的范畴从技术特征的公开延伸到运用情况的公开，将专利权人自身对专利技术的使用的情况、许可他人使用的情况以及其他产品中包含该专利技术的情况全部进行披露，使社会公众在充分了解专利技术特征的同时，还能够掌握专利技术的运用情况，从而确保专利制度实践中的技术普惠之"善"。❷ 因此，可以说，专利制度实践中"专利公开"这一契约对价的伦理理性，即在于为社会公众提供受信赖的信息系统和信息可靠性的保障，消除专利制度实践中为追求"权利独占"契约目标而对发明信息的阻碍，保证后续创新活动的高效进行，使专利制度的技术普惠之"善"得以充分发扬。❸

四、结　语

通常而言，人们对于伦理的关注无非源于"知识的兴趣"与"实践的焦虑"之两途。❹ 在专利制度设计与运行中，人们的伦理聚焦则更多地来自后者，即由制度实践中伦理问题的"实践焦虑"所触发。作为一种特殊的财产权制度类型，专利制度不仅在产权安排中包含着深刻的伦理内涵，相应产权关系的协调也需要道德的有力调节。❺ 虽说法律制度的设计与运行大多是一种经验性的安排，专利制度当然也不例外。正如美国的霍姆斯大法官所说，"法律的生命不在于逻辑，而在于经验"❻，但在依赖经验的同时，法律制度也必须仰仗理性，因为法律既是通过理性发展

❶ LEMELY M A. The myth of the sole inventor [J]. Michigan law review, 2012, 110 (5): 745-749.

❷ FROMER J C. Dynamic patent disclosure [J]. Vanderbilt law review, 2016, 69 (6): 1716.

❸ 梁志文. 论作为创新信息系统的专利制度 [J]. 吉首大学学报（社会科学版），2019 (1): 1-4.

❹ 何怀宏. 伦理学是什么 [M]. 北京：北京大学出版社，2015: 3-5.

❺ 罗能生. 论产权伦理的内涵和构成 [J]. 求索，2003 (2): 143.

❻ HOLMES O W. The common law [M]. Boston: Little, Brown and Company, 1933: 1.

起来的经验，又是被经验证实了的理性❶。然而，伦理作为一个哲学范畴，却并不具备法律一般的确定性与强制性，其中各种概念错综复杂，各家学说林立纷纷，因而明晰包含专利制度在内的各种法律制度伦理理性的具体内涵便成为一个重要的课题。❷ 作为专利制度的重要理论基石，专利契约论无疑是证成专利制度的伦理理性、化解专利法律制度伦理迷失的重要理论索引，从社会性契约和一般性契约两个层面为专利制度提供了伦理理性的基础与前提。因此，在具体的制度实践中，既应从社会性契约层面出发，考察相关情形是否违背专利制度的内在伦理正当性，也从一般性契约层面出发，衡量相关情形是否满足专利制度的实践伦理契合性。

❶ 庞德. 法的新路径 [M]. 李立丰，译. 北京：北京大学出版社，2016：19.
❷ 刘鑫. 专利制度相关的伦理范畴之辨析 [J]. 中国发明与专利，2020 (11)：11-17.

商标授权确权中的
姓名权保护[*]

北京君策知识产权发展中心

摘 要

　　人格权中存在财产性权益已经成为共识。世界各国保护人格权中的财产利益的模式并不相同，如德国采用一元模式，而美国则采用二元模式。《中华人民共和国民法典》制定后，我国通过扩张人格权的保护范围保护人格中的财产利益，与德国模式类似。在商标授权确权程序中，姓名的知名度通常是获得保护的前提。在名人姓名频频被抢注商标的形势下，通过绝对条款来进行规制属于权宜之计，带来了很多新的问题。比较合理的方式是采纳类似肖像商标的模式，要求申请人以他人姓名申请商标时，需要提供权利人的授权。

关键词

　　姓名权　商品化权益　知名度　绝对条款

　　* 本文整理和改编自 2020 年 3 月国家知识产权局委托、由北京君策知识产权发展中心承担的"商标确权中在先权利判断论证项目"报告。

一、姓名权和商品化权益

（一）姓名权中的财产利益

在我国的商标申请中，"傍名人"是个屡禁不止的老问题。公众所熟悉那些知名人士，往往难逃姓名被他人抢注为商标的"宿命"。在某种程度上，姓名被抢注的情况，可以作为评价某位名人知名度的重要指标。抢注名人商标，无疑是侵犯了名人的"在先权利"，但该权利属于"姓名权"，还是姓名权之外的"商品化权益"，意见并不统一。

姓名权属于人格权，这点当无疑义。传统民法认为，人格权和财产权之间泾渭分明，人格权不具备财产性，财产权也不具备人格性。人格权的保护客体为体现人的尊严价值的精神利益，不得物化为交易的客体。自然人的姓名、肖像等被他人不法使用于商业广告时，受到侵犯的也是人格尊严而非具有财产权性质的利益。❶

不过随着工业革命的到来和消费品市场的发展分化，制造商和广告主开始寻求进入市场和使自己的产品区别于竞争对手的途径。❷广告业的发展使名人与消费间的关联被建立起来，姓名、肖像等人格要素成为重要的财产，人格权开始呈现财产化的趋势。❸自然人尤其是著名人物的姓名、肖像等人格标识具有特殊的影响力和亲和力，使用这些人格利益要素可以促成消费者对名人的影响力和亲和力而生的信赖，从而产生巨大的商业价值。❹正因如此，各大知名品牌纷纷掏出大量的真金白银聘请各路明星作为代言人。近年来兴起的直播带货，更是不少明星将自身商业价值直接转化的又一典型例证。

❶ 王泽鉴. 人格权保护的课题与展望：人格权的性质及构造：精神利益与财产利益的保护 [J]. 人大法律评论, 2009 (1)：51-103.

❷ 贝弗利-史密斯. 人格的商业利用 [M]. 李志刚，缪因知，译. 北京：北京大学出版社，2007：4.

❸ 姜福晓. 人格权财产化和财产权人格化理论困境的剖析与破解 [J]. 法学家, 2016 (2)：15-26.

❹ 杨立新. 制定民法典人格权法编需要解决的若干问题："中国民法典制定研讨会"讨论问题辑要及评论（一）[J]. 河南省政法管理干部学院学报, 2004 (6)：1-12.

（二）各国的立法模式

为解决人格权的财产化问题，各国的法律制度发展出明显不同的解决方法，并且在路径上的同一性比较少。英国的普通法不太倾向于对人格的利用提供救济，其他国家的司法制度则在不同程度上都摒弃英国法的刚性做法，援引多种法律概念为个人特征不同方面的商业利用提供救济，如通过虚假陈述、不当利用、诽谤和侵犯隐私等诉因来保护潜在的财产利益、名誉和隐私。❶

德国采取的方式是修正原有的人格权理论，承认一般人格权中不仅包含权利主体的精神利益，同时也可以具有财产性内容。德国学者主要从如下三个方面进行论证。①市场需求和社会现实要求保护人格中包含的财产利益，一般人格权只是被用来满足这种需要，实现对其法律规制。②从历史发展的过程来看，人格权和财产权并非不可协调的对立物。③人们必须改造一般人格权的概念，承认一种人对自己的"经济人格权"。这种权利本身不应被视为一个独立的权利，而是应该被看作一般人格权的部分外观，被视为整体的构成部分。❷

美国在保护人格利益上采取二元构造模式，认为人格要素中的财产利益属于独立的财产权。美国刚开始利用隐私权来规制对自然人姓名和肖像的不当利用，理由是侵犯了个人独处和不受干扰的权利。不过，隐私权模式保护也存在诸多不足，包括：①隐私权是人格权，不能继承和转让；②隐私权保护的是关系个人尊严的精神性权利而不是财产权利；③名人的姓名和肖像早已公之于众，对其进行商业性利用并不涉及隐私问题。❸为此，在隐私权的基础上产生了公开权（right of publicity，也被译为"形象权"）。1953 年，在 Haelan 案❹中，Jerome Frank 法官首次提出了公开权的概念，认为个人除法律规定的隐私权之外，还就其肖像的形象

---

❶ 王泽鉴. 人格权保护的课题与展望：人格权的性质及构造：精神利益与财产利益的保护 [J]. 人大法律评论，2009（1）：4-5.

❷ 沈建峰. 一般人格权财产性内容的承认、论证及其限度：基于对德国理论和实践的考察 [J]. 比较法研究，2013（2）：48-60.

❸ 王泽鉴. 人格权保护的课题与展望：人格权的性质及构造：精神利益与财产利益的保护 [J]. 人大法律评论，2009（1）：51-103.

❹ 参见：Haelan Laboratories, Inc. v. Topps Chewing Gum, Inc. , 202 F. 2d 866 (2nd Cir. 1953), cert. denied, 346 U. S. 816 (1953)。

价值享有权利，即允许他人独占性使用自己肖像的权利。1977 年，美国联邦最高法院在 Zacchini 案❶中，再次确认了公开权，从而对公开权制度产生了关键性影响。

日本的商品化权概念，通过几十年的发展，在实践中逐渐定型为从人格权理论出发，为自然人人格要素的财产价值提供保护。在学说上则并未局限于人格权理论，而是以顾客吸引力学说或商业标识法体系为中心尝试建立更为综合性的商品化权理论。❷

此外，商品化权在发展过程中，除了使用真实人物姓名、形象、声音及其他人格特征的"人格商品化"和使用由真人扮演的虚构影视角色的"形象商品化"之外，还包括使用虚构的动漫形象进行商品化运作的"虚拟角色商品化"。❸

（三）中国的立法过程

中国的立法体系中，对姓名权的保护模式并不统一，理论界也存在诸多争议。民事立法很早就确认人格权中包含财产利益，如 1986 年颁布的《中华人民共和国民法通则》（以下简称《民法通则》）第 100 条规定："公民享有肖像权，未经本人同意，不得以营利为目的使用公民的肖像。"该条从反面确认了不得擅自对他人肖像进行商业化使用。这是规定在人格权条款中的，而并非在肖像权之外确认了一种独立的权利。❹ 1993 年《中华人民共和国反不正当竞争法》第 5 条第 3 项规定，经营者不得擅自使用他人的姓名，引人误认为是他人的商品。擅自使用他人姓名的行为是为了攫取名人姓名所蕴含的商誉，故该条也被认为是在人格权之外，直接对商业价值进行保护。

理论和法律上的不统一，也直接反映在司法实践中。法院在处理与姓名权相关的商标授权确权行政案件时，大部分使用的是"姓名权"，但有时也会表述为"姓名的商品化权"，如"王大仁 TbyAlexanderWang"商标异议复审行政纠纷案❺和"AlexanderWang"商标无效宣告行政纠纷

---

❶ 参见：Scripps-Howard Broadcasting Co.，433 U.S. 562 (1977)。

❷ 张鹏. 日本商品化权的历史演变与理论探析 [J]. 知识产权，2016 (5)：104-115.

❸ 参见：WIPO，Character Merchandising，WO/INF/108，December 1994，p. 6。

❹ 王利明. 论人格权商品化 [J]. 法律科学（西北政法大学学报），2013 (4)：54-61.

❺ 参见：北京知识产权法院（2015）京知行初字第 01443 号行政判决书。

案❶的一审判决。如果案件涉及的是姓名权无法囊括的角色名称或乐队名称，则法院可能会直接使用"商品化权"的概念，如果"邦德007BOND"商标异议复审行政纠纷案❷、"功夫熊猫"商标异议复审行政纠纷案❸和"The BEATLES"商标异议复审行政纠纷案❹等。

2016 年 5 月，北京市高级人民法院发布《北京市高级人民法院关于当前知识产权审判中需要注意的若干法律问题》，明确指出我国并无法律规定形象的商业化利用"权利"，在商标授权确权行政诉讼中，对角色形象的商业化利益时保护应当慎重，只有其属于可受法律保护的利益时才能被纳入在先权利的保护范围；在保护范围上，除非必要，否则不应超出未注册驰名商标的保护。

2017 年，最高人民法院颁布《最高人民法院关于审理商标授权确权行政案件若干问题的规定》（以下简称《商标授权确权案件规定》），其中第 20 条明确规定通过姓名权来规制抢注自然人姓名的行为❺，第 22 条则规定角色形象通过著作权制度保护，作品名称、作品中的角色名称等无法纳入现有权利体系的权益，通过"在先权益"来保护❻。在该司法解释中，并未出现"商品化权"或"商品化权益"的概念。

2020 年 5 月通过的《民法典》承认了姓名权中的财产属性，规定自然人有权许可他人使用自己的姓名❼，并规定符合一定条件的笔名、艺

---

❶ 参见：北京知识产权法院（2016）京 73 行初 5150 号行政判决书。

❷ 参见：北京市高级人民法院（2011）高行终字第 374 号行政判决书。

❸ 参见：北京市高级人民法院（2015）高行（知）终字第 1969 号行政判决书。

❹ 参见：北京市高级人民法院（2015）高行（知）终字第 752 号行政判决书。

❺ 《商标授权确权案件规定》第 20 条：当事人主张诉争商标损害其姓名权，如果相关公众认为该商标标志指代了该自然人，容易认为标记有该商标的商品系经过自然人许可或者与该自然人存在特定联系的，人民法院应当认定该商标损害了该自然人的姓名权。

当事人以其笔名、艺名、译名等特定名称主张姓名权，该特定名称具有一定的知名度，与该自然人建立了稳定的对应关系，相关公众以其指代该自然人的，人民法院予以支持。

❻ 《商标授权确权案件规定》第 22 条：当事人主张诉争商标损害角色形象著作权的，人民法院按照本规定第十九条进行审查。

对于著作权保护期限内的作品，如果作品名称、作品中的角色名称等具有较高知名度，将其作为商标使用在相关商品上容易导致相关公众误认为其经过权利人的许可或者与权利人存在特定联系，当事人以此主张构成在先权益的，人民法院予以支持。

❼ 《民法典》第 1012 条：自然人享有姓名权，有权依法决定、使用、变更或者许可他人使用自己的姓名，但是不得违背公序良俗。

名、网名、译名等也受到姓名权的保护❶。另外,《民法典》第 1023 条第 1 款明确规定:"对姓名等的许可使用,参照适用肖像许可使用的有关规定。"根据该款,《民法典》是在姓名权的框架内处理商品化权益的问题。

通过前述梳理可知,我国对姓名权的保护类似德国的立法模式,即通过扩张人格权的保护范围来对自然人形象所蕴含的商品化权益予以保护。在保护模式已经确定的情况下,继续讨论商品化权益是否应当保护,或者应当通过何种模式进行保护已经没有多少意义,更有价值的可能探讨是在现行的法律框架内如何确定保护的具体标准。

二、侵犯在先姓名权的判断

(一) 姓名的知名度

2016 年,最高人民法院在"乔丹"商标争议行政纠纷案中,确定了姓名权作为在先权利的三个要件:①该特定名称在我国具有一定的知名度,为相关公众所知悉;②相关公众使用该特定名称指代该自然人;③该特定名称已经与该自然人之间建立了稳定的对应关系。❷有学者将这三个要件分别称为知名度要求、时间要求和稳定对应要求。❸ 不过,时间要求和稳定对应要求存在重合关系,稳定的对应关系只是反映或者证明该自然人有此姓名。❹

该案所确定的前述规则被《商标授权确权案件规定》所吸纳,成为其中第 20 条第 2 款。❺ 值得注意的是,根据该条的表述,该标准适用的对象是自然人的笔名、艺名、译名等非正式姓名,而自然人的本名并未被明确要求具备一定的知名度。

---

❶ 《民法典》第 1017 条:具有一定社会知名度,被他人使用足以造成公众混淆的笔名、艺名、网名、译名、字号、姓名和名称的简称等,参照适用姓名权和名称权保护的有关规定。

❷ 参见:最高人民法院 (2016) 最高法行再 27 行政判决书。

❸ 张红. 民法典之姓名权立法论 [J]. 河北法学, 2019 (10): 2-21.

❹ 孔祥俊. 姓名权与姓名的商品化权益及其保护:兼评"乔丹商标案"和相关司法解释 [J]. 法学, 2018 (3): 161-176.

❺ 《商标授权确权案件规定》第 20 条:当事人主张诉争商标损害其姓名权,如果相关公众认为商标标志指代了该自然人,容易认为标记有该商标的商品系经过该自然人许可或者与该自然人存在特定联系的,人民法院应当认定该商标损害了该自然人的姓名权。

当事人以其笔名、艺名、译名等特定名称主张姓名权,该特定名称具有一定的知名度,与该自然人建立了稳定的对应关系,相关公众以其指代该自然人的,人民法院予以支持。

知名度要件也正是姓名权保护中容易引发争议之处。在《民法典》中，人格权保护遵循平等原则，知名度并非姓名权获得保护的前提。此外，在市场实践中，普通人的姓名背后其实也蕴含有一定的商业价值，如口碑传播就是靠普通消费者口口相传。人们在购物之前，经常会听取亲戚、朋友、同学、同事的意见，或者在网上检索他人的商品评论。在各类网站上，等级较高的用户，其言论往往更具有说服力，但此类用户显然离"名人"还有比较遥远的距离。

商标授权确权程序中的知名度要求，是由于在该程序中侵犯姓名权和一般的侵犯姓名权民事案件之间存在明显差异。在侵犯姓名权的案件中，权利人需要证明侵权人使用的姓名指向自己。一般的侵犯姓名权行为，如消费者"现身说法"的广告，为增加可信度，广告中往往会提供详细的消费者背景信息，如年龄、职业、单位等，足以明确指向某个特定的自然人。不过在商标申请中，申请人通常使用的仅仅是单独的姓名。除非该姓名非常罕见，具有较高的"固有显著性"，否则相关公众看到该姓名后首先想到的只有知名人士。例如，名为"刘翔"的中国人可能有成千上万个，但大部分公众首先想到的还是获得过奥运会冠军的那位田径运动员。

由于不能排除有罕见的姓名，故《商标授权确权案件规定》第 20 条第 1 款并未要求自然人的本名需要具有知名度。2019 年发布的《北京市高级人民法院商标授权确权行政案件审理指南》第 16.14 条也明确规定："自然人的声誉不是保护其姓名权的前提，但可以作为认定相关公众是否将某一姓名与特定自然人建立起对应关系的考虑因素。"

不过，如果涉及的是笔名、艺名、网名、译名等非正式名称，《民法典》和《商标授权确权案件规定》都要求具备一定的知名度。这是因为在正式场合或者正常交往过程中指代或指称自然人的称呼主要是经过登记的本名，而笔名等非正式名称不必登记，故作为姓名权的客体就需要具备一定知名度，否则就得排除在保护范围之外，以维护正常商标注册制度。❶ 从另一个角度上说，笔名、译名等非正式名称如不具备一定知名度，公众也不会将其同某个自然人进行对应。

---

❶ 曹新民. 姓名商标与姓名权客体冲突及合理避让研究［J］. 甘肃政法学院学报，2019（5）：49-61.

如在"金龟子"商标无效宣告行政纠纷案❶中，法院结合刘纯燕主持的少儿节目及其艺名"金龟子"的知名度，认定诉争商标核定使用在"教育、培训"等服务上，相关公众看到"金龟子"商标，容易认为标有"金龟子"商标的服务系经过刘纯燕许可或者与刘纯燕存在特定联系。

（二）稳定对应关系

姓名和自然人之间的对应关系在部分案例中被认为应当是"唯一对应"。如在"陈永康"商标权无效宣告请求行政纠纷案❷中，一审法院就认为诉争商标须与他人姓名完全相同或与其形成唯一对应关系。又如在"曹清华"商标权无效宣告行政纠纷案❸中，法院认为主张他人商标侵害其姓名权的，通常应当证明该姓名在相关领域具有一定知名度，且经过宣传使用已与某一姓名主体形成唯一对应关系。在前述"乔丹"案中，原国家工商行政管理总局商标评审委员会也主张，姓名的保护应当以我国社会公众的认知为基础，以社会公众对争议商标文字与姓名权人之间已经形成唯一、固定的对应性认知为前提。❹

不过，唯一对应意味着自然人和其名字处于"互相锁定"状态。该自然人不能有艺名、笔名等其他名字，不然同一个自然人就对应了数个名字。更重要的是，世界上也不能存在和他同名同姓之人，不然同一个名字会对应多个不同的主体。在中国，同名同姓比比皆是。据有关统计，名叫"张伟"的有 29 万人，名叫"王伟"的有 28 万人，名叫"王芳"的有 26.8 万人，名叫"李伟"的有 26.1 万人，名叫"李秀英"的有 24.6 万人。❺ 如果按照"唯一性"的苛刻标准，将难以在商标授权确权领域中对不正当利用指代自然人"符号"所蕴含"商誉"的行为进行规制。❻ 正因如此，在"乔丹"案中，最高人民法院明确应当以"稳定对应关系"为标准。

---

❶ 参见：最高人民法院（2020）最高法行申 11008 号行政裁定书。

❷ 参见：北京知识产权法院（2019）京 73 行初 3347 号行政判决书。

❸ 参见：北京知识产权法院（2017）京 73 行初 5875 号行政判决书。

❹ 参见：最高人民法院（2016）最高法行再 27 号行政判决书。

❺ 事后朱哥亮. 同名同姓最多的 5 个名字，第一名重名 29 万人，说不定你身边就有［EB/OL］.（2020-09-19）［2021-06-14］. https://mp.weixin.qq.com/s/8q0Nsih0A3InYqj74JUGCA.

❻ 陶钧. "自然人姓名权"保护的法律适用要件研究：以"乔丹"商标争议案为起点［J］. 法律适用，2017（18）：15-23.

（三）单独的姓和名

姓名权理论上应当包括"姓"和"名"，但中国人的姓氏以单姓为主，同姓众多，单独的姓氏很难满足"稳定对应关系"的要求，除非该姓氏极为罕见。如在"季酿老窖"商标权无效宣告请求行政纠纷案❶中，法院认可季克良在白酒行业中具有较高的知名度，争议商标注册在酒类商品上攀附故意明显，但依然拒绝将姓名权的保护扩大到姓氏"季"本身。

外国人的姓名则相对较长，中国公众往往只熟悉外国人的姓，且中国申请人将外国姓申请作为商标本身也很难说出合理的理由，故认定为在先权利相对要容易一些。如在"Altuzarra"商标权无效宣告请求行政纠纷案❷中，法院认为 Joseph Altuzarra（约瑟夫·奥图扎拉）作为服装设计师在世界时装界具有一定知名度，且"Altuzarra"并非中国公众所熟知的外国姓氏，申请人未能就其在"眼镜、太阳镜"等与服装设计有关联性的商品上使用"Altuzarra"及其中文翻译"奥图扎拉"的合理性作出解释，损害了约瑟夫·奥图扎拉的姓名权。当然，如果外国人的姓氏比较常见，在主张权利时也会遇到障碍，"乔丹"的保护历经波折就是典型的例子。

姓名中的"名"，如果由两个以上的汉字组成，则与他人巧合的概率要低于一个字的"姓"，认定构成姓名权侵权相对容易一些。如在"雨柏"商标权无效宣告请求行政纠纷案❸中，法院认定张雨柏在我国酒类行业具有较高知名度，"雨柏"也并非我国汉语词汇中的固有或固定搭配，诉争商标使用在酒类商品上，侵害了张雨柏的姓名权。

另外，诉争商标和自然人的姓名也并非要完全相同，可以包括谐音。如在"亚平 YAPING 及图"商标争议行政纠纷案❹中，涉案商标指定使用在乒乓球拍上。法院认为该商标标志中的文字部分"亚平"的发音与"邓亚萍"相近似，相关公众可能会认为争议商标核定使用的商品与邓亚萍存在某种关联。

---

❶ 参见：北京市高级人民法院（2019）京行终 1986 号行政判决书。
❷ 参见：北京市高级人民法院（2017）京行终 5632 号行政判决书。
❸ 参见：北京市高级人民法院（2018）京行终 6034 号行政判决书。
❹ 参见：北京市高级人民法院（2011）高行终字第 168 号行政判决书。

（四）重名和姓名的第二含义

自然人的姓名中，同名同姓极为常见。如果普通人的姓名与名人"撞车"，则即使使用自己的名字申请注册商标，也会涉嫌侵犯他人的姓名权。如在"张学友 ZHANGXUEYOU 及图"商标争议案❶中，原国家工商行政管理总局商标评审委员会认为，因争议商标文字与香港艺人张学友姓名相同，后者已具有一定的社会知名度，其姓名已为公众所熟知，争议商标核定使用的服装类商品与后者所从事的演艺事业有密切联系，故在实际使用中易使消费者产生联想，将争议商标指定使用的商品与香港著名艺人张学友联系在一起，从而产生对商品来源的误认，并对其个人声誉造成不良影响。因此，虽然"张学友"为被申请人公司员工张学友的真实姓名，但被申请人行使权利已超出合法的界限，损害了广大消费者及香港艺人张学友的合法权益，具有不良影响，应予撤销。

在姓名权保护中，对权利人最为不利的情形可能是该姓名具有"第二含义"。如香港艺人黎明就未能通过姓名权阻止别人注册"黎明"商标。❷ 又如美国知名高尔夫运动员 Eldrick Tiger Woods（艾德瑞克·泰格·伍兹），"Tiger"是"老虎"，"Woods"是"木头"的复数。如果商标申请人单独申请"Tiger"或者"Woods"商标，伍兹恐怕很难主张侵犯了自己的姓名权。当然，如果商标申请是"Tiger Woods"，那指向性就比较明显。

（五）商品和服务的相关性

损害自然人姓名权的标准是相关公众认为标记有涉案商标的商品系经过该自然人许可或者与该自然人存在特定联系。这实际上是将在先姓名视作一个特殊的在先商业标识，当拟申请的商标与在该在先标识存在混淆可能性时，则视为权利冲突，即对该"在先姓名权"的损害。这也意味着，对在先姓名的保护不能超过未注册驰名商标的标准，仅限于与该自然人从事的行业相同或者类似的领域。

事实上，"傍名人"商标要达到比较好的效果，往往需要和被傍的名

---

❶ 参见：原国家工商行政管理总局商标评审委员会商评字〔2003〕第 1247 号商标争议裁定书。

❷ 参见：原国家工商行政管理局商标局（1996）商标服异字第 008 号裁定书。

人"专业对口"。在"季酿老窖"案❶和"雨柏"案❷中，涉案自然人季克良和张雨柏都是白酒行业知名专家，诉争商标也都指定使用在酒类等相关商品上。

抢注文艺体育界名人的商标，指定使用的商品很多都是以普通消费者为对象的衣食住行等方面的生活用品，位于名人"知名度"的辐射范围之内。如篮球运动员易建联的名字被他人注册在服装、柔道服、足球鞋等商品上❸，乒乓球运动员马琳的姓名被抢注在乒乓球拍等商品上❹，游泳运动员郭晶晶的姓名被抢注在游泳帽、游泳裤等商品上❺，演员黄渤的姓名被抢注在葡萄酒、白酒、领带、腰带、鞋等商品上❻。

如果自然人的"业务范围"和商标指定的商品差距过大，法院就可能认定不构成侵犯姓名权。如在"稻成和夫 DAOCHENGHEFU FOOD 及图"商标权无效宣告请求行政纠纷案❼中，法院驳回稻盛和夫诉讼请求的理由之一就是诉争商标指定使用的商品为糖、茶、点心、零食等商品，并非选择注册涉及企业经营管理类服务商标或是原告得以知名的通信终端设备商品商标、电话服务类服务商标。

当然，"专业对口"的要求也并非绝对，如在"李宁"商标异议复审行政纠纷案❽中，涉案商标指定使用的商品是第 29 类加工过的花生、加工过的瓜子。原国家工商行政管理总局商标评审委员会和一审、二审法院都认为涉案商标侵犯了著名体操运动员李宁的姓名权。

三、适用绝对条款的问题和解决途径

在涉案商标与他人在先姓名权冲突的案件中，商标审查部门除了适用"在先权利"这个"相对条款"外，还有很多案件通过"绝对条款"

---

❶ 参见：北京市高级人民法院（2019）京行终 1986 号行政判决书。

❷ 参见：北京市高级人民法院（2018）京行终 6034 号行政判决书。

❸ 参见：北京市高级人民法院（2010）高行终字第 818 号行政判决书。

❹ 参见：北京市高级人民法院（2019）京行终 1565 号行政判决书。

❺ 参见：北京市高级人民法院（2010）高行终字第 766 号行政判决书。

❻ 参见：北京市高级人民法院（2019）京 73 行初 5464 号行政判决书、北京市高级人民法院（2020）京行终 1169 号行政判决书。

❼ 参见：北京知识产权法院（2017）京 73 行初 2233 号行政判决书。

❽ 参见：北京市高级人民法院（2015）高行（知）终字第 2002 号行政判决书。

来进行规制，具体包括《中华人民共和国商标法》（以下简称《商标法》）第 10 条第 1 款第 7 项的"欺骗性"、第 10 条第 1 款第 8 项的"其他不良影响"乃至第 44 条第 1 款的"其他不正当手段"。

在商标审查程序中，绝对条款为商标审查机关可以主动适用的条款，而相对条款则需要权利人或利害关系人在商标异议或者无效请求程序中主张。商标审查机关适用绝对条款可以"端口前移"，将"傍名人"的商标申请阻止在实审程序中。同时，商标审查机关也避免了"在先姓名权"理解适用标准不一的难题。不过，绝对条款的泛用，也带来了标准混乱、以公共利益保护之名行私权保护之实等问题。

（一）欺骗性

"欺骗性"作为规制抢注自然人姓名的理由于法有据。2016 年《商标审查及审理标准》，对《商标法》第 10 条第 1 款第 7 项的解释就包括"商标由他人姓名构成，未经本人许可，易导致公众对商品或服务来源产生误认的……"。该规则在部分案例中也获得了法院的支持，如"姚明丝生活"商标申请驳回复审行政纠纷案❶和"姚明一代 YAOMINGERA"商标申请驳回复审行政纠纷案❷、"乔丹智跑"商标申请驳回复审行政纠纷案❸和"乔丹 QIAODAN"商标申请驳回复审行政纠纷案❹等。2019 年《北京市高级人民法院商标授权确权行政案件审理指南》第 8.8 条❺第 1 款也有类似规定，但该款仅适用于已故知名人物的姓名、肖像。

不过，在案情类似的"公孙父子图"商标无效宣告请求行政纠纷案❻中，原国家工商行政管理总局商标评审委员会和北京知识产权法院均认

---

❶ 参见：北京知识产权法院（2017）京 73 行初 8516 号行政判决书。

❷ 参见：北京市高级人民法院（2011）高行终字第 1100 号行政判决书。

❸ 参见：北京市高级人民法院（2019）京行终 2642 号行政判决书。

❹ 参见：北京市高级人民法院（2018）京行终 3969 号行政判决书。

❺ 《北京市高级人民法院商标授权确权行政案件审理指南》第 8.8 条：【"已故知名人物"的保护】

诉争商标标志或者其构成要素与特定行业、地域的已故知名人物姓名、肖像等相同或者近似，并由此导致公众对诉争商标指定使用的商品或者服务的质量、信誉、工艺等特点产生误认的，可以认定属于商标法第十条第一款第（七）项规定的情形。

诉争商标标志或者其构成要素与已故的政治、经济、文化、宗教、民族等公众人物的姓名、肖像等相同或者近似，可能对我国社会公共利益和公共秩序产生消极、负面影响的，可以认定属于商标法第十条第一款第（八）项规定的具有"其他不良影响"的情形。

❻ 参见：北京知识产权法院（2017）京 73 行初 1293 号行政判决书。

为，《商标法》第 10 条第 1 款第 7 项所规定的"欺骗"和"误认"，指向的应该是商品本身的特点，即对商品本身的属性，包括产地、原料、内容、性质、功能、用途、特点的误认，而非对商标识别功能所指向的商品提供主体的误认。

（二）其他不良影响

以"其他不良影响"作为禁止商标注册的理由，曾经标准极不统一。被认定为具有"不良影响的"名人姓名商标所涉及的名人中，既有政治人物（如"克林顿"❶"格瓦拉"❷"溥仪"❸），又有体育明星（如"郭晶晶"❹），还有行业领军人物（如"李兴发 LIXINGFA 及图"❺）、基层公务员（如"仇和 CHOUHE 及图"❻）、演艺界明星（如"Elizabeth Taylor"❼"李小龍"❽）等；既有在世的人，也有已经去世的人。

2014 年《北京市高级人民法院关于商标授权确权行政案件的审理指南》第 14 条将"其他不良影响"适用范围局限在政治、经济、文化、宗教、民族等领域的公众人物，❾ 第 15 条指出将在世自然人的姓名申请注册从而损害其姓名权的不在此列。❿ 2019 年《北京市高级人民法院商标授权确权行政案件审理指南》第 8.8 条第 2 款，同样明确"其他不良影响"的适用范围为上述领域内的已故公众人物。不过，2016 年《商标审查及

❶　参见：北京市第一中级人民法院（2009）一中行初字第 294 号行政判决书。

❷　参见：北京知识产权法院（2015）京知行初字第 597 号行政判决书。

❸　参见：北京市高级人民法院（2010）高行终字第 524 号行政判决书。

❹　参见：北京市第一中级人民法院（2010）一中知行初字第 382 号判决书。

❺　参见：北京市第一中级人民法院（2010）一中知行初字第 2154 号判决书。

❻　参见：北京市第一中级人民法院（2012）一中知行初字第 683 号判决书。

❼　参见：北京市第一中级人民法院（2012）一中行初字第 865 号判决书。

❽　参见：北京市高级人民法院（2014）高行终字第 1618 号行政判决书。

❾　《北京市高级人民法院关于商标授权确权行政案件的审理指南》第 14 条：将政治、宗教、历史等公众人物的姓名作为商标申请注册，足以对我国政治、经济、文化、宗教、民族等社会公共利益和公共秩序产生消极、负面影响的，可以认定属于商标法第十条第一款第（八）项规定的"有其他不良影响"的情形。

❿　《北京市高级人民法院关于商标授权确权行政案件的审理指南》第 15 条：将在世自然人的姓名作为商标申请注册从而损害该自然人姓名权的，不宜认定属于商标法第十条第一款第（八）项规定的"有其他不良影响"的情形。

审理标准》和《商标授权确权案件规定》第5条❶并未要求"其他不良影响"适用的自然人应当已经过世。

一些原本普通的自然人，如果和重大事件关联，则也会具备社会影响，如在新型冠状病毒肺炎疫情（以下简称"疫情"）中不幸去世的李文亮医生。在疫情期间，国家知识产权局对疫情相关的恶意商标注册申请行为进行了严厉打击。在2020年3月5日，国家知识产权局商标局发布通告，公布了以"其他不良影响"为由，集中驳回的37件"李文亮"商标的信息。❷

公众人物是否已经去世之所以成为一个问题，是因为在《民法通则》和《中华人民共和国民法总则》中，自然人的民事权利能力始于出生，终于死亡。也就是说，姓名权是在世自然人才享有的权利，死者并没有姓名权。2016年《商标审查及审理标准》下篇中关于损害他人在先权利中"姓名权"的审理标准规定，"他人的姓名"中的"他人"指的是在世自然人。由此可知，商标授权确权程序中，对于死者姓名，不给予在先权保护，商标审查机关、利害关系人只能另辟蹊径，依据"欺骗性"和"其他不良影响"条款来请求保护。不过，《民法典》明确规定了对死者人格利益的保护，死者的姓名受到侵害时，近亲属有权依法请求行为人承担民事责任。❸ 为此，《民法典》生效后死者的姓名认定为在先权利应当已经不存在法律障碍。

"其他不良影响"作为绝对禁用条款，应当禁止包括姓名权人在内的所有主体使用相关商标。但是，在实践中商标审查机关、法院对此可能并未给予足够的注意。如在"李小龍"商标异议复审行政纠纷案❹中，原

---

❶ 《商标授权确权案件规定》第5条：商标标志或者其构成要素可能对我国社会公共利益和公共秩序产生消极、负面影响的，人民法院可以认定其属于商标法第十条第一款第（八）项规定的"其他不良影响"。

将政治、经济、文化、宗教、民族等领域公众人物姓名等申请注册为商标，属于前款所指的"其他不良影响"。

❷ 国家知识产权局商标局. 关于集中驳回"李文亮"等37件与疫情相关具有不良影响商标的通告［EB/OL］.（2020-03-05）［2020-04-06］. http://sbj.cnipa.gov.cn/tzgg/202003/t20200305_312520.html.

❸ 《民法典》第994条：死者的姓名、肖像、名誉、荣誉、隐私、遗体等受到侵害的，其配偶、子女、父母有权依法请求行为人承担民事责任；死者没有配偶、子女且父母已经死亡的，其他近亲属有权依法请求行为人承担民事责任。

❹ 参见：北京市高级人民法院（2014）高行终字第1618号行政判决书。

国家工商行政管理总局商标评审委员会和二审法院都认为涉案商标存在不良影响，但在该案二审判决生效前后，商标审查机关又支持了李小龙有限责任公司的 47 件"李小龙"姓名商标申请。又如在"莫言"商标申请驳回复审行政纠纷案❶中，二审法院认为抢注莫言姓名的行为有违社会主义善良风俗，又同时指出莫言本人或经其许可申请的商标除外。

（三）其他不正当手段

适用"其他不正当手段"条款的案例，则关键点并不在于该商标是否对他人的姓名权益造成了损害，而是申请人的申请行为是否具有不正当目的，是否扰乱了正常的商标注册秩序。如在"林志玲 linzhiling"商标权无效宣告请求行政纠纷案❷、"BRIANATWOOD 及图"商标异议复审行政纠纷案❸以及"孟德斯鸠 BARONDEMONTESQUIEU"商标权无效宣告请求行政纠纷案❹中，法院在裁判理由中均着重强调了申请人大量囤积与知名人物、地点、事件及其他社会热点词汇相同或近似商标的情节，并以此说明申请人的不正当目的。

不过，"其他不正当手段"条款是为了维护商标注册秩序和社会公共利益的一个兜底性条款，它并无保护他人在先权利的功能。该条款的适用，需要满足申请人具有大量囤积与其没有实际联系的、攀附热点的标识以至于扰乱正常商标注册秩序的情节。虽然该条款在某些案例中的确起到了对知名人物姓名保护的客观效果，但这并非、也不应成为该条款适用的主要目的。

（四）审查程序的修改

由于商标审查程序中并不会审查是否与在先权利冲突，如果没有绝对条款的限制，大量"傍名人"的商标就会通过初审，姓名权人只能疲于奔命地通过异议或者无效程序来主张权利。不过，绝对条款的适用应当慎重，更适宜的方式可能是对相对条款审查的程序进行适当修改，从而实现基本相同的效果。

对姓名权的审查实际上可以参考肖像权的相关制度，因为肖像权

---

❶ 参见：北京市高级人民法院（2015）高行（知）终字第 3061 号行政判决书。

❷ 参见：最高人民法院（2018）最高法行申 4179 号行政判决书。

❸ 参见：北京市高级人民法院（2019）京行终 3205 号行政判决书。

❹ 参见：北京市高级人民法院（2019）京行终 7912 号行政判决书。

和姓名权在性质上一致,《民法典》第 1023 条第 1 款也明确姓名的许可使用参照适用肖像许可使用的有关规定。为此,针对申请人以非本人姓名申请注册商标的案件,也同样可以参考姓名商标的规则,要求申请人提供授权证明。如果申请人不能提供授权证明,也无法说明不需要获得授权的合理理由,那就能以与在先权利冲突为由,驳回该商标申请。

在实践中,主张姓名权的人基本上都是公众熟悉的知名人士,故审查员要判断是否与在先姓名权冲突并不困难。如果是遇到不熟悉的姓名,在互联网上随手检索一下也并不会增加多少工作量。通过这样的程序设计,可以比较经济地遏制"傍名人"的商标申请。

四、总 结

在商标和在先权利冲突的案件中,他人的在先姓名权需要获得保护。这里保护的实际上是自然人姓名中所蕴含的商业价值,或者也可以说是商品化权益。商品化权益是否应当获得保护,以及通过何种模式进行保护,在理论界和学术界曾经有过很多争论。不过随着相关司法解释和《民法典》的实施,我国已经确定了通过扩张人格权的保护范围来对自然人姓名所蕴含的商品化权益予以保护。我国的模式类似于德国的一元模式,与美国的二元模式存在较多的差异。

在姓名权的保护中,知名度理论上并非自然人本名获得保护的前提。不过在同名同姓众多的情况下,只有具有较高知名度的姓名才能获得保护。自然人的姓名需要和该自然人之间存在稳定的对应关系,中国人的单姓很难符合前述标准,而外国人的姓则相对容易一些。在先姓名权类似于特殊的在先商业标识,对姓名权的保护不能超过未注册驰名商标的标准,一般仅限于与该自然人从事的行业相同或者类似的领域。

商标审查机关在处理与在先姓名权冲突的案件时,为更有效地遏制"傍名人"的商标申请,会主动适用绝对条款中的"欺骗性""其他不良影响""其他不正当手段"等条款。不过,绝对条款适用过多,容易带来标准混乱的问题,如"欺骗"和"误认"应该指向的是商品本身的特点还是商品的提供主体存在争议,对行业领军人物和演艺明星姓名的使用是否能适用"其他不良影响"也值得商榷。另外，如果姓名权人或其继承人能将相关姓名注册为商标，那通过绝对条款来禁止他人注册也有以公共利益保护之名行私权保护之实的嫌疑。

为此，可以借鉴肖像商标审查的规则以及《民法典》第 1023 条关于对姓名许可使用参照适用肖像许可使用有关规定的规定，要求申请人以他人姓名提起商标申请时，需要提供权利人许可的证明。由于绝大部分申请人都无法提供前述许可证明，因此可以据此驳回大部分此类商标申请。针对极少数的"漏网之鱼"，在没有其他选择的情况下，再将适用绝对条款作为最后的手段。通过这样的程序设计，可以大幅减少绝对条款的适用，减少争议，促进审查标准的统一。

论我国未注册驰名
商标保护的完善[*]

刘润涛[❶]　王莲峰[❷]　杨凯旋[❸]　曾　涛[❹]　刘　维[❺]

摘　要

驰名商标是指因商标使用行为而在域内具有较高知名度的商标。商标知名度既不依赖注册产生，也不因注册与否而存在高低差异。较高的知名度代表着大量的商誉，而驰名商标保护力度与商誉多少呈正相关。大量商誉并不局限于既有的商品或服务类别，而会迁移到其他类似乃至无关的类别之上。因此，在商标注册体制下，未注册驰名商标因使用而驰名的，同样应当具有完整权利，使其能够获得反淡化的跨类保护与体系化的民事救济，避免知名度被削弱和商誉被剽窃。

关键词

未注册驰名商标　民事救济　跨类保护

---

　* 本文为王莲峰教授主持完成的国家知识产权局 2020 年委托项目"中国商标法律规定与国际规则的衔接论证"成果之一，国家社会科学基金重点项目"商标注册审查制度改革研究"（20AFX019）的阶段性成果，仅代表项目组观点。

　❶　作者单位：上海对外经贸大学。
　❷❸❹　作者单位：华东政法大学。
　❺　作者单位：上海交通大学。

一、未注册驰名商标保护的证成

（一）我国未注册驰名商标保护面临挑战

1. 我国未注册驰名商标保护存在局限

我国虽然较早便规定了驰名商标的定义及认定因素，但具体的判断主体、地域范围及驰名程度等认定标准却并不明确。就判断主体而言，以相关公众作为判断主体还是以社会公众作为判断主体，决定了驰名商标认定门槛的高低程度。对此，相关国际公约赋予成员相当的自主权。我国采用的是相关公众标准，但是在驰名商标相关司法解释中也采用了"社会公众"这一表述减轻举证责任。两种公众主体所熟知的商标知名程度不同，保护范围也应有所区别，所以，对未注册驰名商标的判断主体标准还需要进一步的理论释明。

就地域范围而言，《关于驰名商标保护规定的联合建议》明确规定了驰名商标的认定及保护应以一国主权范围为限，不得将该商标在除该成员国以外的任何管辖范围内驰名作为认定驰名商标的条件，也就是说即使在其他国家不为公众知悉的商标，只要在请求保护国具有较高的知名度就可以被认定为驰名商标。❶ 我国在 2013 年修改《中华人民共和国商标法》时将驰名商标界定"为相关公众所熟知的商标"，虽未明确"在中国境内"的限定，但是仍然坚持本国地域性原则，同时规定了国外的知名度证据可以作为参考因素，但权重并不明确。随着互联网跨国贸易的发展，仅在国外使用而驰名的商标在中国的相关公众中仍然有被熟知的可能，进而产生争议。

就知名程度而言，争议焦点在于对驰名商标是否要求有"较高声誉"。肯定说认为，既然商标是商誉的载体，而商誉顾名思义就是商业信誉、荣誉、声誉等正面的价值取向，是商标持有人付出努力所追求的积极结果，那么驰名商标理应是有"较高声誉"的商标。否定说认为，驰名商标制度的本质内涵在于从事实上确信某商标是否在相关公众中被广

---

❶ 该建议经保护工业产权巴黎联盟大会和世界知识产权组织大会在世界知识产权组织成员国大会第三十四届系列会议（1999 年 9 月 20～29 日）上召开的联合会议中通过。参见：《关于驰名商标保护规定的联合建议》第 2 条之（3）。

为知晓，属于事实判断；应当说商标知名可能源于其良好的声誉，但如果商标的声誉一般且价格低廉，其同样可能被相关公众广为知晓，从而受到驰名商标制度的保护。❶

未注册驰名商标的保护范围存在争议。有观点认为，我国商标法以注册与否为是否提供跨类保护的依据缺乏科学性，理由是，注册并不是一件商标获得跨类保护的前提条件，良好的信誉才是商标受到跨类保护的基础。一件注册的驰名商标并没有因为其注册而改变符号的本质，与未注册的驰名商标并没有根本的区别，良好的信誉才是一件商标获得跨类保护的关键。我国商标法以注册作为驰名商标获得跨类保护的前提条件，忽略了驰名商标特殊保护的根本。❷ 另一观点认为，商标的保护范围取决于商标的影响力大小。未注册驰名商标同样需要跨类保护。不管是否已经注册，只要某商标在相关公众范围内达到驰名状态，商标法就应赋予其商标权，也即豁免未注册商标的注册。而只要商标具备了跨类影响力，商标法也就应同步赋予其跨类保护效力，不管其是否已经注册。❸

2. 未注册驰名商标保护制度的现实争议

我国现在仅对未注册驰名商标在相同或类似商品或服务的范围内提供保护，但是面临着现实的争议与挑战。

首先，商业发展形式多元化的客观现实需要跨类保护。商标总是与商品或服务相联系的，所谓"驰名商标"也是在其使用的商品上具有较高的知名度。然而驰名商标具有品牌延伸的效果：在某一类商品或服务上驰名的商标，也会在其他的商品或服务类别上产生知名度"迁移"的效果。所以经营者在某一领域的商标达到驰名之后，其借助驰名商标已经积累的消费群体来开展其他领域的业务，会减少品牌推广的阻力，为经营者拓展多元化的产品市场提供有利条件。尤其是一些互联网企业，在互联网领域崛起之后会迅速向其他经营领域开疆拓土。确立未注册驰名商标的跨类保护效力，是商业企业发展形式多元化的客观需要。

其次，域外未注册驰名商标在中国遭抢注严重且救济不力。这不仅阻碍外国商业主体进入中国，而且扰乱日益开放的中国市场，损害中国

❶ 祝建军. 驰名商标的司法保护 [J]. 人民司法，2011 (7)：18-23.
❷ 张春艳. 未注册驰名商标的司法认定与法律保护 [J]. 太平洋学报，2008 (8)：66-71.
❸ 王太平. 论驰名商标认定的公众范围标准 [J]. 法学，2014 (10)：56-64.

相关公众利益，滋生大量授权确权纠纷，浪费行政和司法资源，损害中国的创新能力和营商环境。❶ 同时，驰名商标权利人的维权之路艰难。驰名商标所有人要想主张权利，通常要经过行政与司法的逐级审查，程序和时间的消耗成本较大。此外，法律仅规定了未注册驰名商标所有人可以请求停止侵权，也就是只能要求抢注者停止使用商标，未注册驰名商标所有人获得损害赔偿救济只能类推适用注册商标侵权损害赔偿的相关规定。

最后，电子贸易的全球性与商标权的地域性存在冲突。我国跨境电子商务快速发展，已经成为推动经济发展的新的增长点。在全球经济受新型冠状病毒肺炎疫情影响持续走低的情况下，互联网跨境业务仍然表现出快速增长的强劲态势。在跨境电商蓬勃发展的同时，跨境电商所涉及的商标权保护问题非常突出。❷ 跨境电子交易的销售者在境外，而商品的终端消费者在境内，使得商标使用行为与销售商品的行为时常发生混同。交易市场的地理界线发生模糊，冲击了商标权的地域性特征，更加大了未注册驰名商标的确权和侵权认定的难度。

（二）未注册驰名商标获得保护的正当性

1. 商誉是获得保护的正当性基础

如果将商誉作为驰名商标特殊保护的正当性基础，那么还需要回答为什么商誉可以支撑未注册驰名商标的特殊保护。在这个方面，未注册驰名商标保护的正当性基础与注册驰名商标的保护相比不具有特殊性，其正当性都源于商誉的"驰名"。

与"商誉"作为支撑驰名商标特殊保护的理由一致，未注册驰名商标保护的正当性也来源于商誉，而不是商标的显著性。只要一个标识具有显著性，即便其尚未被投入商业使用，也可被申请注册为商标，受到商标法一定程度上的保护。但对于一个未注册商标而言，只具有显著性还不足以支撑对其保护的正当性。假冒之诉虽然被称为未注册商标侵权之诉，但假冒之诉绝非对未注册商标本身的保护，而是对蕴含在未注册商标中的商誉的保护。假冒之诉保护的未注册商标应同时具有知名度和

---

❶ 杨静. 商标授权确权中地域性原则的重构：基于中美实践的比较 [J]. 知识产权，2020 (3)：60-75.

❷ 庄毅雄. 跨境电商中商标权保护的问题研究 [EB/OL]. (2017-10-12) [2020-04-25]. https：//mp. weixin. qq. com/s/JuHKOR-VdAmqbkSNubUjog.

显著性：前者是指未注册商标在相关公众中的知名度，这与吸引、留住消费者的商誉相吻合，揭示了假冒之诉的保护客体；后者则揭示了假冒之诉的保护对象。

普通未注册商标也可能具有商誉，如《中华人民共和国商标法》第32条所述的他人在先使用并有一定影响的商标，《中华人民共和国反不正当竞争法》第6条规定的他人有一定影响的商品名称、包装、装潢等。普通未注册商标的商誉与驰名商标的商誉之间的主要区别在于商誉的"量"，即知名度的大小。商誉的"量"，决定了驰名商标保护的特殊程度，商誉越是"超量"，则提供越强的保护，即商誉价值与保护强度之间呈现比例关系。也正是因为品牌商誉的动态调整，驰名商标的保护并非一成不变，而是随着品牌商誉的价值进行调整。

2. 对注册体制局限的超越

由于注册驰名商标和未注册驰名商标之间的区别仅仅体现为"注册与否"的形式要件，因而对未注册驰名商标保护的特殊性——如果有的话，就应当探究"注册"对驰名商标保护的影响。在逻辑上，驰名商标的"商誉"是通过实际使用而积累的，"注册与否"对这种商誉积累的过程几乎没有影响，这一形式要件不应构成未注册驰名商标相对于注册驰名商标的特殊性。我国当前商标保护的趋势是强化使用，而商标立法修改和商标行政审查、司法裁判对滥用商标权和抢注商标的制止都体现了这一点，说明我国对"商标注册"的认识逐渐实质化，不再迷信"商标注册"的形式。"商标注册"的性质是"行政确权"而非"行政授权"的观念更明显，也更符合商标权的私权属性。

因此，不应再注重"注册与否"这一形式区别，而应注重"商誉是否驰名"这一实质认定。"驰名商标也是一个符号，只不过这个符号背后隐藏的是良好的商业信誉，已经注册的驰名商标并没有因为其注册而改变符号的本质，与未注册的驰名商标并没有本质区别。社会付出巨大立法成本决不是为了保护纯粹的符号，而是为了保护商业信誉。"❶

---

❶ 李琛. 商标权救济与符号圈地 [J]. 河南社会科学, 2006 (1)：65-68.

二、比较法视野下未注册驰名商标保护模式选择

（一）反淡化理论下的跨类保护

1. 美国驰名商标跨类保护不以注册为限

美国是对驰名商标赋予淡化保护的滥觞和代表。1927 年，谢凯特（Schechter）在《商标保护的理性基础》一文中提出了淡化理论。❶ 美国联邦商标反淡化法规定禁止有损驰名商标显著性的淡化及贬损商誉的丑化行为，不以消费者混淆为前提提供跨类保护。对于驰名商标的含义，美国反淡化立法也存在过反复。美国联邦商标反淡化法并未规定驰名商标的具体定义，导致有的法院认为只有为美国一般公众所熟知的商标才能获得保护，也即在美国范围内驰名，而有的法院则认为只要在特定市场上驰名的商标就能够获得保护❷，这便导致了不同驰名程度的商标获得了相同的保护。最终，2006 年通过的美国联邦商标反淡化法修正案规定驰名商标必须为美国一般消费公众所广泛知晓。

从立法期间来看，淡化理论转变为法律制度的过程并不顺利。虽然普通商标保护以先使用为基础，但对驰名商标保护是否以注册作为前提存在争议。国际商标协会于 1987 年提出对于驰名商标应当给予混淆之外的淡化保护，而获得驰名商标反淡化保护的必要条件应当是注册，如果不注册就无法被认定为驰名商标从而获得淡化保护。❸ 但是这项提议在 1988 年被美国国会否决。❹ 之后的美国兰哈姆法修正草案在驰名商标的认定标准上仍然将注册视为判断商标是否驰名的标准，主张只有注册商标才有认定为驰名商标的可能性，才有资格获得反淡化保护❺；但上述观点

---

❶ SCHECHTER F I. The rational basis of trademark protection [J]. Harward law review, 1929, 40: 813.

❷ 李岳. 从 Google 被词典收录再谈驰名商标淡化问题 [J]. 北方经贸, 2007 (1): 49.

❸ BECKER M R. Streamlining the federal trademark dilution act to apply to truly famous marks [J]. Iowa law review, 2000, 85: 1402.

❹ KLIEGER R N. Trademark dilution: the whittling away of the rational basis for trademark protection [J]. Univercity of Pittsburgh law review, 1997, 58: 837-838.

❺ 104th Congress (1995 - 1996). H. Rept. 104-374-Federal Trademark Dilution Act of 1995 [EB/OL]. [2020-10-16]. https://www. congress. gov/congressional-report/104th-congress/house-report/374.

也没有被美国国会采纳。最终，1996 年通过的美国联邦商标反淡化法，将是否注册仅仅作为商标是否驰名的考量因素之一，而非获得保护的必备要件。因此，美国对驰名商标的保护，并不区分是否进行了联邦注册，而是一视同仁，以客观上成为驰名商标为前提。

2. 日本和韩国未注册驰名商标可获得全类保护

在日本存在着周知商标与著名商标的区别。周知商标是指"表示业务相关的商品或服务并为消费者广为熟知的商标"，著名商标是指"表示业务相关的商品或服务且在日本国内或外国消费者间已广泛认知的商标"。可见，在日本，著名商标的知名度要高于周知商标，等同于我国的驰名商标。就知名范围而言，周知商标只需要国内特定区域知名即可，而著名商标则需在日本国内或者其他国家整体范围内知名。同时，日本对周知商标和著名商标的保护均不需以注册为前提，只需要符合上述定义的标准便能获得保护。韩国与日本类似，有著名商标和驰名商标之分，称谓不同但基本含义一致。

在日本，未注册的周知商标只能在相同或近似的商品或服务范围内获得禁止使用、注册的同类保护，而未注册的著名商标则能够获得在与之相关的商品或服务范围内禁止不正当目的使用、注册的跨类保护。根据相关法条解释，"对他人的著名商标造成损害，具体所指就是对于他人著名商标的淡化。"❶ 同时，根据日本不正当竞争防止法第 2 条的规定，"禁止使用或间接使用与他人著名的商业标识相同或类似的商业标识的行为"。可见，日本在竞争法中赋予了未注册的著名商标禁止他人淡化性不正当竞争的权利。由此，日本的未注册著名商标根据日本商标法和日本不正当竞争防止法获得了几乎全类的保护。与日本类似，韩国对于驰名商标的跨类保护也并不区分是否在本国进行了注册，而更看重商标是否在客观上为国内外消费者所广泛知晓。

（二）声誉标准下的跨类保护

1. 声誉商标与驰名商标并存

欧盟以及德国等欧洲国家和地区在立法中涉及的驰名商标并非单纯只有《保护工业产权巴黎公约》（以下简称《巴黎公约》）所规定的一种，还包括欧盟的声誉商标，即《巴黎公约》第 6 条之二意义下的驰名商标

---

❶ 田村善之. 商标法概说［M］. 2 版. 东京：弘文堂，2000：84.

和在欧盟或其成员国范围内享有一定声誉的声誉商标，德国称之为知名商标（bekannte marken）。

对于这两种商标的关系，欧盟及其成员国的相关立法并没有明确。欧洲共同体法院在 GM 诉 YPLON 一案中解释：声誉商标是指在与该商标有关的相当一部分公众中知名的商标。❶ 在 GHEVY 案❷ 中，欧洲联盟法院指出，"声誉"在一号指令中的表述是"bekannt"，而"驰名"在德文版的《巴黎公约》中的表述是"notorisch bekannt"，因此，声誉商标的知名程度低于驰名商标。换言之，驰名商标与声誉商标存在着知名度的差异。当然，相应的驰名商标的知名度范围还是以《巴黎公约》规定的以本国范围为限，而声誉商标的知名度根据定义则存在着在欧盟范围内知名或在欧盟成员国范围内知名两种不同的知名度范围，而后者与《巴黎公约》规定的驰名范围要求相同。由此可见，虽然驰名商标与声誉商标各有侧重，但两者存在密切的联系，对声誉商标的保护一定程度上也起到保护驰名商标的作用。

2. 德国未注册声誉商标的跨类保护

在欧盟范围内，《巴黎公约》定义下的驰名商标的保护范围仅限于禁止他人在相同或类似的商品或服务上注册或使用相同或近似的商标，即同类保护。❸ 但是，德国商标法规定商标权采用因注册、使用和《巴黎公约》第 6 条意义下的商标驰名而取得的混合模式❹；因使用及《巴黎公约》第 6 条意义下的商标驰名而取得的商标权，同样有权获得在不相同或不类似的商品或服务上的保护（只要商标具有较高声誉，且相关使用将不合理地利用或损害该声誉商标的区别力或声誉），以"防止损害或者不当利用其声誉或者显著性"，也即防止冲淡或玷污商标显著性与声誉的跨类保护。可见，德国商标法对因《巴黎公约》第 6 条意义下的商标驰名而获得的商标权，只要其具备声誉商标的条件，就可以获得跨类保护，而不区分注册与否。❺

欧盟及欧洲国家和地区对未注册驰名商标仅提供同类保护，符合

---

❶ 黄晖. 驰名商标和著名商标的法律保护［M］. 北京：法律出版社，2001：315.

❷ 参见：General Motors Corporation v. Yplon SA，Case C375/97. ECJ 14. 09. 1999 C-375/97。

❸ 如《欧盟商标条例》第 8 条、德国商标法第 9 条、英国商标法第 6 条等。

❹ 参见：德国商标法第 4 条。

❺ 参见：德国商标法第 14 条。

《巴黎公约》的规定；而声誉商标则是在欧盟范围内设定的独立的"驰名"商标体系中，目的在于统一整个欧盟及其成员国对具有一定声誉的商标的保护与认定规则。因而，在平衡履行国际公约和解决实际问题时，出现了两个相互并不协调的驰名商标保护体系。在欧盟成员国中，《巴黎公约》下的未注册驰名商标当然获得同类范围的保护，而由于德国采用商标权混合取得模式，不同途径取得的商标权保护的内容相同，若未注册驰名商标同时符合声誉商标的标准，则相应能够获得声誉商标的跨类保护。

（三）突破国家地域性的保护

1. 美国判例对"例外原则"观点不一

2004 年的 Gigante 案，掀起了美国联邦法院对国外未注册驰名商标是否获得美国保护的"例外原则"的争论。美国联邦第九巡回上诉法院认为，虽然根据商标使用原则和地域性原则，被告首先在美国境内使用该商标便享有商标权，但贸易和消费者早已超越国境，绝对地适用地域性原则将会纵容混淆行为，即应当认同原告享有商标权。但适用驰名商标的例外原则的前提是境外驰名商标使用人必须证明该商标具有第二含义。换言之，只要满足这两个标准，即便原告没有在美国使用该商标，也可以获得驰名商标的保护。[1] 这与 2007 年美国联邦第二巡回上诉法院在其审理的 Bukhara Grill 案中的观点截然不同，美国联邦第二巡回上诉法院不承认驰名商标保护的"例外原则"，认为法律并未明确规定驰名商标保护的"例外原则"，美国联邦第九巡回上诉法院所适用的驰名商标保护"例外原则"仅仅是政策上的考量，而非法律明确规定。[2]

可见，在法律并没有明确规定的情况下，美国联邦第二巡回上诉法院与美国联邦第九巡回上诉法院对于是否保护未在美国进行使用和注册的国外驰名商标的观点存在差异，即在是否承认并接受驰名商标保护"例外原则"方面根本不同。换言之，未在美国进行商标使用并注册的域外驰名商标能否获得与在美国国内驰名的商标相同的保护这一问题上，由于法律没有明确规定而在司法实践中存在不同的观点。

---

[1] 参见：Grupo Gigante S. A. de C. V. v. Dallo & Co.，391 F. 3d 1088，1094（9th Cir. 2004）。

[2] 参见：ITC Ltd. v. Punchgini, Inc.，482 F. 3d 135，172（2d Cir. 2007）。

2. 日本和韩国保护海外未注册驰名商标

日本虽然采用商标权注册取得体制，但对于驰名商标的保护却突破了地域性的要求，在最大程度上保护国外的驰名商标。具体而言，日本特许厅在审查申请注册商标时，会通过检索驰名商标数据库，将申请注册的商标与数据库中的日本、德国、法国、意大利、韩国和中国的驰名商标进行比对。如果申请注册商标与驰名商标库内的商标相同或近似，日本特许厅可直接引用数据库内的商标驳回申请注册商标。❶ 另外，日本商标法第 4 条第 1 款第 19 项规定，著名商标是指"在日本国内或国外消费者间已被广为知晓"的商标，可见该条款对商品或服务的类别没有限制，对驰名商标是否在日本国内注册或使用没有要求，从而突破了驰名商标认证的地域性原则，明确了日本法律对国外驰名商标保护的立场并提供了明确的法律依据。韩国的相关规定基本与日本一致。

由此可见，不同于美国仅对在本国注册或使用的驰名商标提供反混淆及反淡化的保护，日本和韩国同时也通过突破驰名商标认定的地域性为国外的驰名商标提供了此类保护。可以说，日本和韩国是真正意义上的保护国外的未注册驰名商标。

三、对我国未注册驰名商标保护的完善建议

（一）明确未注册驰名商标的法律地位

1. 完善对未注册驰名商标的界定

我国商标法上的驰名商标概念被明确表述为"为相关公众所熟知的商标"。但同时，司法解释在"相关公众"之外，又使用了"社会公众"的表述，即"对于在中国境内为社会公众广为知晓的商标，原告已提供其商标驰名的基本证据，或者被告不持异议的，人民法院对该商标驰名的事实予以认定"。法律和司法解释前后分别使用"相关公众"和"社会公众"的不同表述，区分了相关公众广为知晓的驰名商标和社会公众广为知晓的驰名商标两种不同程度，但在实践中，尤其是不同时期司法政策的变化导致对驰名程度的要求有时是达到社会公众广为知晓才能予以认定与保护，而有时又架空相关公众广为知晓导致过于随意的认定与保

---

❶ 参见：日本特许厅《商标审查基准》2014 年版第 57 页。

护，容易造成对相关公众与社会公众认定的混乱。所以，对驰名商标的认定，应坚持相关公众的主体地位。

我国的商标理论、立法与实践对商标的知名度达到何种知晓程度可以被认定为驰名商标，也存在认识发展的过程。对驰名商标的认定与保护是法律规定的一种商标特殊保护，如采用有限地理范围观点，其标准过低，有可能造成驰名商标泛滥，进而动摇驰名商标认定与保护机制存在的合理性，甚至侵蚀商标注册制度。但如采用"需全国范围相关公众熟知"的观点，标准又过于严苛——有些商品或服务由于自身的属性和地域、文化等方面原因，其使用的商标很难在全国范围内为相关公众熟知，将无法获得驰名商标保护。所以，单纯地将知晓程度局限于相关公众所处的地理范围，显得过于片面，应在商品流通主要区域范围内相关公众知晓程度的基础上综合考虑与知名度相关的多种因素加以认定。此外，在坚持相关公众主体地位、驰名商标为相关公众所熟知的商标界定基础上，建议根据知名度的高低，将驰名商标的知名程度分为"相关公众熟知"和"社会公众熟知"两种类型，基于知名度的不同可为驰名商标提供不同的保护方式。

2. 扩大驰名商标认定的商标使用范围

《巴黎公约》和《与贸易有关的知识产权协定》（Agreement on Trade-Related Aspects of Intellectual Property Rights，TRIPS）等国际公约文本都没有对驰名商标认定中商标使用的地域范围作出明确规定。但 TRIPS 规定："确认某商标是否系驰名商标，应顾及有关公众对其知晓程度，包括在成员地域内因宣传该商标而使公众知晓的程度。"可见，成员在对驰名商标提供特别保护时，应当考虑到由于宣传和信息的跨国界流动而致有关商标在被请求成员地域内驰名的结果，不以该驰名商标必须在认定地域内使用而获得知名度为前提条件。因此，驰名商标的认定不应设定严格的商标使用地域要求。同样，《关于驰名商标保护规定的联合建议》虽然确认了"请求保护国"标准，但认为不应当区分国内使用和国外使用、国外驰名或国内全体公众知晓。

根据商标地域性原则，我国商标法将驰名商标界定为为相关公众所熟知的商标；驰名商标的核心是知名度，而知名度也具有地域范围。对此，相关司法解释不仅明确了驰名商标应为"在中国境内"为相关公众广为知晓的商标，同时也要求知名度更低的、有一定影响的未注册商标是"在中国境内实际使用并为一定范围的相关公众所知晓的商标"。"在中国境内"既修饰"实际使用",又修饰"为一定范围的相关公众所知晓",即"国内使用+国内知名"双重地域限定。❶ 所以,按照目前的商标法及相关司法解释、行政法规,在中国境外商标使用而驰名的事实难以为我国驰名商标认定与保护的实践所认可。"在中国境内实际使用并为一定范围的相关公众所知晓"限于在中国境内的使用,无视中国境外使用但在中国境内驰名的事实,不符合商标驰名的客观事实。

所以,建议对驰名商标的认定主要考察在中国境内的相关公众知名度,但对"在中国境内为相关公众所熟知"的认定不以在中国境内使用为限,即无论商标是否在中国注册和使用,都必须在中国境内驰名。

3. 明确未注册驰名商标的商标权地位

我国商标法采用商标权注册取得制度,虽然为未注册商标提供一定程度的保护,但并不全面,而且设定了较为严格的条件,没有为未注册商标提供保护的一般性规定。注册的驰名商标在不相同或者不相类似商品上受到法律保护,但在不相同或者不相类似商品上的注册驰名商标保护并非"注册"商标保护,实质是"未注册"商标保护,获得商标法律保护的真正原因是驰名而非注册。由于我国商标法长期用"注册商标专用权"指代"商标权",导致商标只有注册才能获得"专用权",未注册驰名商标作为未注册商标,当然无法享有"注册"商标专用权。但是,既然商标权可以因驰名而取得,商标法一味地强调"注册"这一形式要件的做法显然与此不符。实际上,"注册商标专用权"的概念不仅无法涵盖未注册商标所有享有的权利,甚至无法囊括注册商标所有人享有的权利。毕竟,商标专用权的范围大大窄于商标权。因此,应用"商标权"取代"注册商标专用权",明确赋予未注册驰名商标以商标权,改变未注册驰名商标在商标法中名不正、言不顺的尴尬地位。

所以,建议对我国商标法围绕商标注册条件、商标注册申请与审查及注册商标专用权利用与保护的现行规定加以改造,独立设置"驰名商标的保护"一章,构建与注册商标保护并行的驰名商标认定与保护的专门制度,并基于驰名确立未注册驰名商标的法律地位和保护模式,实现

---

❶ 杨静. 商标授权确权中地域性原则的重构:基于中美实践的比较 [J]. 知识产权,2020 (3):60-75.

未注册驰名商标与注册驰名商标基于驰名属性的同等保护。

（二）构建未注册驰名商标跨类保护制度

1. 完善商标权驰名取得制度

我国商标法采取商标权注册取得模式，以申请在先、注册取得为原则，对注册商标保护旨在保护商标识别商品来源的功能，防止相关公众混淆。而驰名商标保护的正当性在于驰名商标蕴含的商誉及驰名商标持有人的财产利益，注册与否并不改变驰名商标的属性，注册本身也不是商标主管机关对商标是否"驰名"的确认。注册的驰名商标和未注册的驰名商标不存在本质的区别，驰名商标保护在"驰名"之外不应再叠加"注册"要求。对驰名商标予以保护，是基于其知名度及商誉，不应因注册与否而有所区别。"驰名商标获得跨类保护的关键因素并非注册，而是良好的商业信誉和知名度"。❶ 因此，我国商标法对商标基于驰名提供保护、对未注册驰名商标的保护事实上承认了商标权驰名取得方式。

但我国目前对驰名商标的保护采用个案认定原则，且采用"注册"与"驰名"双重标准，并对注册驰名商标和未注册驰名商标提供不同程度的保护，将注册驰名商标与未注册驰名商标置于不平等的地位。"注册"与"驰名"是商标权取得的两种方式，并不存在依附关系，驰名商标保护不应受注册与否的影响，驰名是区别于注册取得商标权的一种独立方式。"未注册驰名商标制度其核心的意义在于建立了在注册商标之外的一种取得商标权的制度，但囿于个案认定原则，未注册驰名商标并未真正发挥取得商标权的制度价值。"❷ 因此，我国商标法应明确将驰名确立为商标权取得的独立方式，作为商标权注册取得制度的有益补充。

2. 确立未注册驰名商标跨类保护

《巴黎公约》第 6 条之二的主要目的在于防止未注册驰名商标被抢注等不正当竞争行为，并为未注册驰名商标提供国际公约的保护。无论是《巴黎公约》还是 TRIPS，都并未将"驰名商标"区分为"已注册"和"未注册"。由于《巴黎公约》和 TRIPS 仅对商标注册的条件和注册商标

---

❶ 张春燕. 解构与重构：未注册驰名商标的法律保护 [J]. 兰州学刊，2008（9）：119-122.

❷ 张玲玲. 论未注册驰名商标的司法认定与保护：兼评《商标法》第十三条及《反不正当竞争法》第六条第一项的适用 [J]. 法律适用，2019（11）：119-128.

的保护予以规定，TRIPS 第 16 条"授予的权利"全都是针对注册商标的，因此才有该条第 3 款"《巴黎公约》（1967）第 6 条之二在细节上作必要修改后应适用于与已注册商标的货物或服务不相类似的货物或服务"的专门规定，但这并不意味着 TRIPS 对"驰名商标"的"跨类保护"不适用于未注册商标。商标"驰名"与否，不在于是否注册，而在于商誉是否覆盖相关领域。"驰名商标"与"普通商标"唯一的不同就在于商誉的覆盖面不同，"普通商标"的商誉仅覆盖其所注册或使用的商品或服务类别，而"驰名商标"的商誉则覆盖争议市场领域，也就是说，哪怕是在与商标所注册或使用的商品或服务不相似的商品或服务领域，只要商标为该商业领域的相关公众所熟知，该商标在该领域即为驰名商标，就可对抗他人对该商标的注册或使用。❶

因此，对于驰名商标是否实行跨类保护应当取决于驰名与否而非注册与否。根据"驰名"而非"注册"标准提供跨类保护，是否意味着对所有达到相关公众所熟知程度的未驰名商标都提供跨类保护？其实也可以设计不同的方案，如第一种方案是对所有驰名商标都给予跨类保护，这种方案将全面提高未注册驰名商标的保护水平；第二种方案是只对部分驰名商标，即对社会公众广为知晓的驰名商标提供跨类保护，对一般驰名商标仅提供相同或类似商品上的保护，也就是未注册驰名商标的知名度达到为社会公众广为知晓的程度即可获得在非类似商品上的保护，而知名度达到为相关公众熟知但未为社会公众广为知晓的程度的未注册驰名商标只获得在相同或类似商品上的保护。

（三）完善未注册驰名商标民事法律救济

未注册驰名商标同已注册的驰名商标一样，凝聚了经营者长期诚信经营积累的良好的商誉和市场价值。侵犯未注册驰名商标获益更高，驰名商标持有人损失更大。从侵权人角度来看，对未注册驰名商标的民事法律救济以停止侵权为限，难以对侵权人形成威慑，甚至在某种程度上容易变相成为促使他人对未注册驰名商标实施侵权的"动力"，毕竟驰名商标蕴含更高的价值，复制、翻译、摹仿未注册驰名商标能获得更高回报，加之未注册驰名商标认定和保护难度大，为侵权人复制、翻译、摹

---

❶ 李阁霞. 论商誉与驰名商标保护：兼评我国《商标法》对驰名商标的规定 [J]. 烟台大学学报（哲学社会科学版），2014（5）：36-45.

仿未注册驰名商标提供了一定的反向激励。从驰名商标权利人角度来看，未注册驰名商标的法律地位不明确，驰名认定举证责任重且具有较大的不确定性，未注册驰名商标侵权认定困难。即使未注册驰名商标持有人能够证明权利受到侵害，侵权主张得到支持，但权利人不仅因侵权行为遭受了经济损失，还为维护自身合法权益付出了诉讼费、律师费、公证费、取证费等维权开支，投入了大量的时间和精力，而商标法及相关法律法规仅对未注册驰名商标持有人提供停止侵权的救济，没有明确规定对其遭受的经济损失和合理的维权开支的民事责任救济措施。

由于我国商标法未明确赋予未注册驰名商标的商标权法律地位，仅就相同或者类似商品申请注册的商标是复制、摹仿、翻译他人未在中国注册的驰名商标的情况提供防止混淆的保护，即不予注册并禁止使用。未注册驰名商标行政执法与司法实践基本也都以承担停止侵害的民事法律责任为限，仅能类推适用商标法上有关注册商标专用权保护的有关规定，使侵权方承担其他民事责任，如消除影响、赔偿损失等。我国对未注册驰名商标的民事救济有待完善。

所以，商标法应在坚持商标权注册取得的基础以上，明确将商标驰名作为商标权取得的独立方式，赋予未注册驰名商标以法律地位，基于知名程度给予未注册驰名商标相适应的跨类保护，使其获得与已注册驰名商标跨类保护同等的待遇。对未注册驰名商标实行有条件的跨类保护，即未注册驰名商标在中国境内经过长期使用和宣传推广，具有很强显著性和很高知名度，为社会公众所熟知（至少已为主张保护的不相同和不类似商品的相关公众所熟知）时，他人在不相同、不类似商品上复制、摹仿、翻译该驰名商标容易误导公众、可能损害该驰名商标持有人的合法利益的，给予该驰名商标跨类保护。

建议将《中华人民共和国商标法》第 13 条第 3 款修改为"申请注册的商标与他人已经在中国注册的驰名商标或为社会公众所熟知的驰名商标相同或近似，容易导致混淆的，或者误导公众，致使驰名商标持有人的利益可能受到损害的，不予注册并禁止使用。"同时，修改《中华人民共和国商标法》第 63 条，加入侵犯驰名商标权利的赔偿数额的确定方法，加强对未注册驰名商标的侵权救济，尤其是完善侵害未注册驰名商标损害赔偿救济，在充分根据商标市场价值确定损害赔偿责任的基础上，对故意侵犯未注册驰名商标的行为适用惩罚性赔偿，增强对侵犯未注册驰名商标行为的震慑，为未注册驰名商标提供更加周全、更高强度的商标法律保护。这不仅符合驰名商标的功能和商标价值保护的内在要求，也有利于遏制商标恶意抢注和搭便车行为，营造良好的营商环境。

论我国非传统商标
保护的立法完善[*]

湛　茜[❶]　庄　楠[❷]　夏　洋[❸]　顾希雅[❹]　王莲峰[❺]

摘　要

《商标法》第 8 条的表述与列举方式很大程度上限制了未被列举的非传统商标的注册。然而，当下立法确定的非传统商标保护范围，已经无法满足我国企业日益增长的现实需求。在国家优化营商环境的背景下，有必要进一步修改《商标法》第 8 条，扩大非传统商标的注册范围。通过比较借鉴域外非传统商标立法，我国在商标法完善时应将"渐进式"与"开放式"列举模式结合适用，一方面增加列举部分可保护的非传统标记，另一方面通过"等其他标记"表述来明确列举的开放性。

关键词

非传统商标　《商标法》第 8 条　保护范围　立法模式

---

* 本文为王莲峰教授主持完成的国家知识产权局 2020 年委托项目"中国商标法律规定与国际规则的衔接论证"成果之一，仅代表项目组观点。

❶ 作者单位：华东师范大学。

❷❸❹❺ 作者单位：华东政法大学。

商标客体范围是商标法领域中的一个历久弥新的议题。从商标的起源和发展来看，商标类型不是天然封闭的。20 世纪 90 年代以来，商家使用的商标标志种类更加丰富，一定程度上超出了传统意义上的文字和图形标志。尔后，非传统商标使用、申请和注册量不断增加，促使越来越多的国家和地区将非传统商标纳入立法保护范围。2001 年我国加入世界贸易组织后，立法也开始对非传统商标予以保护。历经 2001 年、2013 年两次修改，《中华人民共和国商标法》（以下简称《商标法》）中商标类型增设了三维标志、颜色组合和声音三种非传统商标。而 2019 年《商标法》第四次修改，并未对关于商标定义与构成要素的条款作出改变。《商标法》第三次修改已过去多年，中国的经济、社会、文化都发生了较大的变化，《商标法》第 8 条所规定的非传统商标保护范围，是否还能适应我国企业商标申请注册保护的需求，满足国家国际贸易发展的进程，有待考究。

一、我国非传统商标保护范围扩大的必要性和可行性

（一）《商标法》第 8 条对非传统商标注册的限制

《商标法》第 8 条规定，"任何能够将自然人、法人或者其他组织的商品与他人的商品区别开的标志，包括文字、图形、字母、数字、三维标志、颜色组合和声音等，以及上述要素的组合，均可以作为商标申请注册。"该条款是对什么可以作为商标申请注册及其要素的规定。❶ 可见，我国法律明确保护的非传统商标以三维标志、颜色组合和声音商标为限。而诸如单一颜色商标、位置商标、动态商标、全息图商标和气味商标等是否允许注册保护，尚未在法律中确定。这种表述与列举方式一定程度上限缩了其他非传统要素注册成为商标的范围。

一方面，条文中"等"字的表述引起歧义，而对"等"字的不同解读，决定着我国非传统商标注册保护的空间。围绕"等"字的解释主要

---

❶ 全国人大常委会法制工作委员会. 中华人民共和国商标法释义（2013 年修改）［EB/OL］.（2013-12-24）［2020-05-01］. http://www.npc.gov.cn/zgrdw/npc/flsyywd/minshang/2013-12/24/content_1819929.htm.

存在两种观点。第一，"等"字应作"等内"解释，即我国非传统商标注册的范围仅限法律明确列举的类型——支持该观点的主要是商标注册部门。❶ 第二，对"等"字应作扩张性解释，即虽然标志构成要素不属于法律明确列举的内容，但未被《商标法》明确排除在可以作为商标注册的范围之外的标志，仍然在《商标法》第 8 条保护的范围内。❷ 在目前无权威解释的情况下，行政、司法机关对《商标法》第 8 条理解上的分歧，为非传统商标的注册保护带来了较大的不确定性，实践中往往只有属于法律明确列举范围的要素才获得注册认可。

另一方面，实践中，国家知识产权局仍然会受理一定数量的单一颜色、位置等非传统商标的注册申请。❸ 但我国《商标审查及审理标准》只有针对已明确的构成要素的相关规定，那么商标审查部门在相应配套规定缺位的情况下，认定申请商标的类型时就可能出现偏差，例如单一颜色申请受理时的类型往往被认定为图形商标。这进一步导致，这类非传统商标在显著性、功能性等实质要件认定时，适用的判断标准不合适，从而对非传统商标注册产生不利影响。综上，在实然层面，我国非传统商标保护范围几乎限定于三维标志、颜色组合和声音商标之内。

（二）非传统商标范围扩大的现实基础

1. 企业非传统商标注册保护的需求

全球经济下，商业活动的各个领域正打破原有的格局，发生许多新的变化。在商标运营方面，越来越多的企业倾向采用非传统标记作为市场营销与品牌塑造的手段。非传统商标已逐渐成为企业商品品牌战略的重要组成部分。非传统商标的形式新颖化与多样化，能为消费者带来新奇的感官体验，进而更有效地获取消费者的注意力，并在消费者的观念中建立商品与该商标之间的联系。同时，非传统商标多为感知类商标，

---

❶ 如：本书编写组. 高端释法：中华人民共和国商标法解读［M］. 北京：中国法制出版社，2013：15-16；池欣欣. 论位置商标的特点及保护［J］. 中华商标，2019（2）：25-28；再审申请人国家知识产权局因与被申请人克里斯提·鲁布托商标申请驳回复审行政纠纷案，最高人民法院（2019）最高法行申 5416 号行政裁定书。

❷ 如：何炼红. 论动态商标的法律保护［J］. 政治与法律，2009（4）：76-82；李扬. 商标法基本原理［M］. 北京：法律出版社，2018：2；李超光. 位置商标的注册可能性辨析：从"阿迪达斯三道杠"到"红色鞋底"［J］. 电子知识产权，2020（1）：58-68.

❸ 例如申请号/注册号为 G823981、G852047、G863506、G963146、G881847、G896064、G4265815、G3307037、G3307038 等的。

无需通过语言文字来表达，故而企业不必对其进行翻译，便能直接在全球销售中使用，这为企业国际化赢得了竞争优势。正因如此，如可口可乐公司等国际知名企业都在积极注册和发展非传统商标。

2013 年《商标法》修改，对三维标志、颜色组合和声音商标作出规定。不过，当前确定的非传统商标注册保护范围已经无法满足企业日益增长的需要。通过实证调研发现，在针对有商标使用与注册需求的企业或其他市场经营主体发布并收回的 143 份问卷中，有 13 个调查对象对单一颜色商标有注册保护需求，有 18 个调查对象对动态商标有注册保护需求，有 9 个调查对象对位置商标有注册保护需求，对气味商标、味觉商标、触觉商标有注册保护需求的对象均为 3 个。在针对典型企业的电话调研中，课题组得到的调研结果是分别有 20%、20%、15%、10%、10% 的受访企业对全息图商标、颜色商标（包括颜色组合商标和单一颜色商标）、动态商标、位置商标、气味商标有注册保护需求。由此可见，受访企业对法律未明确的非传统商标的使用与注册表现出强烈的需求和期待，尤其是对单一颜色商标、位置商标和动态商标。随着科技与经济的不断发展变化，可能会有更多的元素被应用于企业经营中，发挥区别商品或来源的功能，因而法律有必要进一步放开非传统商标注册保护的范围。❶

2. 优化营商环境的迫切性

非传统商标保护范围不仅影响着企业自身战略，更关系着我国经济贸易的发展。党的十八大以来，以习近平总书记为核心的党中央明确提出营造国际一流营商环境的时代命题。唯有不懈改善市场化、法治化、国际化的营商环境，才能不断增强中国经济的吸引力、创造力和竞争力。而一国或地区的营商环境水平与其知识产权保护程度密切联系。知识产权保护愈完善的国家和地区，往往越受大量优质的国际投资的青睐。各个国家和地区有关商标客体的规定，是商标保护的重要部分，亦会成为影响海外企业投资决策的重点考量因素之一。商标所有人必然希望就同一商标在国际范围内能获得尽可能广泛的保护，因为这不仅有利于商标在商品跨境贸易中发挥区分功能，而且能凸显商标作为独立资产的投资

---

❶ 2020 年 4～5 月，由华东政法大学知识产权学院课题组主办，国家知识产权局条法司代表、国内部分企业代表以及中国外商投资企业协会优质品牌保护委员会代表，就"非传统商标保护"议题进行过问卷调查、点对点采访以及专题线上研讨会。

价值。可以说，境外非传统商标所有人对东道国和地区抱有一种天然的期许，即非传统商标类型保护尽可能全面。

然而，部分域外的国家和地区对于我国商标法未明确列举的标记，诸如单一颜色标记、动态标记、全息图标记、位置标记、气味标记等，已经通过立法予以明确保护。其中，单一颜色标记、动态标记、位置标记等可视性标记受较多国家和地区的认可，例如美国、欧盟、德国、英国、法国、日本、新加坡等。与经济发达的国家和地区的立法相比，我国非传统商标的范围和种类仍有待进一步拓宽和延伸。

（三）非传统商标范围扩大的正当性

目前立法明确的非传统商标注册保护范围难以适应我国当前商品经济与商标注册实践的发展，已经到了势在必"扩"的地步。能够区别商品或服务的来源，是商标的根本，是商标彰显一切功能价值的基石。构成要素是商标的形，而形可以千变万化。商标之所以为商标，无关其形，在于其识别性的本。《与贸易有关的知识产权协定》（Agreement on Trade-Related Aspects of Intellectual Property Rights，TRIPS）从国际公约层面对商标进行了定义，即"任何能够将一企业的商品或服务与其他企业的商品或服务区分开的标记或标记组合，均应能够构成商标。"本质上而言，任何具有显著性的标记都可以构成商标。❶ 根据洛克的劳动财产权理论，权利人对于自然状态的土地或地上物施加了个别的劳动，使其有所增值，从而改变了其自然状态，那么他就可以把该物从共有的公共领域中"划拨私有"。❷ 结合对非传统商标的保护来看，商标所有人通过自己建立非传统商标声誉的劳动，使得非传统商标具有了识别性，那么原来的传统要素如单一颜色等就脱离了原始状态，变成具有社会属性和价值构成的符号，商标所有人便能对其享有商标权。随着经济技术的发展和完善，还会出现新的商标构成要素，正如在声像技术兴起后，动态标记与全息图标记便逐步被企业应用于商标领域中，并得到消费者的认可。所以商标外延不是一成不变的，会沿着时间线呈现出开放性；也即构成要素本身不是阻却其成为商标的理由，只要满足区别性，任何标记都可以作为商标。当然，一国是否会在立法中明确保护某类非传统商

---

❶ 参见：WIPO SCT/16/2，para. 57。

❷ 洛克. 政府论：下卷 [M]. 翟菊农，叶启芳，译. 北京：商务印书馆，1964：18.

标，还会受到该国政策考量的影响。此外需要明确的是，以上不意味着法律明确保护的某类非传统商标下的具体商标必然能获得注册。法律扩大商标标记的范围进而保护某类非传统商标，与某个标记实际获得注册，是不同层面的问题。

二、国外非传统商标保护立法的模式

通过考察相关国家非传统商标的立法，可以归纳出三种立法模式：开放式列举模式、穷尽式列举模式以及渐进式列举模式。而对各类立法模式进行优劣分析，有利于我国完善非传统商标立法模式的理性选择。

（一）开放式列举模式

开放式列举模式，是指立法中对商标采取宽泛定义，只部分列举构成商标的标记。立法通常的做法是对于可构成商标的标记的列举前加上"尤其是""特别是"，以进一步明确商标法对于标记的定义是开放式、非穷尽式的。该种模式下没有任何类型的标记被自动排除在商标注册范围之外，除非该标记由于不符合商标的构成要件而不能作为商标使用。

制定于 1994 年的德国商标和其他标记保护法（以下简称"德国商标法"）第 3 条第 1 款规定，任何能够将其使用的商品或服务与使用其他标记的商品或服务相区别的标记，可以作为商标获得保护，尤其是文字（包括人名）、图样、字母、数字、声音标记、三维形状，包括商品本身的形状或其包装物，颜色和颜色组合。❶ 德国商标法之后历经 1996 年、1998 年、2009 年、2010 年、2013 年、2017 年、2019 年、2020 年多次修订，但对商标的定义均未修改。1994 年版德国商标法虽然仅列举立体标记、颜色标记和声音标记，但是德国专利商标局已批准多例立体商标、颜色商标、声音商标、动作商标、动画商标、位置商标的注册申请。

制定于 1994 年的英国商标法历经 2004 年、2008 年、2017 年、2018年等多次修改，但其对商标的定义未被修改。1994 年版英国商标法第 1条对商标采取了宽泛的定义方式，规定：任何标记只要能以图形的方式表现出来，并能将一企业的商品或服务与其他企业的商品或服务区分开来。一项标记，包括特别是文字（人名）、设计、字母、数字、商品的形

---

❶ 参见：德国商标法第 3 条第 1 款。

状或包装。❶ 1994 年版英国商标法中虽然仅提及了商品形状和包装，但是 2018 年版英国商标审查指南进一步规定了立体标记、颜色标记、声音标记、气味标记、动态标记、全息图标记的注册审查标准。

美国商标法制定于 1946 年，后历经 1996 年、2003 年、2005 年、2009 年、2010 年、2012 年、2013 年、2015 年等多次修订。1946 年版美国商标法采取了宽泛的商标定义方式，规定：商标一词包括任何文字、姓名、符号或图案，或以上元素的任何组合，用以识别和区别某人与他人制造或销售的商品❷。与大多数国家的商标立法不同，美国商标法未对可以构成非传统商标的标记形式进行列举，也没有对其进行任何形式上的限制。其商标定义中并未明确提及任何类型非传统商标。美国商标审查程序指南分别对立体商标、颜色商标、声音商标、气味商标、动态商标、全息图商标的申请注册程序进行了详尽规定。

开放式列举模式的优势体现在以下三点。第一，稳定性高。无需多次修改商标法，修法成本较低。第二，包容性好。不用穷尽式列举具体受保护的标记类型，这一方面使得商标客体范围适应现代技术手段的不断发展趋势，另一方面使得在双边贸易谈判时立法解释空间将比较大。第三，灵活性强。非传统商标的保护范围应与企业的注册保护需求、消费者对非传统标记的认知程度相适应，而开放式列举模式下可以适时修改商标审查指南，增加特定标记的审查标准。采用该种立法模式的劣势在于确定性弱。因为没有具体列举所有的非传统标记，那么对于这些标记能否获得注册，以及获得注册的须满足的要件，有赖于商标审查部门与法院通过实践而不断地补充解释。

（二）穷尽式列举模式

穷尽式列举模式，是指立法在商标法定义中列举出所有可能需要保护的标记。该种模式最大特点在于修法频率非常低。不过仅少数国家在其商标定义中采取上述立法方式，例如澳大利亚、新西兰等。

制定于 1995 年的澳大利亚商标法规定：商标是已使用或意图使用与他人交易过程中所提供或经销之商品或服务相区别之标记。标记包括以下或以下内容的任意组合：字母、文字、姓名、签名、数字、图形、品

---

❶ 参见：英国商标法第 1 节第 1 条。
❷ 参见：美国商标法第 45 节。

牌、标题、标签、包装设计、形状、颜色、声音或气味。❶ 1995 年版澳大利亚商标法明确将立体、颜色、声音、气味等标记作为可以注册的商标类型。而此后，1995 年版澳大利亚商标法历经 1999 年、2010 年、2011 年、2012 年、2013 年、2014 年、2015 年、2016 年、2017 年、2018 年、2019 年、2020 年多次修改，但其商标定义不曾被修改。

2002 年制定的新西兰商标法第 5 节规定，商标是任何可以以图形方式表达出来并能将特定人的商品或服务与其他人的商品或服务区分开来的标记。可以构成商标的标记包括品牌、颜色、标题、标签、名称、数字、形状、签名、气味、声音、味道或文字，以及上述要素的组合。❷ 可以说，2002 年版新西兰商标法对可保护标记采取了最广泛的列举方式。2002 年版新西兰亚商标法历经 2005 年、2012 年、2014 年、2016 年、2017 年、2018 年、2020 年多次修改，但其商标定义未被修改。

穷尽式列举模式在保护非传统商标上有其显著特点。首先，实践操作性强。该方案能够明确绝大部分非传统标记的可注册性，较大程度避免商标审理机构、法院、商标申请人对于特定标记是否能够获得商标法保护的疑惑，减少商标申请与商标注册审查过程中的争议。其次，能较大程度减少修改商标法的频率，修法成本也较低。最后，因为穷尽式列举模式可保护非传统商标类型，所以保护范围最大化，能够较大程度满足双边贸易协定的谈判需求。

然而，该种立法模式也有其局限性。一方面，随着时代和技术的发展，非传统标记的范围处于不断动态发展之中，立法不可能做到一劳永逸，即商标法难以穷尽列举可保护的标记类型。另一方面，如果商标定义中一次增加多类非传统标记，则需要较大幅度修改商标审查指南等相关规定，增加相应的非传统商标的申请程序、显著性认定、功能性认定、近似性认定等审查标准。另外，如果一次增加过多类型非传统商标，可能会给商标审查机关带来较为沉重的审查负担。

（三）渐进式列举模式

渐进式列举模式，是指立法在商标定义中只先列举部分可保护的标记，基于商标发展的需要，通过后续多次修改法律，适度、适时地增加

---

❶ 参见：澳大利亚商标法第 17 节。
❷ 参见：新西兰商标法第 5 节。

可保护标记的类型。采用此种立法模式的国家有韩国和日本等。

采用渐进式列举模式立法最为典型的是韩国商标法,历经多次修订,不断增加非传统商标类型。韩国商标法制定于 1949 年,涉及商标定义修改的年份主要有 1998 年、2007 年、2011 年和 2016 年的修订。韩国商标法 1998 年修订时将商标定义为以生产、加工、认证或销售商品为商业活动的人在其商品上使用的,用以将自己的商品与他人的商品区别开的以下标志之一:符号、文字、数字、三维形状以及这些要素的任意组合,其他视觉上可识别的标记,颜色与前述标记的任何组合。❶ 1998 年和 2007 年韩国商标法修订时将所有其他可为视觉感知的标记纳入可保护标记范围,但是并未明确列举除三维形状外的何种标记可以获得保护。2011 年韩国商标法修订不仅将单一颜色、颜色组合、全息图、动作明确纳入可保护标记范围,还将声音、气味或其他非可视性标记纳入可保护标记范围。❷ 而 2016 年韩国商标法修订在行文表述上与之前几次修订差异较大,第 2 条分别对商标和标记两个概念进行界定,将商标定义为用于区别一企业与其他企业产品的标记;将标记定义为任何用于指示产品来源的标记,无论其构成要件或表达方式,包括任何符号、字母、图形、数字、声音、气味、形状、全息图、动作、颜色等。❸ 此次修改不仅将形状、颜色、声音、全息图、动作、气味明确纳入可保护标记范围,还特别强调只要一项标记能够被用于指示产品来源,就不考虑其构成要件或表达方式。

制定于 1959 年的日本商标法历经多次修订,1994 年修订时仅将三维形状纳入可保护标记范围。2014 年日本商标法修订时则将三维形状、颜色、声音均纳入可保护标记范围;其第 2 条第 1 款将商标定义为任何能为人类感知所识别的标记,文字、数字、符号、三维形状、颜色,或上述要素的组合和声音等(具体为:以生产、证明或转让商品为业者于其商品上所使用之标志;以提供服务或证明为业者就其服务所使用之标志)。❹ 此后,日本商标法在 2015 年、2018 年、2019 年修订时并未修改商标定义。

渐进式列举模式兼具前两种模式之长,既能依据现实需求,适时、适度增加非传统标记,又因明确列举了部分可保护标记,能保证非传统

---

❶ 参见:韩国商标法(1998/2001)第 2 条第 1 款。

❷ 参见:韩国商标法(2011/2013)第 2 条第 1 款。

❸ 参见:韩国商标法(2016)第 2 条第 1 款。

❹ 参见:日本商标法第 2 条第 1 款。

商标实践的确定性与可操作性。但它也有其不足的地方。渐进式列举模式的弊端在于需要通过修改法律增加特定可保护标记类型，而这会导致法律的稳定性较差。如前文所述，韩国商标法采取渐进式列举模式，对其中关于商标定义的条款进行了 4 次修改。而在开放式列举模式或穷尽式列举模式下，例如 1994 年版德国商标法、1995 年版澳大利亚商标法、2002 年版新西兰商标法虽历经多次修改，但其商标定义始终未被修改。

三、我国非传统商标立法完善的路径

（一）渐进式与开放式列举模式的结合适用

前述三种非传统商标保护立法模式，各有所长。相对而言，开放式列举模式胜在包容性，但明确性不足；穷尽式列举模式贵在稳定性，不过灵活性欠缺。渐进式列举兼具前两种模式的优点，可稳定性较差。结合我国国情，开放式列举模式肯定了"等"字的扩张性解释效力，但无法解决我国非传统商标保护范围不明确的问题，实践操作性弱。穷尽式列举模式虽列举了所有可保护的非传统标记，但不是所有的非传统标记在我国都具有对明确保护的现实需要，并且非传统标记实际难以被穷尽列举。而单独采用渐进式列举模式，又会导致《商标法》第 8 条频繁修改。是故，以上三种模式均不宜被我国单独采用，我国非传统商标立法完善时应当将开放式列举模式与渐进式列举模式相结合适用，这样更能兼顾商标定义的灵活性、稳定性和包容性。建议在《商标法》第 8 条修改时，增加列举部分非传统标记，并且采用与"等其他标记"类似的表述，为其他具有显著性的标记注册成为商标留有空间。下文将具体展开分析采用渐进式与开放式列举结合适用的理由。

1. 适配我国企业市场需求和消费者认知程度

法律所明确列举的非传统标记，应当具有保护的现实紧迫性，否则只会徒增我国《商标审查及审理标准》等配套规定修改的压力。从实证调研的数据分析，我国企业对不同非传统商标的使用的频率、注册需求存在差异，而消费者对于非传统商标的认知度也不尽相同。具体而言，根据实证调查的结果，在收回的前述 143 份调查问卷中，使用过单一颜色商标的调查对象有 12 个，使用过动态商标的调查对象有 6 个，使用过位置商标的调查对象有 7 个；除此之外，使用过全息图商标、气味商标、味觉商标、触觉商标的调查对象分别有 4 个、2 个、2 个和 3 个。由此可见，针对我国商标法尚未明确列举的非传统标记类型，企业较多使用单一颜色商标、位置商标、动态商标、全息图商标等可视性标记，很少使用气味商标、味觉商标、触觉商标等非可视性标记。而关于企业注册需求，从单一颜色商标、动态商标、全息图商标、位置商标、气味商标、味觉商标、触觉商标依次递减。此外，消费者对于动态商标的认知度较高，对于单一颜色商标的认知度次之，而对于气味商标等非可视性标记的认知度最低。综上，我国非传统商标立法完善不宜明确列举所有的可保护标记，应当优先部分列举具有实际注册需求且受消费者认知的非传统标记，例如动态标记；而对于其他非传统标记，待日后具有保护的现实基础时，再考虑通过修法来予以明确列举。

2. 符合国际社会对非传统商标立法保护的潮流及审查实践

首先，从很多国家和地区商标立法中的商标定义和可保护标记范围来看，单一颜色标记、动态标记、全息图标记、位置标记被各国家和地区商标法明确列举的频率较高；气味标记、味觉标记、触觉标记鲜有被商标立法明确列举。其次，根据很多国家和地区商标审查指南涉及的非传统商标范围，绝大多数国家和地区均规定了立体商标、颜色组合商标、声音商标的审查标准，部分国家和地区进一步规定了单一颜色商标、动态商标、位置商标、全息图商标、气味商标的审查标准，极少有国家和地区规定味觉商标、触觉商标的审查标准。在各个国家和地区非传统商标注册审查实践中，颜色标记、动态标记、全息图标记、位置标记的注册申请量较多，气味标记、味觉标记、触觉标记的注册申请量较少。❶

通过分析可知，渐进式与开放式列举，符合域外国家和地区针对非传统商标的普遍做法，也顺应商标法现代化发展的进程。同时，域外各个国家和地区对于部分非传统标记有着较为丰富的商标注册审查实践，《商标法》第 8 条修改对我国制定相关商标审查标准大有裨益，所以采用修法增加部分可保护标记具有可操作性。

---

❶ 数据来源：美国专利商标局网站 TESS 数据库、欧盟知识产权局网站、英国知识产权局网站、澳大利亚知识产权局网站、新西兰知识产权局网站、新加坡知识产权局网站、TM view 商标数据库；所有数据为 2020 年 6 月 10 日更新。

（二）修改《商标法》第 8 条

1. 明确商标开放式定义

非传统标记的排序反映了入法的紧迫程度。因此，明确《商标法》第 8 条修改完善采用渐进式与开放式列举相结合模式后，有必要厘清各非传统标记的排序，从而为具体条文设计提供依据。《商标法》第 8 条修改时，应再增加列举部分非传统标记，并且采用"等其他标记"类似的表述，为其他具有显著性的标记注册成为商标留有立法空间。

2. 非传统标记的排序

非传统标记的排序应当综合考虑我国企业需求、消费者认知度、域外保护情况以及未来产业发展等因素。

（1）第一序列：动态标记

《商标法》第 8 条修改时可考虑将动态标记作为增加可保护标记的首选。首先，实证调研发现，企业对于动态标记的使用频率和注册需求均较高，消费者对于动态标记的认知度也相对较高。其次，比较研究表明，美国、欧盟、韩国等多数国家和地区已明确将动态标记纳入商标定义或者商标审查指南。多数国家和地区的知识产权机关也已接受多例动态标记的申请和注册，例如法国、德国、英国、澳大利亚、新加坡、日本、俄罗斯、欧盟、韩国。其中部分国家和地区的动态商标注册量和核准量都不低，例如欧盟有 93 例、澳大利亚有 110 例、韩国有 130 例、日本有 152 例。[1] 新加坡知识产权局批准注册的动态商标包括日本久光注册的动态标记[2]、芬兰诺基亚注册的两只手相握的动态标记[3]、美国微软注册的用于电脑屏幕图样的动态标记[4]。最后，考虑我国互联网技术与产业的发展，未来动态标记的使用注册需求潜力较大。

（2）第二序列：单一颜色标记

动态标记外，单一颜色标记也可优先在《商标法》第 8 条中列举。首先，实证调研发现，企业对于单一颜色标记的使用频率和注册需求相

---

[1] 数据来源：美国专利商标局网站 TESS 数据库、欧盟知识产权局网站、英国知识产权局网站、澳大利亚知识产权局网站、新西兰知识产权局网站、新加坡知识产权局网站、TM view 商标数据库。所有数据为 2020 年 6 月 10 日更新。

[2] 参见：新加坡商标注册号 T1000854H。

[3] 参见：新加坡商标注册号 T0501368G、T0501369E。

[4] 参见：新加坡商标注册号 T0618749B。

对较高，消费者对于单一颜色标记的认知度相对较高。其次，比较研究表明，多数国家和地区已明确将单一颜色纳入商标定义或者商标审查指南，例如美国、欧盟、德国、法国、英国、澳大利亚、新西兰、新加坡、日本、韩国、俄罗斯等。多数国家和地区的知识产权机关也已接受多例单一颜色申请和注册。新西兰知识产权局已经批准了大量单一颜色商标注册，例如英国石油公司的绿色商标❶、英国吉百利公司的紫色商标❷、英国利洁时公司的银灰色商标❸、瑞士雀巢公司的绿色商标❹、荷兰 TNT公司的橙色商标❺、美国欧文斯科宁公司的粉色商标❻、美国联合包裹运送服务公司的棕色商标❼、英国劳埃德银行的绿色商标❽等。最后，我国商标法第三次修改曾考虑将单一颜色商标明确列举。2011 年 9 月 1 日，原国务院法制办公室颁布的《中华人民共和国商标法（修订草案征求意见稿）》❾ 第 8 条将"颜色组合"的表述改为颜色，似乎承认了颜色组合和单一颜色均可作为构成商标的标记。而如果对《商标法》修改时考虑纳入单一颜色标记，商标定义可采用"颜色"表述。

（3）第三序列：全息图标记

《商标法》第 8 条修改也可考虑将全息图标记纳入可保护标记范畴。实证研究表明，部分企业对于全息图标记有一定的注册需求。比较研究表明，部分国家和地区已明确将全息图标记纳入商标定义或者商标审查指南，例如韩国、美国、欧盟。而部分国家和地区的知识产权机关也已接受多例全息图标记申请和注册，如美国、欧盟、法国、英国、澳大利

---

❶ 参见：新西兰商标注册号 211575、211576、211577、293730。

❷ 参见：新西兰商标注册号 285611、285612。

❸ 参见：新西兰商标注册号 291668。

❹ 参见：新西兰商标注册号 294930。

❺ 参见：新西兰商标注册号 611312。

❻ 参见：新西兰商标注册号 615104。

❼ 参见：新西兰商标注册号 622338。

❽ 参见：新西兰商标注册号 665511。

❾ 国务院法制办公室. 国务院法制办公室关于《中华人民共和国商标法（修订草案征求意见稿）》公开征求意见的通知［EB/OL］.（2011-09-02）［2020-06-30］. http://www.gov.cn/gzdt/2011-09/02/content_1939013. htm.

亚、新加坡、韩国、日本、俄罗斯。❶ 其中值得注意的是，法国全息图商标申请量远高于其他法域，共有 3391 例。

（4）第四序列：位置标记

《商标法》第 8 条修改还可考虑将全息图标记纳入可保护标记范畴。实证研究表明，部分企业对于位置标记也有一定的注册需求。比较研究表明，部分国家和地区，例如欧盟，已明确将位置标记纳入商标审查指南。部分国家和地区的知识产权机关也已接受位置标记的申请和注册，例如欧盟、法国、德国、澳大利亚、巴西。❷

（5）第五序列：气味标记

实证研究表明，鲜有企业曾经使用气味标记。比较研究表明，部分国家和地区将气味标记明确纳入商标定义或商标审查指南，例如韩国、美国、欧盟、澳大利亚、新西兰。而实践中部分国家和地区的知识产权机关曾接收气味商标的申请和注册，例如美国、欧盟、英国、澳大利亚、新西兰、韩国、俄罗斯。美国专利商标局已经批准注册多例气味商标，例如用于合成润滑剂的樱桃味❸和葡萄味❹、用于汽车润滑油的杏仁味❺、用于金属切割油的泡泡糖味❻、用于办公用品的香草味❼、用于缝纫线和绣线的鸡蛋花香味❽。考虑到中欧投资协定，我国也可与欧盟相同，将气味标记明确列举，利于双边贸易谈判。

（6）第六序列：味觉标记、触觉标记等其他标记

实证研究表明，鲜有企业曾经使用味觉标记、触觉标记等非可视性标记。比较研究表明，极为少数的国家将味觉标记、触觉标记明确纳入商标定义或商标审查指南。实践中仅极少数国家的知识产权机关曾接收

---

❶ 参见：欧盟商标注册号 001787456、002559144、012383171、017579491、017993401、018101015；英国商标注册号 UK00003059420、UK00003035931、UK00002646718、UK00002646716、UK00003363679、UK00003375918、UK00003189612；新加坡商标注册号 T0318748C、T0808826B、T0811147G。

❷ 参见：欧盟商标注册号 017093071、017093089、017363201、017366634；德国商标注册号 3020191032101、3020190228916、3020200003881。

❸ 参见：美国商标注册号 2463044。

❹ 参见：美国商标注册号 2463044。

❺ 参见：美国商标注册号 75404020。

❻ 参见：美国商标注册号 2560618、2568512。

❼ 参见：美国商标注册号 3143735。

❽ 参见：美国商标注册号 1639128。

此类标记的注册申请（例如美国和澳大利亚），而该类标记的注册成功率也极低。美国专利商标局收到的 9 例味觉商标申请中尚无一例获得成功注册。❶ 美国专利商标局收到的 12 例触觉商标申请❷中仅 1 例获得成功注册。❸因此，《商标法》第 8 条此次修改尚无增加此类标记的需求，暂时无需考虑对其明确列举。

3. 条款的设计

结合非传统商标的不同排序，针对《商标法》第 8 条，提出如下 5 种立法建议，供立法机关根据需要进行选择。

第一，《商标法》第 8 条可修改为："任何能够将自然人、法人或者其他组织的商品与他人的商品区别开的标记均可作为商标申请注册。包括文字、图形、字母、数字、三维标记、颜色组合标记、动态标记、声音标记等其他标记，以及上述要素的组合。"

第二，《商标法》第 8 条可修改为："任何能够将自然人、法人或者其他组织的商品与他人的商品区别开的标记均可作为商标申请注册。包括文字、图形、字母、数字、三维标记、颜色标记、声音标记、动态标记等其他标记，以及上述要素的组合。"

第三，《商标法》第 8 条可修改为："任何能够将自然人、法人或者其他组织的商品与他人的商品区别开的标记均可作为商标申请注册。包括文字、图形、字母、数字、三维标记、颜色标记、声音标记、动态标记、全息图标记等其他标记，以及上述要素的组合。"

第四，《商标法》第 8 条可修改为："任何能够将自然人、法人或者其他组织的商品与他人的商品区别开的标记均可作为商标申请注册。包括文字、图形、字母、数字、三维标记、颜色标记、声音标记、动态标记、全息图标记、位置标记等其他标记，以及上述要素的组合。"

第五，《商标法》第 8 条可修改为："任何能够将自然人、法人或者其他组织的商品与他人的商品区别开的标记均可作为商标申请注册。包括文字、图形、字母、数字、三维标记、颜色标记、声音标记、动态标记、全息图标记、位置标记、气味标记等其他标记，以及上述要素的组合。"

---

❶ 参见：美国商标注册号 85007428、77317342、77317340、77317338、77317336、77317334、77317330、76468364、6467774。

❷ 参见：美国商标注册号 88611480、88612838、88612830、87688236、87711066、87711065、87782210、87711064、85426225、77858216、76634174、76634174。

❸ 参见：美国商标注册号 77858216、77858216。

商标撤销程序简化研究

杜　颖❶　郭　珺❷

摘　要

　　商标撤销程序简化是商标审查审理程序简化的重要组成部分。我国商标撤销程序采取行政机关负责撤销下的行政二审模式（以下简称"行政二审"），存在程序冗长、与初步审查等程序缺乏协调以及行政第一审程序流于形式等问题。当前世界主要国家和地区采取的商标撤销程序模式主要有法院负责撤销模式、法院和行政机关共同负责撤销模式以及行政机关负责撤销下的行政一审模式（以下简称"行政一审"）和行政二审。我国目前不具备法院负责撤销程序的条件，但向行政一审转型具有可行性；同时，在简化为行政一审时还需配套对具体运行规则的调整。

关键词

　　商标撤销程序　行政一审　程序简化

---

　　❶❷　作者单位：中央财经大学。

一、商标撤销程序的性质及简化的必要性

商标撤销程序是商标审查审理程序的重要组成部分。商标审查审理程序涉及商标授权和确权的各项程序，包括商标注册申请初步审查（形式审查、实质审查）、异议、无效、撤销等程序及其后续复审、诉讼程序。《中华人民共和国商标法》（以下简称《商标法》）规定的商标撤销程序包括依职权撤销和依申请撤销两种程序，前者指商标注册人不当使用商标而拒不改正的，由商标撤销部门撤销注册商标❶；后者指注册商标退化为通用名称或者无正当理由连续 3 年不使用的，任何单位或个人可以向商标撤销部门申请撤销商标❷。根据《商标法》规定，对商标撤销部门撤销或者不予撤销注册商标决定不服的，可以向商标评审部门申请复审；对复审裁定仍不服的，可以向法院提起诉讼。❸

（一）商标撤销程序的性质

商标撤销包括三类事由，自行改变商标的、注册商标退化为通用名称的和没有正当理由连续 3 年不使用的。❹ 就第一类和第二类事由来看，商标撤销主要是基于商标主管机关对注册商标的管理，规范商标的不当使用和商标的退化，功能在于通过行政主管机关的行政行为保护公共利益。就第三类事由来看，学界有两种不同的理解，第一种理解认为无正当理由连续 3 年不使用即撤销注册商标（以下简称"撤三"）制度是为了弥补注册制度的缺陷，来维护商标公共秩序；第二种理解认为由于目前提起撤三的主要是利害关系人，因此撤三制度主要对竞争者之间的利益进行调整，属于对私益的调整。❺ 笔者认为，虽然撤三制度一定程度上确实发挥了保护利害关系人私益的作用，但是最根本的，撤三制度的制度功能还是在于弥补注册制度的缺陷，激活有限的商标资源，着眼于公共利益。

---

❶ 参见：《中华人民共和国商标法》第 49 条第 1 款。

❷ 参见：《中华人民共和国商标法》第 49 条第 2 款。

❸ 参见：《中华人民共和国商标法》第 54 条。

❹ 参见：《中华人民共和国商标法》第 49 条。

❺ 张鹏.《商标法》第 49 条第 2 款"注册商标三年不使用撤销制度"评注 [J]. 知识产权，2019（2）：3-27.

关于商标撤销行为的性质也有三种观点。第一种认为行政机关撤销注册商标属于行政行为的撤销，将商标注册理解为国家机关授予商标权的行为，因此认为撤销注册商标属于对授权行为的撤销❶。第二种认为行政机关撤销注册商标属于行政处罚，撤销注册商标具有制裁性，原商标行政管理机关发布的相关行政规章❷明确将行政机关撤销注册商标作为行政处罚的一种❸。第三种观点认为行政机关撤销注册商标属于行政确认，认为商标注册后无正当理由连续 3 年不使用的，商标已经失效或被视为放弃，商标权利人也就丧失了权利，此时行政机关撤销注册商标是对这种法律事实的确认。❹

只有在商业活动中使用的商标才真正可以被称为财产，商标所有人才享有商标的财产性权利。正如有人指出，商标注册只为商标申请人带来了程序性权利。❺ 这个程序性权利是有期限的，商标申请人需要在期限内使用商标，若法律规定的期限内商标申请人不使用商标，程序性权利便不复存在。而商标撤销就是确认商标权人权利的丧失。从这个意义上说，撤三的性质是行政确认。

商标退化后丧失了享有商标权的基础，此时行政机关撤销注册商标实际是由于情势变更，为社会公众利益考虑，不得不对之前的行政行为进行调整，是合法行政行为的废止（撤回）。❻ 与无效行政行为不同，废止的行政行为在成立时是有效的，只是因为情势变更等原因，使行政行为的效力发生了改变，这时才可由行政机关作出废止先前行政行为的决定。❼ 因商标退化而撤销的商标在注册时符合法律的相关规定，只是嗣后因商标变为通用名称而丧失了成为注册商标的基础，因此因商标退化而撤销商标的行为属行政行为的废止。

---

❶ 赵克. 注册商标撤销制度研究［D］. 重庆：西南政法大学，2016：142.

❷ 参见：《工商行政管理机关行政处罚案件听证规则》第 6 条。

❸ 余喜生. 注册商标撤销制度的法律辨析［J］. 中国工商管理研究，2012（5）：16-19.

❹ 赵克. 注册商标撤销制度研究［D］. 重庆：西南政法大学，2016：143；张玉敏. 注册商标三年不使用撤销制度体系化解读［J］. 中国法学，2015（1）：230.

❺ 李明德. 商标注册在商标保护中的地位与作用［J］. 知识产权，2014（5）：3-8.

❻ 杨登峰. 论合法行政行为的撤回［J］. 政治与法律，2009（4）：59-68.

❼ 王虎荣. 撤销许可证就一定是行政处罚吗？：对一类行政许可行为性质的反思［J］. 行政法学研究，2005（1）：83-87；李垒. 行政行为"撤销"一词的含义［J］. 公安海警学院学报，2017（1）：66-72.

对于自行改变商标的情形，有人认为，行政机关撤销注册商标不属于行政处罚，因为当事人不服进行救济的，行政处罚不停止执行；商标撤销后当事人救济的，撤销决定暂不生效。❶ 但是，自行改变注册商标的行为之所以会导致商标被撤销，是由于商标权人实施了违反商标管理规定的不当行为，而商标权人的这种不当行为导致了商标丧失显著性或者与他人权利冲突。因此，这种商标撤销主要是针对违法行为作出，应当认为其具有行政处罚的性质。

（二）简化商标撤销程序的必要性

目前，商标审查审理程序冗长复杂的问题被广为诟病，这同样体现在撤销程序中。2001 年《商标法》修改时增加了撤销复审后的司法审查程序，撤销案件因此面临行政审级过多、程序冗长烦琐的问题，修法后撤销程序需要经过撤销部门撤销、撤销复审、北京知识产权法院一审、北京市高级人民法院二审、最高人民法院再审共两级行政程序和三级司法程序。复杂冗长的程序不仅无法使程序更经济，实现效率最大化，而且在当前恶意注册问题突出的情况下，导致恶意注册更为猖獗。从目前我国的发展形势看，商标审查审理程序的冗长烦琐与目前商标注册便利化和商标审查"提质增效"的趋势不符，也与我国经济转型发展所需要营造的市场环境不符。

更深入地从体系化的视角分析，现实中，撤三成为商标案件中常见的操作。在商标申请或者驳回复审中，对于阻碍注册的引证商标，商标申请人一般会选择申请撤三，以消除注册障碍。但目前撤三程序较长，商标申请人申请的撤三程序还未完结，其申请注册的商标在初步审查程序或者驳回复审程序中就已经被驳回，无奈之下商标申请人只能选择不断地注册新的商标或者不断地进行后续程序救济，导致大量的行政和司法资源被浪费。

撤销程序中的行政第一审程序制度效果也不佳，两级行政程序的设置流于形式，在牺牲程序经济性的同时也没有达到原本期望的制度效果。之所以将撤销程序设置为两级行政程序，制度本意是希望行政机关能较好地实现自我监督，同时维护注册管理秩序并对权利人进行救济。但在目前撤销行政第一审程序中，行政机关不在申请人和商标权人之间进行

---

❶ 黄璞琳. 撤销注册商标属于行政处罚吗？[N]. 中国工商报，2014-11-6（7）.

证据交换。也就是说，商标权人提供的使用证据不会再交换给申请人，也不会再有下一轮的证据交换，而由行政机关径行作出撤销决定。另外，行政第一审程序中撤销的标准也和复审、诉讼中不同。在行政第一审中，只要当事人提供了其中一种商品或者服务上的使用证据，就可以维持全部注册商品或者服务上的注册；但是在复审程序和诉讼程序中，提供一种商品或者服务上的使用证据只能维持该种商品或者服务上的注册。

行政第一审程序中不交换使用证据和审查标准不同的直接后果就是撤销案件的复审比例很高，居于所有商标复审案件首位。2017 年，商标主管机关依申请撤三有 28505 件，当年撤销注册商标复审案件有 6273 件；考虑到以无正当理由连续 3 年不使用以外的理由作出的撤销决定非常少，可认为 2017 年撤三的撤销复审率大约为 22%，而同年驳回案件的复审率为 1%。● 而且，商标撤销案件中涉案商标大多是没有使用证据的案件。这些没有使用证据的案件基本不存在什么争议，不涉及后续复审问题。那么，真正需要商标主管机关进行深入审查的、有使用证据的案件，申请撤销复审的比例会更高。在这样的情况下，行政第一审程序和复审程序的价值没有体现，行政二审的制度目的没有实现。

要解决商标撤销程序存在的以上问题，需要对撤销程序进行简化。另外，在学理上，也有人曾从撤销程序性质的角度出发，认为商标主管机关作出的撤销决定是行政处罚，后续进入行政复议或行政诉讼程序进行救济，纠错和监督效果更好。● 而探讨撤销程序如何简化，需要先行梳理撤销程序的设置模式，再结合商标撤销程序的性质，考虑我国是否有向其他模式转换的法理条件和现实基础，最终得出相应的解决方案。

二、商标撤销程序的设置模式

目前，从主要国家和地区的情况看，商标撤销程序的设置主要有三种模式，法院负责撤销模式、法院和行政机关共同负责撤销模式和行政机关负责撤销模式。

● 国家工商行政管理总局商标局，国家工商行政管理总局商标评审委员会. 中国商标战略年度发展报告（2017）［EB/OL］.（2018-05-10）［2019-12-29］. http：//sbj. cnipa. gov. cn/sbtj/201805/t20180510_274101. html.

● 史建章. 商标争议制度的反思与完善［J］. 政治与法律，2010（1）：11-14.

（一）法院负责撤销模式

法院负责撤销模式是指仅能由法院判决注册商标撤销的模式。法国在 2019 年修改知识产权法典商标编（以下简称"法国商标法"）前采用这种模式；修改后，法国撤销程序变为行政机关负责撤销模式中的行政一审。

根据法国商标法的规定，法国撤销程序包括无正当理由 5 年不使用撤销、商标退化撤销和产生混淆撤销三类。[1] 2019 年法国商标法修改前，根据该法规定，法国商标撤销直接向法院提出，任何利害关系人均可以向由行政法规确定的、管辖商标诉讼的大审法院提起失效诉讼。[2] 大审法院是法国司法法院（主管民事、刑事案件）的初审法院，因此法国的撤销诉讼具有民事诉讼的性质。

2019 年修法时，法国对其商标法进行了重大修改，其中涉及撤销程序的行政程序修改。修法后，任何人提起撤销的，必须先向法国工业产权局提出申请，仅在以下两种情况下可以向法院提起诉讼，第一，当事人在提出法院管辖的其他申请时，根据撤销提起主诉或者反诉；第二，撤销申请是在案情诉讼开始之前为终止侵犯商标权而下令实施保全措施或临时保护措施的情况下提出的。[3] 同时，对撤销程序不服的，可以向法国司法法院上诉法院上诉。[4] 可见，2019 年修改法国商标法后，法国由法院负责撤销模式向下文的行政一审转型。

另外，2019 年修改法国商标法后，该法规定撤销程序采取对抗程序的程序设置模式，即程序开始时先进行书面调查，在此期间双方交换论点和证据，一旦当事人之一停止回应，调查阶段即告终止；在调查阶段结束时，法国工业产权局会在 3 个月内发布决定。[5]

（二）法院和行政机关共同负责撤销模式

法院和行政机关共同负责撤销模式是指撤销申请人可以选择向法院

---

[1] 参见：2012 年法国知识产权法典第 L.714-5 条、第 L.714-6 条。

[2] 参见：2012 年法国知识产权法典第 L.714-5 条和第 716-3 条。

[3] 参见：2019 年法国知识产权法典第 L.716-5 条。

[4] 参见：2019 年法国知识产权法典第 L.411-4 条。

[5] Institut National de la Propriété Industrielle. Demander la nullité ou la déchéance d'une marque［EB/OL］.［2020-10-12］. https://www.inpi.fr/fr/valoriser-vos-actifs/faire-vivre-votre-marque.

或者行政机关提起撤销程序。德国采用此种模式。不过，在行政机关程序下，德国也是行政一审。

德国商标撤销的理由包括，无正当理由不使用撤销；商标退化撤销；商标使用在商品或服务上，会在商品或服务的性质、质量或产地来源方面，足以欺骗公众，因而被撤销；不符合商标主体条件而撤销。❶ 在德国，撤销可由任何人向德国专利商标局和德国地方法院提起。

德国专利商标局负责撤销程序的部门是其商标部。德国专利商标局收到撤销申请后，将该申请通知注册商标所有人并要求其告知是否反对撤销；如果注册商标所有人在送达通知之后的 2 个月内未反对撤销的，可以作出撤销注册的决定。在 2018 年德国商标与其他标志保护法修改前，注册商标的所有人反对撤销的，德国专利商标局通知撤销请求人并告知其应通过诉讼主张撤销，即后续撤销程序必须在德国地方法院进行。但是 2018 年德国商标与其他标志保护法修改后，商标的撤销程序可以完全在德国专利商标局进行；如果商标所有人在送达商标撤销申请通知后 2 个月内提出异议，那么德国专利商标局将异议通知撤销申请人；如果撤销申请人提出意见，那么德国专利商标局必须将意见发送给商标所有人。并且只有当申请人在合理期限内支付了费用时，才能继续撤销程序。❷

同时，德国商标与其他标志保护法还对向德国专利商标局提起撤销程序和向德国地方法院提起撤销诉讼进行了协调。如果当事人已就同一争议向德国专利商标局提起撤销程序，则其之后再向德国地方法院提起撤销诉讼的话，法院将不予受理。❸ 相应地，如果当事人就同一争议的诉讼已在德国地方法院进行，则其之后向德国专利商标局提起的撤销程序也将不予受理。❹

根据德国商标与其他标志保护法，对德国专利商标局所作出的决定不服的，可以在决定送达后的 1 个月内向德国专利商标局提交书面的抗告状，向德国专利法院提起抗告。❺ 可以看出，德国撤销行政程序为一审

---

❶　参见：德国商标与其他标志保护法第 49 条。

❷　German Patent and Trade Mark Office. Opposition and cancellation［EB/OL］.［2020-09-21］. https：//www. dpma. de/english/trade_marks/opposition_and_cancellation/index. html.

❸　参见：德国商标与其他标志保护法第 55 条第 1 款第 2 句第 2 项。

❹　参见：德国商标与其他标志保护法第 53 条第 1 款第 5 句。

❺　参见：德国商标与其他标志保护法第 66 条第 1~2 款。

模式；对行政决定不服的，可以直接诉讼。

（三）行政机关负责撤销模式

行政机关负责撤销模式是指撤销专属于行政机关管辖的模式，代表国家和地区有日本、韩国和欧盟。其中又分为行政一审和行政二审两种模式，前者是指在撤销行政程序中，行政机关作出裁定后，当事人不服的可以直接诉讼，如韩国、日本；后者是指在撤销行政程序中，当事人对行政机关的裁定不服的，需要再提起撤销复审程序，对撤销复审裁决不服的，才可以向法院提起诉讼，如欧盟。

1. 行政一审

根据韩国商标法的规定，商标撤销事由包括：第一，商标权人、独占使用权人或者非独占使用权人故意不当使用造成混淆的❶；第二，无正当理由连续 3 年不使用的❷；第三，由于商标转让，近似商标属于不同的商标权利人持有，其中一方以不正当的目的不当使用商标造成消费者混淆的❸；第四，违反商标转让与共有的相关规定的❹；第五，构成不正当竞争的商标使用等❺。此外，对证明商标，除基于后两项的撤销请求由利害关系人提起外，基于其余事由任何人都可以提起撤销请求。

韩国的撤销程序由韩国知识产权审判与上诉委员会负责。韩国知识产权审判与上诉委员会类似于我国商标审查审理程序框架下的复审机构，属于韩国知识产权局的下设机构，主要负责专利、商标等的行政审判事宜。但韩国知识产权审判与上诉委员会具有准司法性质，其行政审判在韩国商标注册框架下被看作一审法院程序。对韩国知识产权审判与上诉委员会审判不服的，可以在收到审判决定之日起 30 日内向韩国专利法院提起上诉；对韩国专利法院的判决不服的，可以向韩国大法院上诉。韩国大法院只管辖法律事宜。❻ 可见，韩国撤销程序采取行政一审，即由行政机关中的复审机关直接负责撤销程序，对撤销裁定不服的可以直接

---

❶ 参见：韩国商标法第 119 条第 1～2 项。

❷ 参见：韩国商标法第 119 条第 3 项。

❸ 参见：韩国商标法第 119 条第 5 项。

❹ 参见：韩国商标法第 119 条第 4 项。

❺ 参见：韩国商标法第 119 条第 6 项。韩国商标法第 119 条第 7～9 项规定的是证明商标、集体商标、地理标志集体商标的撤销。

❻ 金珉徹. 韩国专利法院 [J]. 科技与法律，2015（6）：1158.

上诉。

韩国知识产权审判与上诉委员会的撤销程序由 3～5 名审判官组成合议庭进行。申请人提出撤销审判后，审判长向被请求人发送请求书的副本，并给予被请求人在指定期间内提交答复的机会。在收到被请求人的答复后，审判长应向请求人发送该答复的副本。审判程序通过口头审理或者书面审理进行。❶

日本商标撤销程序也是行政一审。在日本，可以提起商标撤销的事由包括：第一，无正当理由连续 3 年不使用应撤销的❷；第二，商标权人、专用使用权人或者通常使用权人故意不正当使用导致混淆的❸；第三，商标转让后以不正当目的使用导致混淆的❹；第四，因代理人等不正当注册而应撤销的❺。除代理人等不正当注册而应当被撤销的情形由就该商标享有权利的人提出撤销请求外，任何人都可以针对其他事由提出撤销申请。与韩国类似，日本撤销程序由日本特许厅审判部负责。日本特许厅审判与上诉部门具有准司法性质，当事人对其所作出的撤销的审决不服的，直接向日本知识产权高等法院提起上诉；对日本知识产权高等法院的裁决不服的，可以向日本最高法院上诉。❻ 但日本最高法院的程序仅为法律审，实践中极少有案件。可见，日本撤销程序也采取行政一审。

2. 行政二审

欧盟商标撤销程序模式采取行政二审。根据欧盟商标条例，任何人可以依据商标无正当理由连续 5 年未使用，商标退化为通用名称，或者商标所有人及授权使用商标的人的不当使用行为导致消费者混淆，申请撤销注册商标。❼

欧盟负责商标撤销程序的部门为欧盟知识产权局撤销处。受到欧盟知识产权局撤销处裁决不利影响的人可以向欧盟知识产权局上诉委员会（欧盟知识产权局下设的复审部门）提起上诉。对于该上诉委员会的上诉

---

❶ 参见：韩国商标法第 129～133 条。

❷ 参见：日本商标法第 50 条。

❸ 参见：日本商标法第 51 条、第 53 条。

❹ 参见：日本商标法第 52 条。

❺ 参见：日本商标法第 53 条之 2。

❻ 森智香子，广瀬文彦，森康晃. 日本商标法实务 ［M］. 北京林达刘知识产权代理事务所，译. 北京：知识产权出版社，2012：84-86.

❼ 参见：欧盟商标条例第 58 条、第 63 条。

裁定不服的，可以向欧盟普通法院起诉；不服欧盟普通法院的判决，可向欧洲法院提起上诉，任何向欧洲法院提起上诉的事由仅限于法律问题。❶ 可以看出，欧盟商标撤销程序模式实行的是行政二审。

根据欧盟商标条例的规定，在审查撤销权利申请过程中，如有必要，欧盟知识产权局应当邀请各方当事人在规定期限内就他方或者欧盟知识产权局的文书提出意见。❷ 虽然该条并没有规定欧盟知识产权局有义务邀请申请人回应商标所有人的答辩意见，但是只要意见涉及实质性内容，欧盟知识产权局通常会采取这一措施。因此，在实际操作上，欧盟撤销程序一般分为提出申请并说明理由、商标所有人提出答辩意见和申请人进行回应3个步骤。同时，如果最终审查发现商标注册的全部或部分商品或者服务可撤销的，应当撤销全部或部分商品或者服务上商标的注册。

三、简化商标撤销程序的可行性

我国商标撤销程序采取行政机关负责撤销模式中的行政二审。如前所述，该模式目前在我国面临着程序冗长、制度效果不佳的问题，亟待修改。下文结合对商标撤销程序性质的探讨，深入分析撤销程序向其他模式转化的法理和现实可行性。

（一）引入法院负责商标撤销模式的可行性

目前，基于我国的现实，引入法院负责商标撤销模式的可行性不强，具体原因如下。

1. 引入法院负责商标撤销模式存在法律障碍，依赖知识产权审判制度改革

根据前述商标撤销程序的性质，就我国商标法中的三类撤销事由来看，撤三是确认商标权人权利的丧失；商标退化撤销是合法行政行为的废止；自行改变商标撤销实际上是一种具有处罚性质的对注册商标人权利的剥夺。三类事由实际上都涉及要对注册商标的效力进行裁决。而引入法院负责商标撤销模式最根本的问题在于：在我国的商标法和诉讼法框架下，法院是不是可以直接对注册商标的效力作出裁决？问题可以转

---

❶ 参见：欧盟商标条例第 72 条第 1~3 款、第 5 款。

❷ 参见：欧盟商标条例第 64 条第 1 款。

化为：有关商标的判决究竟是行政诉讼还是民事诉讼？或者即使有关商标的判决是行政诉讼，法院是否可以行使变更权？基于我国法律现实看，目前引入法院负责商标撤销模式是存在法律障碍的：我国商标案件所有的后续诉讼都是行政诉讼，而且也不承认法院的司法变更权。在诉讼中，行政机关都是被告，而且适用的都是《中华人民共和国行政诉讼法》（以下简称《行政诉讼法》）相关规定。

当前，我国在进行知识产权审判制度改革。2017 年 11 月，十九届中央全面深化改革领导小组第一次会议审议通过了《关于加强知识产权审判领域改革创新若干问题的意见》，其中要求完善知识产权诉讼制度，明确了知识产权审判制度改革的方向。将商标授权确权后续诉讼调整为民事诉讼、赋予法院司法变更权等问题在学理和实践中都激起广泛的讨论。未来，在知识产权司法审判制度改革后，可以研究直接以诉讼模式负责商标撤销的可行性，但是目前知识产权审判制度改革的结果是不可预测的。因此，在我国采用行政诉讼和未赋予法院司法变更权的情况下，让法院直接受理撤销诉讼是不可行的。

2. 引入法院负责商标撤销模式会给法院和应诉部门造成非常大的负担

如果由法院负责商标撤销，那么目前大部分的撤销案件都会进入法院，成为法院的审判工作量。按照 2017 年的商标数据，商标主管机关依申请撤三数量为 28505 件❶，2017 年北京知识产权法院一审商标授权确权案件审结量为 6547 件❷。假设 2017 年引入了法院负责商标撤销模式，法院的工作量将增加 3.4 倍。2017 年当年的商标申请量为 574.8 万件❸，而 2020 年商标申请量已经达到 9116454 件，增长了 58.6%。即使撤销案件不与商标申请量同比例增长，2017 年至今也会有不小的增幅。可以想象，如果目前引入法院负责商标撤销模式，将会给法院增加巨大的工作压力，而且这样的压力也会变成商标主管机关的应诉压力。

---

❶ 国家工商行政管理总局商标局，国家工商行政管理总局商标评审委员会. 中国商标战略年度发展报告（2017）[EB/OL].（2018-05-10）[2019-12-29]. http：//sbj. cnipa. gov. cn/sbtj/201805/t20180510_274101. html.

❷ 知产宝. 北京知识产权法院司法保护数据分析报告（2017）[EB/OL].[2019-12-29]. https：//www. iphouse. cn/report/index.

❸ 国家行政管理总局商标局，国家工商行政管理总局商标评审委员会. 中国商标战略年度发展报告（2017）[EB/OL].（2018-05-10）[2019-12-29]. http：//sbj. cnipa. gov. cn/sbtj/201805/t20180510_274101. html.

3. 引入法院负责商标撤销模式也不符合目前的趋势

法国知识产权法典和德国商标与其他标志保护法分别在 2019 年和 2018 年对撤销程序进行修改，前者规定任何人提起撤销的，必须首先向法国国家工业产权局提起撤销行政程序；后者赋予了商标行政主管机关实质的撤销审查职责。这是两国商标法与 2015 年欧盟协调成员国商标立法指令（欧盟第 2015/2424 号案例）协调的结果。根据欧盟协调成员国商标立法指令规定，成员国应当提供商标撤销和无效宣告的行政审查程序，以提升程序的效率。❶ 同时，该规定以不减损当事人获得司法救济的权利为前提。❷ 可见，目前由行政程序负责商标撤销和无效宣告是国际上商标相关程序发展的一个趋势。若我国引入法院负责商标撤销模式，是对国际趋势的背离。

（二）商标撤销程序采取行政一审的可行性

由前所述，目前我国商标撤销程序采取行政二审。在引入法院负责商标撤销模式不具有可行性的条件下，对撤销程序的简化需讨论是否将目前的行政二审调整为行政一审，也即需要在分析行政一审的优缺点的基础上，对其可行性进行评估。

1. 行政一审的优缺点分析

（1）行政一审的优点

第一，可以简化审级，程序相对经济。目前行政二审最大的问题是审级较多，程序过于复杂，与经济转型发展的要求存在差距。改革为行政一审后，行政阶段缩减了一个审级，相对来说会提升注册的便利性，使程序更加经济。

第二，将撤销程序简化为行政一审，就需要配套性的将撤销程序修改为对抗式程序，增加撤销申请人和被申请人之间的证据材料交换环节，向评审程序靠拢。因此，修改为行政一审，可以倒逼撤销具体程序的改革，较好地解决目前行政二审流于形式的问题。对抗式程序的设置还有利于保障当事人的权益。对于非恶意的撤销当事人来说，因为他们致力于实质性解决纠纷，所以缩短一个审级可以减少他们的成本。另外，虽然对抗式程序的复杂性给当事人增加了一些程序成本，但也阻却了一些

---

❶ 参见：欧盟协调成员国商标立法指令立法理由第 38 条。
❷ 孙靖洲.《德国商标法》的最新修订及对我国的启示 [J]. 知识产权，2019（6）：81-96.

恶意撤销的当事人。

（2）行政一审的缺点

第一，不符合我国商标法律程序设置的传统。我国商标撤销复审制度是 1982 年公布的《商标法》确定的。其在确认原国家工商行政管理局商标评审委员会处理商标争议案件的定位后，对原国家工商行政管理局商标局和原国家工商行政管理局商标评审委员会的职责范围进行了比较好的界分，前者主要负责商标授权，结果一般表现为作出新的行政行为；后者主要负责商标确权，主要是对原国家工商行政管理局商标局作出的行政行为进行再审查或者复议。前述已经分析了商标撤销程序的性质：撤三的性质是行政确认，因商标退化的撤销在性质上是合法行政行为的废止（撤回），而因自行改变注册商标、注册人名义、地址或者其他注册事项而撤销的性质是行政处罚。不论是哪一类的商标撤销案件，行政机关都需要作出新的行政行为。本着对商标授权确权程序设置传统的尊重，设置撤销复审有一定的合理性。

第二，不利于商标行政机关的自我监督，可能对注册管理秩序产生影响。在行政二审下，商标撤销案件被行政机关审查了两次，有利于行政机关使用复审程序进行自我监督。另外，商标撤销是对已经注册的商标进行撤销，而目前我国撤销案件的数量较多。直观地看，多一道行政程序的自我监督可以保证行政机关行政行为的合法性和合理性，对注册管理制度是有益的。

第三，可能会带来法院工作量增多的问题。如果取消撤销复审，目前撤销复审的案件会进入法院，按照 2018 年的撤销复审申请量计算，法院将要受理 8151 件撤销复审案件❶。2018 年北京知识产权法院一审商标授权确权案件审结量为 10633 件❷，如果假设撤销复审的案件全部进入诉讼，那么相当于取消撤销复审后，法院的案件数量增加 77%，可能会给法院造成一定的案件压力，导致案件积压、审判效率下降。

第四，对抗式的审查程序改革会给商标撤销部门造成审限压力，带

---

❶ 杨萍. 新时代商标评审改革创新与发展［EB/OL］.（2018-09-19）［2020-10-19］. http://spw. sbj. cnipa. gov. cn/llyj/201809/t20180919_276030. html.

❷ 国家知识产权局商标局. 国家知识产权局商标局评审法务通讯（2019 年第 7 期）［EB/OL］.（2019-08-26）［2020-05-11］. http://spw. sbj. cnipa. gov. cn/fwtx/201908/t20190826_306252. html.

来工作增量。根据《商标注册便利化改革三年攻坚计划（2018—2020）年》，2020 年撤三、撤销注册商标成为通用名称审查周期缩短至 6 个月。修改为对抗式的程序审理，又会增加审查的时间，给主管机关带来较大的审限压力。同时，相比目前的程序，增加证据材料交换环节会给主管机关带来工作增量。

2. 行政一审的可行性分析

（1）行政二审有其历史背景，机构改革为撤销程序简化提供了契机

撤销程序冗长的问题在历史上源于 2001 年《商标法》修改。2001 年，为了满足加入世界贸易组织的需求，与 TRIPS 的规定相协调，我国修改了《商标法》，将行政裁决终局改为司法裁判终局；在撤销程序上，表现为不服原国家工商行政管理总局商标评审委员会对撤销复审的决定，可以向人民法院提出诉讼。但是 2001 年《商标法》的修改主要是为了全面履行 TRIPS 规定的义务，对其他问题顾及甚少，因此造成目前行政二审效率低、冗长的情况。可见，目前撤销程序的设置是有其历史背景的，在初始设置时就存在问题，增加了司法程序而没有相应缩减行政程序。

虽然从 1982 年起，我国就设置了商标复审程序，但是该程序所造成的程序冗长、重复而效率欠佳的问题一直存在。在推进国家治理体系和治理能力现代化的背景下，政府职能转变和优化协同是应有之义。体现在商标领域，就需要解决分头管理和重复执法的问题。这也是 2018 年国务院机构改革的初衷。根据 2018 年的《国务院机构改革方案》，我国实现了专利和商标行政授权确权主管机关的统一。同时，商标主管机关内部也根据改革方案进行了调整，将原国家工商行政管理总局下辖的商标局、商标评审委员会和商标审查协作中心进行整合，统一为国家知识产权局商标局。本次机构改革的总体考虑就是着眼于转变政府职能，落实"放管服"改革的要求，其最终目的就是要简化商标审查审理程序中不必要的、重复的环节，特别是原国家工商行政管理总局商标评审委员会的复审环节。可以说，在当前，机构改革为简化撤销复审提供了新的契机。

（2）行政一审在法理上可行

从理论上说，对行政行为的救济并不需要专设行政机关的审查程序，除非法律法规另有规定。虽然商标评审部门的复审行为在性质上不是行政复议，但其与行政复议本质上一致，都是对行政行为进行救济的方式，

是对行政行为的再审查。《行政诉讼法》规定，对属于人民法院收案范围的行政案件，当事人有权自由选择通过行政诉讼程序还是行政复议程序寻求法律救济。也就是说，法律原则上不作规定要求当事人必须选择行政复议。在商标领域也相同，商标撤销行为在性质上为行政确认、行政行为的废止以及行政处罚，其都是行政机关的行政行为，而撤销复审是对审查结论再进行一次行政程序内的审查。根据法理，这样的行政复审可以不予设置，由当事人在撤销程序后直接提起行政诉讼。因此，对于商标撤销案件，在不影响当事人权利救济的情况下，可以简化撤销复审，转变为行政一审。因此，在《商标法》进一步修改中，将商标撤销由行政二审调整为行政一审在法理上是可行的。

（3）行政一审具有现实可行性

第一，简化为行政一审对注册管理秩序影响不大。在现实中，大多数撤销案件都不能提供使用证据，这些案件中的大多数商标权人已经不再使用争议商标，争议商标成为闲置商标。而因为这些商标基本上没有或者很长时间没有在市场上被使用，将其撤销后也不会对注册管理秩序造成冲击，以行政一审予以撤销还是行政二审予以撤销影响不大。

第二，简化为行政一审后，行政机关在工作量和审限上可承受。目前商标撤销案件中可以提供使用证据的案件比例并不高；撤销程序简化一个审级后，行政机关解放了目前一个审级的人力和物力，应当能够应对这些案件的对抗式审理。

从审限上看，目前在撤销程序中，送达的问题比较突出，占用的程序时间会比较长。但通过完善送达制度，特别是依托商标申请信息化以及目前大数据的优势，对注册地址进行动态更新管理，可以较好地解决送达的问题，减少送达的时间。这样可以缓解因增加证据交换环节带来的程序审限压力。

第三，法院工作量的增加并不严重。简化为行政一审后，通过增加证据交换制度、统一行政机关和法院的认定标准等配套制度改革，当事人对行政机关的裁决的信任度会显著提升，再提起诉讼的概率就会明显降低。同时，通过完善送达制度，目前实践中存在的商标权人确实使用了商标，但因为没被送达到而被撤销商标，进而提起撤销复审、诉讼的问题就会解决。再者，改为行政一审后也可以倒逼法院调整撤销案件的相关规定，例如证据规则上是否不允许提交新的证据等。法院目前探索的相关改革也会使其工作量得到缓解。

四、撤销程序简化为行政一审后的制度构架和内容

整体来看，我国撤销程序中引入法院负责商标撤销程序的模式不具有可行性，但将撤销程序简化为行政一审较为适宜。下一次修改《商标法》时可以做如下制度调整。

首先，在撤销程序审级设置上，由行政二审简化为行政一审。修改《商标法》第 54 条，规定对国家知识产权局作出的撤销或者不予撤销注册商标的裁定，撤销申请人和商标权人不服的，可以在收到通知之日起 30 日内直接向法院提起诉讼。修改《商标法》第 55 条，规定法定期限届满，当事人对国家知识产权局作出的撤销裁定不向人民法院起诉的，撤销注册商标的裁定生效。

其次，为了增加行政一审的可行性，必须配套对撤销程序具体运行规则的调整。一方面，将撤销程序调整为对抗式程序，增加答辩质证环节。当前商标法仅规定商标主管机关将撤销申请通知商标注册人，限其自收到通知之日起 2 个月内提交该商标在撤销申请提出前使用的证据材料或者说明不使用的正当理由❶，但是没有规定商标注册人的答辩及相关证据材料需交换给撤销申请人，造成撤销行政第一审程序流于形式，制度效果不佳。因此，《商标法》下一次修改时应当配套修改《中华人民共和国商标法实施条例》第 66 条，增加商标注册人的答辩及相关证据材料交换给撤销申请人的规定。增加该规定后，可以显著增加当事人对撤销行政第一审裁决的信服度，从而减少当事人后续提起诉讼的概率。另一方面，需要尽量统一行政机关和法院在撤销案件中的实体裁决标准。虽然由于每个人对事实认定、法律解释的自由心证不同，即使实体标准完全一致，也不能杜绝当事人继续提起后续诉讼程序的可能，但是，实体裁决标准尽量统一后，可以预想到当事人提起后续诉讼的概率会大大降低。

再次，还需要对送达制度进行调整。如前所述，增加证据交换环节后，可能带来一定的审限压力，但由于目前撤销程序中送达的周期较长，

---

❶　参见：《中华人民共和国商标法实施条例》第 66 条。

可以通过调整送达制度缓解增加证据交换环节带来的审限压力。另外，在商标撤销实践中，会出现商标权利人正常存续，商标正常使用，但因地址管理不善等原因送达不到的情况，影响了撤销程序的裁决质量，增加了后续程序的利用率。解决这些问题最有效的措施是逐步推进电子送达。根据 2019 年发布的《关于商标电子申请的规定》，在电子送达的情况下，文件发出之日起满 15 日就视为送达当事人，而且即使当事人未登录或者未查看，也不再进一步公告送达。这就可以大大缩短送达周期，缓解审限压力。当前商标主管部门依托"商标网上服务系统"已经极大地实现了商标信息化；实践中如果商标通过网上服务系统申请，商标主管部门一般会采用电子送达。随着越来越多的商标通过网上服务系统申请、续展以及从前的商标档案随着商标信息化的发展而逐步电子化，未来商标业务全部电子化应当可以实现，那么相应的也可以实现全部电子送达，因送达不到而导致当事人提起后续诉讼的情况会大量减少。

以上是从行政一审可行性的角度谈论具体运行规则调整的。另外也应看到，通过完善答辩质证规则和实体裁决标准，调整送达制度，撤销程序的价值即督促商标使用、激活商标资源的立法目标更易实现，同时还可以避免行政和司法资源浪费，提升效率，真正实现公平和效率的统一。

最后，撤销程序简化为行政一审后，仍由当前国家知识产权局商标撤销部门负责撤销，而不应由其商标评审部门负责撤销。这有利于延续我国商标法律程序的审查审理传统。上文已经说明，在原国家工商行政管理总局商标局和商标评审委员会的职责界分上，一般新的行政行为由前者作出。2018 年国务院机构改革后虽然将原国家工商行政管理总局商标局与商标评审委员会合并，并平行设置了 52 个处（室），但各处（室）承担的职责和功能与原先差别不大，继续由商标撤销部门（原国家工商行政管理总局商标局撤销部门）审理撤销符合我国商标主管机关权力分配的传统。同时，上文已经提到，2018 年国务院机构改革的最终目的就是要简化商标审查审理程序中不必要的、重复的环节，特别是原国家工商行政管理总局商标评审委员会的复审环节；再由国家知识产权局商标评审部门负责撤销与机构改革的要旨相悖。因此，应当由国家知识产权局商标撤销部门负责行政一审中的"审"，对其裁决不服的直接诉讼。

总之，完善撤销程序需将其简化为行政一审，并配套上述对具体运行规则的调整。另外，商标法律制度整体应当具备系统性、体系化的特点。未来，撤销程序简化为行政一审还需要与商标授权确权诉讼程序的修改、依职权撤销制度的建立等形成互动，以共同推动商标审查审理程序提质增效，实现商标审查审理程序的良性运行。

商标法相关程序性
规定调研报告[*]

中华商标协会项目组

摘　要

基于 2013 年第三次修改《商标法》以来的审查实践，并考虑 2019 年第四次《商标法》修改后的状况，选取商标审查审理程序的中止、期限延长、商标申请的撤回、商标专用权的恢复以及缴费程序等社会反映强烈、制度需求迫切的几个程序性问题进行专门调研论证。通过发放问卷收集多方反馈意见，并走访行政、司法机关，听取各方对现行制度的意见和修改建议，经总结归纳形成完善《商标法》相关程序性规定的修改建议。

关键词

商标法　程序　修改　行政　司法

＊ 本文根据中华商标协会项目组承担的国家知识产权局 2020 年委托项目"商标法律制度完善调研论证"报告撰写，仅代表项目组观点。

改革开放以来，我国社会、经济制度发生了重大变迁，《中华人民共和国商标法》（以下简称《商标法》）自1983年施行以来也经历了多次修改。在新的历史时期，《商标法》的实施又面临着诸多挑战，比如如何处理确保商事主体尽快获得权利与权利的正当性、稳定性之间存在的有关效率与公平的矛盾，如何确保正当的商事主体获得商标权从而将大量的商标抢注、囤积行为排除在外。这对商标申请审查程序提出了更高要求，以便在依法行政的原则之下确保商标审查审理行政机关作出的裁决有法可依，并便于商标申请人、行政相对人获得权利和救济。

一、关于中止程序的规定

（一）实施情况和问题

《商标法》第35条第4款和第45条第3款规定，在异议或者无效宣告程序中，如果涉及在先权利的确定，必须以法院或行政机关正在处理的另案结果为依据的，可以中止程序。但是在商标驳回及其复审程序中并不存在中止的规定。

调查问卷显示，异议和无效程序的中止规定得到大多数受访者的肯定，有37%的受访者认为还应当增加适用中止的其他情形。对于增加何种中止情形，有56.8%的受访者提出应当在商标驳回复审程序中增加等待在先引证商标权利确定的规定，尤其是对于引证商标处于连续3年不使用撤销（以下简称"撤三"）程序可能使其作为在后商标的权利障碍而中止的情形，并提出如下几点必要性：第一，如不允许中止，将导致商标申请人需要通过行政诉讼获得授权，成本较高；第二，不等待引证商标的裁判结果就作出驳回申请商标注册申请的决定，将导致申请人重复申请和后续行政诉讼，浪费行政和司法资源；第三，现在取得商标权越来越难，往往要采取撤三、异议、无效、行政诉讼等手段排除在先障碍，如允许中止，将大大减少驳回比例和不必要的新申请。

调研中，司法机关几乎"异口同声"地同意在商标驳回复审程序中增设中止的规定，其提出的主要理由是：由于驳回复审申请期限较异议、无效程序短，在驳回复审已经申请完毕时，引证商标的异议、无效或者"撤三"程序还在进行中，商标申请人不得不再次提出商标申请，而引证商标被异议、无效或者撤销后也有可能被再次提出申请，从而导致商申请量的增加，商标是否能够获得注册的结论久拖不决。在驳回复审案件的再审中，如果引证商标权利消灭的事实尚未确定，最高人民法院会驳回再审申请，但也会指出，如果之后发生引证商标权利消灭确定的事实，则可以再次提起再审申请。因此，在驳回复审程序中增加允许中止的规定，应该会在一定程度上有利于避免大量的、无谓的重复。

商标审查审理行政机关对于在驳回复审程序中增加中止规定则有不同意见。商标驳回复审案件的审理基准时在《中华人民共和国商标法实施条例》（以下简称《商标法实施条例》）第 52 条第 1 款中规定的是"评审时的事实状态"，在驳回复审程序中如果引证商标权利消灭，商标审理行政机关视情况准许申请商标注册，但相应的司法审查是以评审后的事实来评价评审裁决的，这有违《商标法实施条例》的规定，而且基于评审后事实的改变而撤销评审裁决也可能"激励"商标申请人通过不断的起诉、上诉和提起再审来获得权利，从而导致诉讼案件以及行政机关应诉数量的大幅攀升。

根据国家知识产权局的统计，2017～2019 年，因引证商标在诉讼过程中丧失权利导致驳回复审决定被撤销的比例持续攀升：2017 年因此种情形被撤销裁决的占总被撤销裁决的 28.4%，到 2018 年突然上升到 42.4%，2019 年则上升到 44.3%。改判比例攀升，一方面是因为 2018～2019 年原商标评审委员会启动了全面上诉机制，另一方面也因为法院和国家知识产权局加快了案件的审理程序，也使得一些本应当在当前程序中考虑的问题没有来得及考虑而需要下一程序予以弥补，从而导致改判案件比例的增长。

（二）分析和建议

1. 在先有效注册商标数量巨大，导致在后商标被驳回比例较高

我国商标申请量连续多年居世界第一位，远超世界其他国家，相应地，就是商标的有效注册量也居世界第一，并仍在持续增长。有效注册量巨大，带来的一个后果就是，之后的商标经常会遇到在先商标权利阻碍。几乎每一个商标申请，尤其是文字商标，都会有数个乃至数十个、上百个在先商标与之类似、近似，相应的驳回比例也逐步走高。但商标有效注册量大并不意味着所有有效注册商标在市场上都有使用，其中有相当部分的注册商标，或者因为注册人放弃使用，或者因为注册人主体已经消灭等原因，只有形式意义上的注册商标专用权。这些实质已经

"死亡"的注册商标，绝对数量巨大、情况多种多样，导致商标审查审理行政机关无法主动清理，只有等在后商标申请被引证该商标驳回后，由申请人提出"撤三"等程序进行清理，再使在后商标得以注册。

2. 商标审查审理各程序间缺乏协调机制、商标审查审理行政机关与司法机关对驳回复审裁判基准时采取不同标准，导致了程序的久拖不决

在通过"撤三"等程序对在先商标进行清理的过程中，由于程序的启动和审理期限不同，程序之间需要进行协调。通常，在后商标申请人是在收到商标驳回通知书之后，才知道阻碍其商标注册的具体在先商标，于是，其在提起驳回复审申请的同时会对这些在先商标申请"撤三"。驳回复审的审理期限是9个月（可以延长3个月），"撤三"的审理期限也是9个月（也可以延长3个月，如果有复审还要至少9个月），如果"撤三"程序中在先商标注册人未答辩、未提交使用证据，一般能够在驳回复审审理期限内确定在先商标权利消灭，否则一般要经过"撤三"、复审以及诉讼，此时驳回复审程序就不会等待"撤三"的结论，而是直接依据"评审时的事实状态"驳回在后申请商标。在后商标申请人只好再提起诉讼，甚至再次申请商标，希望通过诉讼的"拖延"以等待"撤三"程序的最终结论，从而使自己多次申请中的某一件商标能够获得注册。

表面上看，让在后商标申请人不得不提起诉讼甚至再审的原因是，《商标法》中没有规定驳回复审程序等待在先权利确定的中止程序，但实际上是商标授权确权行政机关和司法机关对商标驳回复审案件的审理基准时存在不同标准所致。根据《商标法实施条例》第52条第1款，驳回复审的审理基准时是"评审时的事实状态"；而根据《最高人民法院关于审理商标授权确权行政案件若干问题的规定》第28条，审理基准时是诉讼时，甚至是再审时。这样就"激励"那些需要获得在后商标注册的申请人，不断地提出起诉、上诉和再审申请，希望能够在某一程序中实现在先引证商标的权利消灭，从而使自己的商标申请可能被准许。根据《中华人民共和国行政诉讼法》（以下简称《行政诉讼法》）第63条"人民法院审理行政案件，以法律和行政法规、地方性法规为依据"的规定，如果回归到作为行政法规的《商标法实施条例》规定的"评审时"，在后商标申请人在驳回复审之后也就不太有积极性去起诉了。

根据以上分析，修改《商标法》时，在驳回复审程序中增加中止的规定并规定中止期间不计入商标审查、审理期限，似乎是最直接的解决方案，而且在驳回复审程序中进行中止，也符合"评审时"的审理基准时要求。但是还应当看到，商标驳回复审案件占评审案件的绝大多数，每年受理在15万件以上，存在在先权利障碍的又占其中的绝大多数，如果都允许中止，将导致评审案件的大量积压，反而更加不利于商标申请人尽快获得权利。

综上，建议在《商标法》第34条增加以下条款作为第2款："依照前款规定进行复审的过程中，所涉及的在先权利的确定必须以人民法院正在审理或者行政机关正在处理的另一案件的结果为依据的，可以中止审查。中止原因消除后，应当恢复审查程序。"同时在《商标法实施条例》或者《商标审查及审理标准》中具体列举可以中止的案件类型，比如引证商标注册人在"撤三"程序中没有提交证据的，或者引证商标明显属于违反绝对理由条款的，以免对商标申请审查秩序造成更多的负面影响。

二、关于期限延长的规定

（一）实施情况和问题

《商标法》第34条、第35条第3款、第44条第2款、第54条关于商标被驳回、不予注册、依职权宣告无效和被撤销或者不予撤销后申请复审的期限，均规定为"自收到通知之日起15日内"。《商标法》第34条、第35条第3款、第44条第2款和第3款以及第45条第2款关于商标驳回复审、不予注册复审、无效复审和无效宣告请求决定的起诉期限，均规定为"自收到通知之日起30日内"。《商标法实施条例》第27条第1款、第58条关于被异议人、评审被申请人的答辩期，均规定为自收到异议材料或者评审申请书之日起的30日内。

调查问卷显示，受访者普遍认为《商标法》《商标法实施条例》中规定的复审期限、起诉期限、答辩期限过短：67.2%的受访者认为上述规定或多或少地需要被加以改动；几乎所有的建议都是，将复审期限延长为30日～3个月，将答辩期限或起诉期限延长为2～3个月；有受访者还建议，比照《中华人民共和国专利法》（以下简称《专利法》）规定的时限（通常是3个月）修改《商标法》类似程序的期限。

调查问卷显示，对复审期限的意见最集中。主要是因为目前绝大多数的各种申请手续都是通过商标代理机构提交，商标被驳回、不予注册、撤销后，代理机构需要与商标申请人/注册人联系、说明复审乃至诉讼获得支持的可能性，再由申请人/注册人确定是否要复审并通知代理机构准备提交相关文件。在申请人/注册人为外国人的情况下，提交申请的代理人与该外国人之间还要经过外国律师事务所及其在中国的代表机构层层转递、翻译后才能确定是否复审，此时《商标法》规定的 15 日往往早已经过。起诉期限与复审期限的性质相同，虽然其相对于复审期限有所延长，但对于当事人来说，30 日也未必够用。答辩期限相对复审期限要稍微好一些，因为虽然限定答辩期限为 30 日，但还给了 3 个月的补充证据期间，对于来不及充分准备证据的，还有一定的缓冲。

（二）分析和建议

1. 关于提出复审期限的规定

《行政复议法》第 9 条第 1 款规定，提起复议的期限是自行政相对人知道或者应当知道该具体行政行为之日起 60 日内。《专利法》第 41 条第 1 款规定，专利申请人对驳回其申请的决定不服，可以自收到通知之日起 3 个月内请求复审。

虽然商标授权确权中的复审程序并非行政复议●，但无论是前述行政复议期限规定，还是与商标复审程序性质相同的专利驳回复审期限的规定，都要远远长于《商标法》规定的 15 日。而且《商标法》的这一规定在 1982 年公布时即已存在，近四十年来从未被改动，也无法以 2013 年《商标法》修改后引入审理期限、追求审查效率的理由进行解释。

正如有研究所指出的，"兼顾效率和公平，成为商标评审程序架构时的出发点"，复审程序作为"一种对经商标局决定的行政行为的再审查"，"其救济色彩鲜明"。❷ 复审中，救济功能并不是通过行政决定的合法性和合理性来体现，而是直接对商标权是否应该取得或维持作出判断；最终的结论也不是行政决定是否应被维持/撤销，而是直接落实到商标是否应注册/驳回、维持/撤销。❸ 这就要求商标申请人/注册人或者异议人在复审这种重新审查程序中，对于商标申请/注册的合法性提出全面的争辩理由和证据，而这些工作要在其收到行政决定后的 15 日内完成，显然有相

● 臧宝清. 臧宝清说商标评审 ［M］. 北京：中国工商出版社，2017：10.

❷ 臧宝清. 臧宝清说商标评审 ［M］. 北京：中国工商出版社，2017：4，6.

❸ 臧宝清. 臧宝清说商标评审 ［M］. 北京：中国工商出版社，2017：12.

当大的难度。而且，考虑到前述提及的代理工作的实际运行情况，规定的 15 天期限是非常紧张的。如果从最终解决商标申请注册的合法性❶或者纠纷的最终解决角度出发，应该将复审期限作适当的延长。

另外，在专利审查程序中，经过来回往复的几轮审查意见及其答复之后，如果仍不能弥补申请缺陷，才会发驳回决定。因此，专利申请人在收到驳回决定时已经知晓决定的方向和理由。即使如此，《专利法》也给了较长的 3 个月提出复审期限，以便进行充分准备。在商标驳回、异议程序中，国家知识产权局在决定作出前向申请人或者异议人发送审查意见书的概率并不高；同时，驳回及其复审、异议及不予注册复审中使用的理由经常不一致。复审程序作为一种重新审查，其审理更加全面，答辩和举证也更加充分，在这种现实情况下，反而给予相对更短的提出复审期限显然不够合理。

2. 关于答辩期、起诉期的规定

在商标授权确权的行政程序和诉讼程序中，对于相对人/当事人主体资格证明文件的要求是不一样的。在商标申请以及后续的评审程序中，涉外相对人的代理人只需要提交委托书就可以参与申请及评审程序。但是在起诉时，要求涉外当事人提交经过所在国家公证、我国驻该国使领馆认证的主体资格证明、授权委托书等文件，而这些文件的办理和邮寄过程需要较长的时间，30 日的起诉期限远远不够。因此，商标授权确权诉讼的审理机构北京知识产权法院、北京市高级人民法院要求在《商标法》规定的 30 日内提交起诉状等诉讼材料，在 3 个月内补充涉外案件所需要的各种文件，到期未能补充的，才不予立案。从律师事务所和商标代理人机构的反馈来看，3 个月的补充公证认证期限基本够用，而该期限与《专利法》第 41 条第 2 款规定的起诉期是相同的。因此，从程序协调以及符合实际的角度看，将商标授权确权诉讼的起诉期限规定为 3 个月应该是合适的做法。

综上，建议将《商标法》第 34 条、第 35 条第 3 款、第 44 条第 2 款、

---

❶ 在商标法的语境下，"合法性"的含义有时仅指商标申请/注册需要排除《商标法》第 10 条所列举的各项不得作为商标使用的条件。本文中使用的"合法性"一语，如非特别指明，包括商标注册的绝对条件（《商标法》第 4 条、第 10 条、第 11 条、第 12 条、第 44 条第 1 款等）、相对条件（《商标法》第 13 条、第 15 条、第 16 条、第 30 条、第 31 条、第 32 条）等各方面的禁止性规定，不仅局限于《商标法》第 10 条的情形。

第 54 条规定中的"可以自收到通知之日起十五日内……申请复审",修改为"可以自收到通知之日起三个月内申请复审";上述条款中的"可以自收到通知之日起三十日内向人民法院起诉",修改为"可以自收到通知之日起三个月内向人民法院起诉"。

三、关于撤回商标申请制度

(一) 实施情况和问题

《商标法》《商标法实施条例》中均不存在主动撤回商标申请的规定,但实践中确实存在撤回的需求和做法。调查问卷显示,53.3%的受访者认为应该增加相应的规定。在与商标审查审理行政机关的座谈中,有同志也提到,在商标申请审查过程中一直存在撤回商标申请的操作,国家知识产权局商标局也一直有固定的做法,但确实没有明文规定。在与司法机关的座谈中,有法官也认为应该有关于撤回的规定,最好对于诉讼阶段是否允许撤回商标申请及其效果一并规定。

与主动撤回相关联的是"视为撤回"的情况。虽然《商标法》《商标法实施条例》中没有商标申请"视为撤回"的字样,但并非没有规定。它是从商标审查行政机关的角度作了规定,表述上并不统一。比如,《商标法实施条例》第 18 条规定,对申请文件未按期补正或者未缴费的,国家知识产权局不予受理并书面通知申请人;第 19 条规定,同日申请均未使用也无法协商的,要通过抽签确定谁作为申请人,对于接到通知未参加抽签的"视为放弃申请"。《商标法》第 29 条规定,如果商标审查行政机关要求商标申请人对商标注册申请内容作出说明或者修正,商标申请人不予说明或修正的,国家知识产权局机关仍然会作出审查决定,但该条并未限定该审查决定的结果。

《商标法》《商标法实施条例》对商标异议申请的撤回和视为撤回、商标异议程序中是否允许撤回商标申请也都没有规定。但是,在《商标法实施条例》第 57 条第 2 款、第 60 条第 3 款、第 61 条和第 62 条中却详细规定了商标评审申请的撤回和视为撤回。项目组认为,程序性规定应当具有一定的普遍性,一般不存在某一程序无法适用而后续程序反而可以适用的情形,因此就申请、异议、无效以及复审,可以统一规定基本一致的撤回和视为撤回制度,方便程序的普遍适用。

（二）分析和建议

民事主体可以"按照自己的意思设立、变更、终止民事法律关系"（《中华人民共和国民法典》第 5 条），因此，作为民事权利之一的商标权，也应当可以按照商标权利人的意思设立、变更和终止。

商标授权确权行为，是对商标申请/注册的合法性进行的审查和审理的，属于行政确认，即基于特定主体对权利的享有应具备一定条件，因此由国家公权力机关对其享有权利的条件和范围加以验证并给予合法性的证明。公权力机关本身并不授予权利，而是以公权力的样态为权利的享有和行使提供基础和正当性之名。❶

实践中，对于主动撤回商标申请，还是有需求的，比如当同处于申请审查过程中的两个商标存在冲突，经过协商一方决定撤回申请的。❷2019 年修正的《商标法》新增第 4 条"不以使用为目的的恶意注册申请"规定之后，大量囤积商标、转让牟利的企图已经不太可能实现，允许此类行为者撤回申请，能够避免制裁，同时减少审查的工作量。尤其是，对于恶意注册的申请，通过与《商标法》第 29 条"要求申请人做出说明或者修正"（通过发送审查意见通知书）的规定相结合，为督促申请人维护商标申请注册秩序，允许其进行自我纠错、主动撤回申请提供了条件。

另外，2001 年修正的《商标法》增加了部分驳回的规定，2002 年施行的《商标法实施条例》第 21 条第 1 款则对此作了细化，其第 2 款允许商标申请人放弃被部分驳回的商标注册申请；2014 年修订的《商标法实施条例》仅保留了 2002 年施行的《商标法实施条例》第 21 条第 1 款，将该条第 2 款的撤回部分申请改为第 22 条的部分申请分割制度，却没有关于分割后仍然处于被驳回状态的部分申请如何处理的规定。在实践中做法无非两种：要么放弃该部分申请，要么就该部分申请提出复审申请；如果放弃只能按视为撤回/放弃申请处理。

综上，对于商标申请的主动撤回和视为撤回，都需要有通则性的规定来统辖目前散落在《商标法》《商标法实施条例》中的个别的、从不同视角作出的与申请撤回相关的规定，如此才能确保商标申请人的各项程序权利清晰、完整，也能确保商标审查审理行政机关所作出的行政行为

---

❶ 曹伟. 专利确权及无效诉讼制度研究 ［M］. 北京：法律出版社，2015：15.

❷ 参见：北京市高级人民法院（2013）高行终字第 1305 号行政裁定书。

在程序上有法可依，便于社会监督。

建议在《商标法》第 37 条中增加一款，作为第 2 款："申请人可以在被授予注册商标专用权之前随时撤回其商标申请。申请人撤回商标申请的，应当向国务院商标行政部门提出声明，写明商标申请号和申请日。"

将《商标法实施条例》第 18 条第 2 款"申请手续不齐备、未按照规定填写申请文件或者未缴纳费用的，商标局不予受理"的规定，修改为"申请手续不齐备、未按照规定填写申请文件或者未缴纳费用的，视为撤回商标申请"；"期满未补正的或者不按照要求进行补正的，商标局不予受理并书面通知申请人"修改为"期满未补正的或者不按照要求进行补正的，视为撤回商标申请。"

将《商标法实施条例》第 19 条"商标局已经通知但申请人未参加抽签的，视为放弃申请，商标局应当书面通知未参加抽签的申请人"，修改为"商标局已经通知但申请人未参加抽签的，视为撤回申请，商标局应当书面通知未参加抽签的申请人"。

在《商标法实施条例》第 22 条中增加一款，作为第 4 款："申请人对商标申请中初步审定的部分申请分割后，对部分驳回的部分不提出复审的，视为撤回该部分的商标申请。"

在《商标法实施条例》第 28 条中增加一款，作为第 3 款："被异议商标在部分指定商品上不予注册后，被异议商标申请人不提出复审或者诉讼的，视为撤回在该部分指定商品上的商标申请。"

四、关于注册商标专用权的权利恢复制度

（一）实施情况和问题

根据《商标法》，注册商标专用权到期未续展的，专用权消灭，注册商标被注销。当存在不可抗力或者非因可归责于注册商标专用权人的原因导致其无法申请续展的，能否允许在不可抗力或者其他事由消灭后提出权利恢复的申请，在《商标法》《商标法实施条例》中没有规定。除续展外，对于其他所有在权利行使方面有期限要求的规定，在存在不可抗力等正当理由时，都有"无法行使，等待障碍消除后再行恢复"的需求。

受 2019 年底至今的新型冠状病毒肺炎疫情影响，很多商事主体不得不中断营业，更不用说对其即将到期的注册商标进行管理了，由此导致

了注册商标专用权的消灭或者其他的权利行使障碍。2020 年 1 月 28 日，国家知识产权局发布《关于专利、商标、集成电路布图设计受疫情影响相关期限事项的公告》，要求：因疫情延误《商标法》相关规定或者指定期限的，自权利行使障碍产生之日起中止，待权利行使障碍消除之日继续计算；因权利行使障碍导致其商标权利丧失的，可以自权利行使障碍消除之日起 2 个月内提出书面申请，说明理由，出具相应的证明材料，请求恢复权利。

在调查问卷中，70.74%的受访者也认为《商标法》中应当增加对因疫情等不可抗力导致续展超期的救济。当然，现实中还发现有相当数量的商事主体对自己的注册商标不进行任何管理，对哪些商标到期或者即将到期应当续展没有计划或者准备，这其中不乏一些大型国有企业。对于这些因为商事主体自身经营过程中的疏忽导致的注册商标专用权消灭，普遍意见认为不属于允许申请权利恢复的情形，应当教育、督促其加强商标管理。

（二）分析和建议

规定因为不可抗力或者其他并非可归责于注册商标专用权人的原因导致权利消灭的，可以允许其在障碍消除后的一定期间内申请恢复权利，体现了对注册商标专用权的全面保护，也是为疫情后复工复产、优化营商环境所作出的应有贡献。

参考《中华人民共和国专利法实施细则》（以下简称《专利法实施细则》）第 6 条、国家知识产权局《关于专利、商标、集成电路布图设计受疫情影响相关期限事项的公告》及《商标法实施条例》第 67 条的规定，对于因不可抗力或者其他并非可归责于商标申请人/注册人/异议人/无效请求人等的原因导致的权利消灭或者权利行使障碍给予一定的救济，即在《商标法实施条例》第 12 条之后增加一条，作为第 13 条：

"当事人因不可抗力或者其他不可归责于自身的正当理由延误商标法及本条例规定的期限或者国家知识产权局指定的期限，导致其不能正常办理相关商标事务的，相关期限自权利行使障碍产生之日起中止，待权利行使障碍消除之日继续计算，法律另有规定的除外；因权利行使障碍导致其商标权利丧失的，可以自权利行使障碍消除之日起 2 个月内提出书面申请，说明理由，出具相应的证明材料，请求恢复权利。

"当事人依照本条第一款的规定请求恢复权利的，应当提交恢复权利请求书，说明理由，必要时附具有关证明文件，并办理权利丧失前应当办理的相应手续，缴纳恢复权利请求费。

"当事人请求延长国务院商标行政部门指定的期限的，应当在期限届满前，向国务院商标行政部门说明理由并办理有关手续，缴纳恢复权利请求费。

"本条第一款的规定不适用商标法第二十五条、第二十六条、第四十五条第一款、第五十条规定的期限。"

五、关于商标行政程序中的缴费制度

（一）实施情况和问题

缴费问题在实践中困扰行政相对人多时。调查问卷显示，47.5%的受访者认为需要对缴费程序作出明确规定，并建议：简化现有流程，对于网上缴费程序进行整改，稳定其运行，取消纸质的缴费通知以避免浪费，尽快下发缴费通知以便尽快行使权利等。

根据《商标法》第 72 条、《商标法实施条例》第 97 条的规定，对于商标的申请、异议、无效、撤销以及注册商标权利人或注册地的变更、权利的转让和续展等行政程序，都需要缴纳一定的费用才能使程序得以进行。

商标申请的缴费问题，仅在《商标法实施条例》第 18 条第 2 款提及："商标注册申请手续齐备、按照规定填写申请文件并缴纳费用的，商标局予以受理并书面通知申请人；申请手续不齐备、未按照规定填写申请文件或者未缴纳费用的，商标局不予受理，书面通知申请人并说明理由。申请手续基本齐备或者申请文件基本符合规定，但是需要补正的，商标局通知申请人予以补正，限其自收到通知之日起 30 日内，按照指定内容补正并交回商标局。在规定期限内补正并交回商标局的，保留申请日期；期满未补正的或者不按照要求进行补正的，商标局不予受理并书面通知申请人。"同条第 3 款明确："本条第二款关于受理条件的规定适用于办理其他商标事宜。"可以看出，该第 18 条没有关于缴费期限的规定和要求；缴费允许补正（补缴），但少缴、多缴、重缴、错缴等情形相应的也都没有规定相应的处理程序；对于缴费有困难的减免、缓缴也没有关于如何操作的规定。

（二）分析和建议

在所有商标行政程序中涉及的费用缴纳问题，只有两种情况：缴纳费用则予以受理，不缴纳费用则不予受理。国家知识产权局发布的《商标业务缴费指南》是根据《国家发展改革委　财政部关于降低部分行政事业性收费标准的通知》等一系列"深化放管服"文件的要求，对于收费项目、标准、缴费方式等所作的规定，但缺乏更上位的规则，比如缴费期限、效力、不缴或迟缴效果以及减缴、免缴、缓缴的申请、审查等与缴费有关的程序问题的规定。鉴于这些问题基本没有需要进行理论探讨之处，与专利等其他知识产权领域的缴费问题有共通性，同时缴费还需要商标审查审理行政机关与国务院财政部门、价格主管部门共同商定，故建议参照《专利法实施细则》第九章关于"费用"的规定，设立专章，整合现有规则对缴费问题作出专门规定。对具体内容的修改建议如下：

将《商标法实施条例》第 97 条调整至第 18 条，作为第 18 条第 2 款，并增加规定以下内容："申请人或者注册商标专用权人缴纳商标法或者本条例规定的各种费用有困难的，可以向国务院商标行政部门提出减缴或者缓缴的请求。减缴或者缓缴的办法由国务院财政部门会同国务院价格管理部门、国务院商标行政部门规定。"第 18 条原第 2 款和第 3 款调整为第 3 款和第 4 款。

将《商标法实施条例》第 18 条原第 2 款中的"未缴纳费用的"，修改为"未在商标法或者本条例规定或者国务院商标行政部门指定的期限内足额缴纳费用的"。

知识产权基础性法律的法律原则和行政保护若干问题研究[*]

颜　森^❶

摘　要

　　研究制定知识产权基础性法律是我国未来知识产权立法的重要规划之一。其中，围绕着知识产权基本原则、管理执法体制和保护措施的立法方面，有如下内容有必要在知识产权基础性法律中予以体现：一是知识产权基础性法律的基本法律原则宜包括激励创新原则、权利法定原则等七大原则。二是升格国家知识产权战略实施统筹协调机构，设立国家知识产权战略委员会。三是优化知识产权的行政保护法律体系，强化行政执法体系建设。同时，加强司法保护体系和行政执法体系的协调，统一法律适用标准。四是在知识产权纠纷解决机制方面，有必要进一步建立调解、和解、仲裁等多元纠纷解决机制。五是为了防止知识产权滥用，宜明确滥用知识产权的行为可以适用反垄断和反不正当竞争方面的规范。

关键词

　　基本原则　知识产权战略委员会　行政保护　多元纠纷解决机制　禁止权利滥用

---

　　* 本文系在国家知识产权局委托中南财经政法大学知识产权研究中心"知识产权基础性法律的法律原则和行政保护"项目研究报告的基础上整理完成。
　　❶ 作者单位：中南财经政法大学知识产权研究中心。

一、前　言

2008 年颁布的《国家知识产权战略纲要》明确提出："……研究制定知识产权基础性法律的必要性和可行性。"2015～2017 年，中南财经政法大学联合 9 所高校和研究机构，由吴汉东教授担任负责人，完成"知识产权基本法立法问题研究"项目，系统梳理了国外知识产权基础性法律立法模式和立法内容，形成了《知识产权基本法》和《〈民法典知识产权编〉（学者建议稿）》两份立法建议。2019 年 11 月，中共中央办公厅、国务院办公厅印发了《关于强化知识产权保护的意见》，再次提出要"研究制定知识产权基础性法律的必要性和可行性"。故此，知识产权基本法的相关研究进程进一步加速。

二、知识产权基本法的法律原则

法律原则，是指集中反映法的一定内容的法律活动的指导原理和准则。法律原则与法律规范相比，更直接地反映出法的本质、要求和规律性。法律基本原则的确立，需要符合一系列标准。这些标准是所有法律部门都需要遵循的，具体包括：

一是法律性。法律的基本原则一般具有实在法的渊源，即可以从现行有效的法律（包括制定法和判例法）中来发现和提取。如果基本原则只存在于学说中，只是一种学理上或者理论上的原则，那么它的法律性就是有疑问的。二是统率性。知识产权基本法的定位对其基本原则也具有决定性的影响。知识产权基本法是知识产权领域的综合性和基础性法律，由此其对知识产权领域其他的单行法规范都具有普遍指导意义。三是概括性。与统率性相适应，基本原则一般应具备高度的概括性，即对特定领域的法律原理的抽象和概括，在该特定领域内具有普适性。统率性着眼于基本原则能否对本领域内的法律、法规、规章体系予以全域性的统领，而概括性关注的则是基本原则的内涵和外延是否足够包容且准确。

从上述三个标准出发，可以将知识产权基本法的法律原则确定为以下几项：激励创新原则、权利法定原则、严格保护原则、公共利益原则、公平竞争原则、市场基础原则、协同原则。

（一）激励创新原则

在市场经济条件下，激发创新的根本动力在知识产权制度，保持全社会创新创造活力的关键是知识产权制度。创新需要投入大量成本，只有创新成果得到严格的保护，使得创新收益大于创新成本，才能不断激发广大创新者的创新热情和积极性，整个社会的创新活动才能源源不断地进行。也即，知识产权制度通过为创新成果提供法律保护，使权利人得到合理市场回报，引领创新者源源不断涌现。

与此同时，知识产权制度重在保护，而激励创新原则是对知识产权保护的根本目标进行界定，也是对我国知识产权制度建设目标的宣示。当前，国内外一些人对知识产权保护的目标还存在认识误区。有些国家希望利用知识产权来维护其科技领先地位，限制别国平等发展的权利，并在全球范围长期获取垄断利益。然而，如果把知识产权变成推行保护主义的工具，片面扩张个别国家的利益，而不考虑其他国家的利益，就不仅不利于保护和激励创新，而且会扰乱国际经贸秩序。从这一角度看，知识产权制度建设不仅要注重保护，还应当注重运用和实施。知识产权只有通过运用实施，才能实现市场价值，驱动经济发展。

（二）权利法定原则

知识产权的客体是一种知识形态的精神产品，其存在不表现为一定的外在形体，不占有一定的空间。人们对知识产品的"占有"不是一种实在而具体的控制，即不是一种事实上的实际控制。一项知识产品可以为若干主体同时占有，被其共同使用。知识产品一旦传播，即可能为第三人通过非法途径所占有。法律对民事权利予以保护的条件之一是该权利客体应具有排他性。权利客体只有具有了排他性，才能确保权利人能够有效地控制和支配该权利，实现自己的利益，并排除他人的不法侵犯。在知识产品不具有天然排他性的情况下，要实现对知识产品的法律保护，只能依靠知识产权法定原则赋予知识产品以法律排他性，即依靠法律的强制性而使知识产品具有排他性。

（三）严格保护原则

该原则可以包括以下几层含义。一是国家有保护知识产权的义务和责任。二是国家保护的是依法取得的知识产权。尽管创造性活动是知识产权产生的本源，上文的"权利法定原则"也对知识产权的客体进行了规定，但《中华人民共和国专利法》（以下简称《专利法》）、《中华人民共和国商标法》（以下简称《商标法》）和《中华人民共和国著作权法》（以下简称《著作权法》）等知识产权单行法律既对权利取得的实质条件和程序进行了详细规定，同时也对知识产权的权利范围进行了界定。一项知识产品要想取得知识产权并受到法律保护，也要满足上述规定。三是权利人以外的其他单位和个人也负有不得侵犯他人知识产权的义务。

（四）公共利益原则

《中华人民共和国宪法》第51条和《中华人民共和国民法典》总则编第5章"民事权利"第132条均规定了"公共利益原则"。将公共利益原则纳入知识产权基础性法律之中，这既使得该项基本原则得以在知识产权领域具体化，同时与世界贸易组织的TRIPS的原则精神相一致。而且从知识产权本身特点出发，其对公共利益的影响力比传统民事权利更大。因此公共利益原则在知识产权领域也占据着更为重要的地位。一般说来，知识产权法律在调整社会关系时，必须考量多个方面的利益，即知识资源提供者的利益、知识产品创造者的利益、知识产品使用者的利益以及社会一般公众的利益。知识产权法律的效益目标即是实现利益平衡并达到最大化。目前《著作权法》《专利法》《商标法》等都对知识产权限制进行了比较详细的规定，如著作权合理使用与法定许可制度、专利强制许可等。

（五）公平竞争原则

市场经济的基本要旨即在于竞争，但这种竞争并不是不受限制的竞争。知识产权与公平竞争之间的关系主要表现在以下几个方面。首先，知识产权本身具有垄断性，而知识产品所具有的公共性和社会性则会将这种垄断所带来的危害性予以高度放大。这不仅会对市场竞争造成损害，从长远看也会削弱知识产权自身对创新的激励功能。其次，知识产权保护是市场经济秩序的重要组成部分，与知识产权有关的反竞争行为不断增多，竞争法和知识产权法日益结合，并成为其中的重要组成部分。

（六）市场基础原则

市场基础原则旨在厘清知识产权活动中市场与政府的关系。党的十八届三中全会明确指出"市场在资源配置中起决定性作用"，通过的关于

《中国共产党章程（修正案）》的决议吸收了这一重大理论创新，在总纲部分将原来的市场"基础性作用"修改为"决定性作用"。市场决定资源配置是市场经济的一般规律，理论和实践都证明，市场配置资源是最有效率的形式。只要实行市场经济体制，就必须尊重市场在资源配置中的主体地位和决定性作用，其他任何力量都不能代替市场的作用。

（七）协同原则

知识产权基本法主要围绕知识产权的创造、运用、保护、管理和服务等环节展开，其中会涉及发明人、企业、政府、大学、研究院所等各类主体。知识产权基本法的实施效果如何，在较大程度上取决于这些主体之间的相互协作。大体而言，这些合作包括官产学研的协同、部门之间的协同、政策之间的协同。这其中最重要的即是部门之间的协同。

三、知识产权工作的领导与协调机制

由于知识产权工作涉及科技创新、市场监管、文化教育、立法司法等多个行业和主管部门，因此如何协调各方协力合作是一大挑战。国家知识产权战略的成功实施离不开强有力的领导协调机制，因而极有必要在知识产权基本法中对此进行专门规定。

（一）领导协调机制立法的必要性

1. 我国现行国家知识产权领导协调机制的现状与不足

我国目前国家层面的知识产权工作协调机制始于 2008 年设立的"国家知识产权战略实施工作部际联席会议制度"。2008 年 10 月，随着国家知识产权战略启动实施，国务院批复同意建立"国家知识产权战略实施工作部际联席会议制度"。该联席会议负责在国务院领导下，统筹协调国家知识产权战略实施工作，联席会议办公室设在国家知识产权局。2016年 3 月 21 日，为进一步加强知识产权协调工作，国务院批复同意建立"国务院知识产权战略实施工作部际联席会议制度"，层级比之前有所提升。该联席会议负责在国务院领导下，统筹协调国家知识产权战略实施和知识产权强国建设工作。

根据《国务院办公厅关于部际联席会议审批程序等有关问题的通知》，部际联席会议是为了协商办理涉及多个部门职责的事项而建立的一种工作机制，不刻制印章，也不正式行文，如确需正式行文，可以牵头部门名义、使用牵头部门印章，也可以由有关成员单位联合行文。可以看出，部际联席会议制度是一种相对松散的非正式的跨部门协调工作机制，其协调力和权威性往往并不高。为切实了解我国现行国务院知识产权战略实施工作部际联席会议制度的运行情况，课题组成员曾对国务院知识产权战略实施工作部际联席会议办公室进行了调研。调研发现，该办公室在协调各个知识产权相关部委上存在一定困难，各部委并没有强制的法律义务配合该部际联席会议办公室的协调工作。

笔者认为，尽管自 2008 国家知识产权战略实施以来，我国知识产权管理体制机制有着显著性优化，但高规格知识产权战略实施统筹机构的缺失，仍然是我国知识产权工作中的薄弱环节。现有的国务院知识产权战略实施工作部际联席会议制度层级不高，权威性不足，难以有效领导和协调众多部委。

2. 日韩知识产权基本法中关于领导协调机制的立法先例

（1）日本知识产权战略本部

在日本知识产权基本法制定以前，日本知识产权管理机构主要由日本特许厅、日本文部科学省、日本农林水产省等组成。各部门负责自己主管领域的法律工作，不同类型的知识产权由各部门根据自身的管辖范围进行管辖，一旦涉及跨领域的问题，则必须通过各部门之间的交涉协商解决。此后，为了集中、有计划地实施有关知识财产创造、保护及应用的措施，统一推进知识产权领域的改革与发展，缓解各部门之间的协调困境，日本通过知识产权基本法设立了知识产权战略本部。❶ 知识产权战略本部由日本内阁总理大臣担任本部领导人（部长），国务大臣担任本部副部长，其他国务大臣及民间的"有识之士"（包括大学校长、教授、代理师协会会长、企业法定代表人等）担任其余成员。

（2）韩国国家知识财产委员会

在韩国知识财产基本法出台前，韩国的知识产权同样分由韩国知识产权局、韩国文化体育观光部、韩国农林畜产食品部等机构管理。在各部门分头管理的情况下，韩国同样面临着出台泛政府层面的知识财产政策或战略的困境。因此，为了推进综合性知识财产政策的制定和执行，

---

❶ 顾昕. 日本《知识产权基本法》的立法背景及其实施效果 [J]. 科技中国，2020（5）：30-33.

促进知识财产的创造、保护及应用，韩国通过知识财产基本法设立了"国家知识财产委员会"。❶ 国家知识财产委员会对总统负责，委员会的委员长由国务总理和民间委员共同担任。为有效执行委员会业务，国家知识财产委员会内还设立了专业委员会。

综上，无论是从我国知识产权领导协调机制的现状，还是从日韩的知识产权基本法的实践经验来看，我国都有必要在知识产权基本法中专门就国家知识产权领导协调机制作出规定，以强化对知识产权各相关部委的统筹协调能力。

（二）我国知识产权领导协调机制的模式选择

我国国家层面领导协调机制的基本形式有三种，即"领导小组""委员会"和"部际联席会议"，以下分别就这三种形式进行分析比较。

一是领导小组。领导小组主要是指存在于我国各级党政部门、以"领导小组"为名称后缀的各种组织。早在 1958 年，中央就开始设立财经、政法、外事、科学及文教等 5 个小组，直属中央政治局和中央书记处，向其直接作报告。❷ 此后，中央先后设立过众多领导小组，党的十八大之前成立的中央全面深化改革领导小组、中央网络安全和信息化领导小组都是属于此类。国务院系统也有各种领导小组，如西部地区开发领导小组、振兴东北地区等老工业基地领导小组，具体工作由国家发展和改革委员会承担。然而，领导小组制度具有"间歇运作""双层结构""隐匿化与制度化并举"等特点❸，是一种非正式的领导协调机制，因而近年来有向委员会机制转变的趋势。另外，中央领导小组还具有时限性和不稳定性。有的领导小组因重大性、基础性与战略性任务而设立，不仅地位与权威性更高更强，甚至存在的时间还超过政府的某些正式组成部门；有的领导小组则是针对某一阶段型工作或任务而设置的，持续时间根据工作或任务的情况决定。❹ 由于领导小组的不稳定性，一旦撤销，

---

❶ 王淇. 韩国知识产权政策体系初探［J］. 科技促进发展，2017，13（10）：826-831.

❷ 中共中央组织部. 中国共产党组织史资料：1921～1997（第 9 卷）［M］. 北京：中共党史出版社，2000：628.

❸ 周望. "领导小组"如何领导？：对"中央领导小组"的一项整体性分析［J］. 理论与改革，2015（1）：95-99.

❹ 邵阳. 党政领导小组研究：文献回顾与未来展望［J］. 中共南宁市委党校学报，2020，22（4）：38-44.

许多原本得到缓解的问题又可能重新浮现。❶

二是委员会。委员会机制是我国党中央和国务院中较为常见的一种领导协调机制。不同的委员会在级别设置、权力范围等方面存在差异。譬如中央全面深化改革委员会等，此类委员会的委员会主任均由国家主席担任，委员会副主任由国务院总理及有关中央政治局常委担任，委员由党中央和国务院部委有关负责人组成。而其他类型的委员会级别相对更低，譬如全国爱国卫生运动委员会等，其主任由国务院副总理担任，各部委副职负责人担任副主任或委员。2018 年，《深化党和国家机构改革方案》公布，值得关注的一大变化是此次机构改革将中央全面深化改革领导小组、中央财经领导小组等领导小组改为委员会，应该说这反映了中央改革领导协调机制的新思路。相较于领导小组，委员会的职能范围更广、机构设置更规范、参与成员更多元、统筹协调更有力、决策议事权威性更高，有利于完善党对重大工作的科学领导和决策，形成有效管理和执行的体制机制，加强党中央对地方和部门工作的指导。同时，将领导小组改为委员会，既满足了我国治国理政的实际需要，也符合世界各国决策议事协调机构运行的普遍规律。❷

三是部际联席会议。由上文对部际联席会议的介绍可以看出，部际联席会议制度是一种相对松散的、非正式的跨部门协调工作机制，其协调力和权威性往往并不高。部际联席会议制度在我国已有不少，有些部际联席会议制度的协调工作内容相当具体，其重要性层级与国家知识产权战略完全不可同日而语，如"国家电子文件管理部际联席会议制度""校车安全管理部际联席会议制度"等。

综上所述，我国知识产权领导协调机制在形式上宜采用委员会而非领导小组或部际联席会议，即将国务院知识产权战略实施工作部际联席会议升格为国家知识产权战略委员会；同时，该委员会下设国家知识产权战略推进办公室，作为常设执行机关，负责处理日常事务。其理由在于，委员会相较于领导小组或部际联席会议，是一种更加稳定的、长期的制度化设计，实现了由任务型组织向常规型组织转型，决策职能和综

---

❶ 赖静萍，刘晖. 制度化与有效性的平衡：领导小组与政府部门协调机制研究 [J]. 中国行政管理，2011（8）：22-26.

❷ 张克. 从"领导小组"到"委员会"：中央决策议事协调机构优化记 [J]. 小康，2018（14）：50-52.

合协调职能得到了进一步强化。依据 2018 年公布的《深化党和国家机构改革方案》，委员会制度更加符合中央深化机构改革的方向，也更符合国际惯例。而领导小组或部际联席会议在形式上、结构上均具有一定的时限性和不稳定性。这不利于我国长期有效地深入实施国家知识产权战略。

（三）领导协调机构的直接领导人

从目前我国国家层面委员会的设置现状来看，领导协调机构的直接领导人由国家主席、中央政治局常委、国务院总理、国务院副总理或国务委员直接担任。部分机构的领导人由国家主席、中央政治局常委或委员担任❶；有的机构则由国务院总理、国务院副总理或国务委员领导❷。不同级别的领导人在一定程度上决定了议事协调机构的定位，影响统筹协调功能的效果，因此有必要就国家知识产权战略委员会直接领导人的配备安排分情况予以分析。

一是国家主席担任负责人。国家主席担任国家知识产权战略委员会直接领导人，意味着我国知识产权战略工作的重要性将被提高到最高级别。从日本的经验来看，日本知识产权战略本部亦由日本最高领导人（日本内阁总理大臣）担任部长。若我国国家知识产权战略委员会由国家主席担任主任，那么委员会的权威性和协调、统筹能力自然毋庸置疑，我国国家知识产权战略的有效推进自然也能得到最有效的保障。

二是国务院总理担任负责人。我国由国务院总理牵头的委员会主要包括国家国防动员委员会、国家能源委员会等。从韩国的经验来看，韩国国家知识财产委员会对总统负责，委员会的委员长由国务总理和民间委员共同担任。若我国由国务院总理担任国家知识产权战略委员会最高领导人，有利于解决知识产权涉及面广以及牵头人职责范围有限等问题。不过，由政府首脑牵头领导，对于知识产权立法、司法以及已不在政府序列中的版权工作可能不如国家主席牵头更为得心应手。

三是国务院副总理或国务委员担任负责人。国务院副总理或国务委员担任直接领导人的委员会，主要依据副总理或国务委员的职责范围，负责职责范围内具体领域的统筹协调、政策制定工作。我国由国务院副

---

❶ 刘文健. 党中央决策议事协调机构制度的历史变迁和新时代发展 [J]. 决策与信息，2020（5）：42-51.

❷ 朱春奎，毛万磊. 议事协调机构、部际联席会议和部门协议：中国政府部门横向协调机制研究 [J]. 行政论坛，2015，22（6）：39-44.

总理或国务委员担任直接领导人的委员会较为常见，制度惯性之下该方案的优势在于更具操作性和可行性。

通过对以上三种模式进行综合比较，笔者分析认为，为了更为有效地推动我国知识产权战略的实施，最理想的方式是由国家主席亲任国家知识产权战略委员会负责人，更可行的方式是由国务院总理担任负责人。这种安排，便于促进多部门多领域合作，推进知识产权强国战略实施。当然，出于现实和国情考虑，由国务院副总理或国务委员担任负责人，也可以作为一种备选方案。

四、知识产权行政保护

知识产权的行政保护是知识产权保护的重要途径之一。首先，总体来看，采取行政保护的方式是当今各国知识产权保护体系的重要组成部分，且从国际条约和国内立法的惯例来看，我国知识产权立法中一直将民事权利内容和行政管理规范均纳入其中。其次，知识产权行政保护关涉的行政机关众多，权力分散而交叉，需要在具有统筹性的知识产权基础性法律之中对各个行政机关的管理权限予以协调。最后，我国幅员辽阔但地区间经济社会发展不平衡、不充分，执法力量分配不均衡，司法人员有限，对知识产权的保护难于做到快捷高效，这是客观存在的现实国情。受资源条件约束，行政保护体系的分工合作、协同执法在知识产权保护的效果上具有西方国家不具备的显著优势，也不同于我国以两审终审制为代表的知识产权司法保护机制。

（一）知识产权行政保护的作用和措施

较之知识产权的司法保护机制来说，行政执法的优势明显。一般认为，其具有积极主动、指向明确具体、约束力强等特色鲜明、社会震慑效果突出的特点。从实践来看，知识产权权利人更倾向于诉诸知识产权行政执法以应对大规模的侵权行为。例如，针对电子商务环境下的侵害商标权的行为，以及网络环境下的侵害著作权的行为，行政执法表现出查处迅速、工作高效、打击严厉的优势。然而，知识产权行政执法主体较为分散，行政相对人如果不服行政裁决，对应有行政复议、行政诉讼等救济途径。在某一侵害行为涉及多项知识产权的情况下，会出现多个行政执法主体均有管辖权的情形，体系化地进行制度设计，保证行政执法体系和行政管理体制之间的良性互动，显得非常必要。有学者认为，有必要研究制定专门的、类似我国台湾地区智慧财产案件审理有关规定的法律，统筹关于民事、行政、刑事三类知识产权案件审理程序的基本规定，并明确该法与民事、行政、刑事等其他现行相关程序法律的相互关系；同时，还需要根据该法制定相关配套细则、办法或司法解释等，进一步明确与以审判为中心环节的、包括所有知识产权司法保护的操作性措施的关系，尤其是刑事程序方面的，需要建立由高级人民法院统筹的协调、沟通机制。❶ 另外，鉴于侵害知识产权的行为近年来表现出产业链较长，跨地域、跨权利类型及行政执法主体的特点，有学者建议建立高级别、权威性知识产权部门联合执法协调机构，建立专业、高效的知识产权部门联合执法队伍，建立畅通、快捷的知识产权执法信息共享机制。❷

笔者认为，为了加强知识产权行政保护，统筹知识产权行政保护资源，我国有必要在知识产权基础性法律中规定强化行政执法体系建设，优化资源配置，便利知识产权确权、授权和维权，形成权责一致、分工合理、决策科学、专业高效、执行顺畅、监督有力的知识产权行政保护体制。

（二）行政司法双轨制保护

目前在知识产权授权、确权标准方面，行政机关和司法机关在部分案件相关法律理解和适用方面存在非统一性，带来市场主体对于法律适用标准的不确定性的担忧。此外，在行政执法的法律解释标准和执法尺度方面，政府相关部门的判断也存在理解上的差异，这进一步凸显统一法律适用标准的重要性、必要性与紧迫性。知识产权行政保护和司法保护并存且以司法保护为主导，是我国知识产权保护双轨制的特色之一。然而，我国知识产权行政保护和司法保护的法律适用标准存在差异，因此我国知识产权基本法中应当明确规定：加强司法保护体系和行政执法体系的协调，统一法律适用标准，发挥司法保护知识产权的主导作用，维护知识产权行政机关对技术性事项的前置判断，便利知识产权纠纷解

---

❶ 管育鹰. 关于我国知识产权司法保护战略实施的几点思考 [J]. 法律适用, 2018 (11): 42-49.

❷ 武善学. 美日韩知识产权部门联合执法概况及其借鉴 [J]. 知识产权, 2012 (1): 92-96.

决。行政诉讼相关的程序设计可以考虑进行变革，将一审法院明确为三大知识产权法院，授权、确权类的知识产权行政诉讼一审法院确定为北京知识产权法院，二审法院确定为最高人民法院。在这方面，我国台湾地区的相关举措中的积极因素可资借鉴。我国台湾地区设置所谓"智慧财产法院"，旨在促进审理效率，避免法院审理案件中途出现争议事项，必须停审，致诉讼无限期拖延。❶

五、知识产权多元纠纷解决机制

传统的知识产权纠纷解决手段较为单一，主要通过诉讼的方式。然而，随着知识产权案件量与日俱增，我国知识产权法官的审案压力与之前不可同日而语。知识产权案件的暴增，带来了一系列的难题，包括案件审理质量的下降、法院公信力的降低以及审理程序拖延等。因此，我国有必要加快完善知识产权多元纠纷解决机制，促进知识产权纠纷案件解决的高效化和简捷化。❷ 美国是最早运用替代性纠纷解决方式（alternative dispute resolution，ADR）处理知识产权纠纷的国家，早在 1998 年便颁布了 ADR 的专门法律。在英国，根据伟凯律师事务所和玛丽女王大学的调查，97％的被调查者选择国际仲裁作为首选的纠纷解决方式。❸在德国、法国、日本等一些国家，ADR 制度也在知识产权纠纷解决程序中发挥着重要作用。

与诉讼方式相比，ADR 制度的优势十分明显，包括纠纷解决速度相对较快，充分尊重争端双方的自主意志，可在纠纷解决过程中充分兼顾专业性、保密性，避免地方保护主义，救济途径多样等。

（一）知识产权多元纠纷解决机制的类型和形式

《中华人民共和国立法法》第 8 条第 10 项规定，有关仲裁和诉讼的制度，只能够通过制定法律的方式加以规定。当前，以知识产权调解、仲裁为主的非诉纠纷解决机制框架已经基本建立，行业自律、民间维权平台、知识产权信用体系建设等新型社会治理手段已初显成效，因而我国

---

❶ 中国新闻网. 台成立"智慧财产法院"提升知识产权保护竞争力 [EB/OL]. (2008-07-09) [2020-11-11]. http：//news. sina. com. cn/o/2008-07-09/093914137989s. shtml.

❷ 周亦鸣. 知识产权纠纷的多元化解决机制建构 [J]. 人民论坛，2012（14）：72-74.

❸ 徐文文. 英国纠纷解决机制的最新发展 [N]. 人民法院报，2020-07-03（8）.

有必要通过知识产权基本法对现有多元化纠纷解决机制予以固定，确定其合法性，加强其公信力，从而更有利于促进仲裁、调解、协商和解、行政裁决、行政复议等方式的进一步发展。需明确的是，知识产权基础性法律中规定的多元纠纷解决机制类型应当是一个开放的体系，包括当前及未来一切可能解决纠纷的途径，除了和解、调解、仲裁、诉讼等常见途径，还应当包含"调解－仲裁""小型审判""指导性评估"等多种形式。

关于知识产权多元纠纷解决机制的形式，在知识产权基础性法律中应当强调当事人可以通过"线下或者线上平台"申请进行调解、行政裁决、仲裁、诉讼等。知识产权纠纷通过线上平台予以化解，既能分担知识产权纠纷解决机构的线下压力，对当事人而言又更为高效和便利，有利于激发公众的知识产权保护意识，促进社会积极维权。

（二）知识产权多元纠纷解决机制的保障措施

为了保障多元纠纷解决机制真正实现分流社会纠纷、减轻司法压力、促进现代化治理体系建设的基本目的，我国应当针对影响多元纠纷解决机制运行的重点环节和关键部分作出明确的法律回应，在知识产权基础性法律中规定其保障措施。第一，知识产权多元纠纷解决机构建设。知识产权多元纠纷解决机构建设不仅是新机构的落成，还应是现有纠纷解决组织的整合。必须认识到，知识产权多元纠纷解决机制是涉及多个部门的系统化、体系化工程。司法机关、行政机关、仲裁机构、人民调解组织、商事调解组织、行业自治组织等仍在多元纠纷解决机制中发挥重要作用。第二，知识产权多元纠纷解决机制的衔接。衔接机制是保证多元纠纷解决机制内部自洽性的重要制度，由于仲裁对于诉讼过程的实质取代作用以及行政裁决独立的行政效力，衔接机制主要存在于调解和诉讼之间。调解协议的效力和执行力问题是调解制度发展的最大局限，也是调解机构缺乏公信力的症结所在。在各种调解主体中，经法院调解达成协议可通过制作调解书的方式赋予其强制执行力；经人民调解委员会和其他调解主体调解达成的含有给付内容的调解协议只具有合同效力，后续执行难以保障。❶ 第三，知识产权多元纠纷解决机制的基础设施建

---

❶ 詹映，邱亦寒. 我国知识产权替代性纠纷解决机制的发展与完善［J］. 西北大学学报（哲学社会科学版），2018，48（5）：75-83.

设。多元纠纷解决机制对于知识产权新型基础设施建设提出了新的要求。具体而言，多元纠纷解决机制的运行在技术支撑层面存在两方面的要求。首先，多元纠纷解决机制的整合需要纠纷解决信息的连通。为了保障不同纠纷解决机构对接工作的高效性和便民性，避免重复工作，应建立纠纷化解信息共享制度。其次，线上纠纷解决机制的运行需得到充分的技术支持。在线化解纠纷和信息通信技术息息相关，至少包括电话、在线文字、语音、视频等多种沟通形式。

六、防止知识产权滥用

禁止权利滥用在我国是一项具有宪法基础的民法基本原则。[❶] 知识产权不仅仅是保护的问题，而且是包括防止知识产权滥用在内的全方位、多环节的一个制度系统。在法学理论层面，知识产权保护不能绝对化，因为知识产权保护在本质上是一个利益平衡机制：在国内层面，涉及知识产权所有人（社会个体）与广大消费者和众多竞争者（社会公众和社会整体）之间的利益平衡以及效率与公平的协调；在国际层面，则涉及不同国家、地区之间的利益调和，TRIPS 第 8 条"原则"之第 2 款对"禁止知识产权滥用原则"作出了规定。

（一）防止知识产权滥用条款的整合

关于防止权利滥用的规定，散见于我国各知识产权单行法中。就专利而言，我国 2020 年完成《专利法》的第四次修正，新增的第 20 条对禁止权利滥用作出明确规定。就商标而言，《商标法》没有明确规定禁止权利滥用，但是一般认为《商标法》对商标恶意注册、商标恶意诉讼、商标抢注、商标囤积等不当行为的规制属于规制商标权利滥用的具体体现。就著作权而言，《著作权法》中没有关于权利滥用的明确规定，但第 4 条规定可被解释为"禁止权利滥用"。我国植物新品种保护体系规定有强制许可制度、育种及科研例外和农民权利制度。概言之，我国知识产权基础性法律有必要对散见于上述单行法中的条款予以统筹整合，规定："知识产权的取得和行使应当遵循诚实信用原则。权利人不得违背权利的立

法目的或超出权利正当界限，滥用知识产权损害国家利益、社会公共利益或者他人合法权益。"

（二）知识产权滥用的反垄断法和反不正当竞争法规制

我国知识产权基础性法律中应当考虑滥用知识产权的行为可以适用反垄断和反不正当竞争方面的规范。具言之：

第一，权利人滥用知识产权排除、限制竞争的行为，应当适用《中华人民共和国反垄断法》（以下简称《反垄断法》）。理由在于，一是由于民商法对知识产权滥用的规制手段较为有限，而经济法范畴内的反垄断规制则能够解决更高和更深层次的问题❶；二是关于滥用知识产权排除、限制竞争行为的类型化处理，可以与《反垄断法》上规制的垄断协议、滥用市场支配地位等垄断行为类型形成对应。❷ 第二，权利人违背公认的商业道德、滥用知识产权干扰竞争、损害其他经营者或消费者的合法权益的行为，应当适用《中华人民共和国反不正当竞争法》（以下简称《反不正当竞争法》）。知识产权在形式、微观和静态上表现为一种合法的垄断权，但在本质、宏观和动态上体现为对竞争的促进。知识产权与竞争之间的这种复杂关系决定了知识产权在竞争法上地位的特殊性，并且需要从反垄断和反不正当竞争两个角度进行分析。❸ 知识产权的程序性滥用行为涉及较多的不正当竞争问题，在《反垄断法》无力兼顾的情形下，应当给予《反不正当竞争法》的适用以一席之地。需要《反不正当竞争法》予以规制的知识产权滥用行为主要是程序性知识产权滥用，包括但不限于知识产权恶意诉讼、虚假诉讼、懈怠行为以及不当寄发知识产权侵权警告函、恶意抢注他人的商业标识等行为。

---

❶ 王先林. 知识产权滥用及其法律规制 [J]. 法学，2004（3）：107-112.

❷ 王先林. 关于制定我国滥用知识产权反垄断指南的若干思考 [J]. 价格理论与实践，2015（10）：25-29.

❸ 王先林. 竞争法视野的知识产权问题论纲 [J]. 中国法学，2009（4）：5-15.

日本知识产权基本法的立法背景及实施效果

——兼论对我国制定知识产权基础性法律工作的启示

顾　昕❶　杨　轩❷

摘　要

　　日本早在 21 世纪初就在"知识产权立国"的背景下依据其知识产权基本法设立了知识产权战略本部，该机构的设立吸纳了包括日本内阁总理大臣在内的内阁阁僚以及各界有识之士。对于需要多部门协作的重要改革措施，日本以前往往因为协调难度过高而放弃，但现在知识产权战略本部通过年度"知识产权推进计划"统一开展知识产权领域的各项制度改革，被认为具有划时代的重要意义。日本引以为傲的知识产权专门法院建设和大幅增加日本特许厅审查员编制从而解决专利审查周期过长的顽疾等成果都是中央引领各部门通力合作的结果。

　　建议我国借鉴日本和韩国的成功经验，通过知识产权基本法等知识产权基础性法律系统地规定知识产权的动态立法机制和战略协调机构的设置和职能。

关键词

　　日本　知识产权基本法　实施效果　知识产权基础性法律

---

❶❷　作者单位：国家知识产权局知识产权发展研究中心。

日本是世界上率先制定知识产权基础性法律的国家，其在日本知识产权基本法中规定的内容，对周边国家的知识产区制度建设产生了一定影响，如韩国于 2011 年就曾借鉴日本的立法模式同样制定了韩国知识产权基本法。从日本知识产权基本法 2003 年正式实施，到如今已经过去了十余年时间，其实施效果如何，对我国目前正在进行的研究制定知识产权基础性法律的工作，具有非常重要的借鉴意义。

一、立法背景

自 20 世纪 90 年代"泡沫经济"破碎后，日本的经济发展开始长期陷入低迷，经历了所谓"失去的十年"，国际竞争力也从第一集团的绝对领先下降到第二集团。❶ 日本政府官方文件中提出的以下两点，被日本学者认为是知识产权政策受到瞩目并上升为国家政策的背景原因❷。

第一，希望在全球信息化发展潮流中占据优势地位。日本将"知识产权立国"定义为国家尊重发明和创作，即除了制造传统上"有形物"形式的产品之外，也要重视技术、设计、商标品牌以及音乐和动画等内容产业为主的"信息制造"。自 1980 年以后，无论是日本还是美国的企业，对于知识产权等无形资产投资均呈增长的态势。日本观察到美国企业对无形资产投资的比例还要超过日本企业，特别在 2000 年以后，美国企业对无形资产的投资的比例已经超过了有形资产投资。❸ 日本政府认为

---

❶ 所谓"国际竞争力"，虽然没有权威的界定，但日本非常重视瑞典洛桑管理学院（International Institute for Management Development，IMD）每年发布的世界各国竞争力排行榜。日本从 1989 年到 1993 年一直排名世界第一位，但此后逐年下滑，1998 年以后一直在第 16～30 位徘徊。

参见：日本特许厅. 産業財産権制度 125 周年記念誌～産業財産権制度この 15 年の歩み～ ［R/OL］.［2019-05-20］. https://www.jpo.go.jp/introduction/rekishi/125th_kinenshi.html. 时任日本特许厅审查业务部部长的津田博也在我国《中华商标》杂志上发表的《商标与日本知识产权立国》文章中提到了这份报告的影响。津田博. 商标与日本知识产权立国 ［J］. 中华商标，2003（11）：7.

❷ 中山信弘. 知財制度改革の経緯と課題 ［J］. ジュリスト，2007，1326：2；中山一郎. 知的財産政策と新たな政策形成プロセス―「知的財産立国」に向けた 10 年余 ［J］. 知的財産法政策学研究，2015，46：3.

❸ 日本内閣府. 平成 23 年年次経済財政報告（平成 23 年 7 月）［R］. 東京：日本内閣府，2011：187.

以"信息制造"为代表的时代已经到来，只有抓住这一机会，才能重新返回世界第一集团。

第二，希望复制美国强化知识产权保护后经济复兴的成功经历。美国经济在 20 世纪 80 年代很长一段时间处于疲软状态，当时的里根政府采取了一系列强化知识产权保护的政策：如 1982 年为了解决专利上诉法院的判决不统一问题而设立了联邦巡回上诉法院（Court of Appeals for the Federal Circuit，CAFC）排他管辖专利案件；又如 1985 年总统顾问委员会提出关于美国竞争力的《全球竞争：新的现实》报告之后，美国政府对外开始通过双边协议和多边协议等方式强迫其他国家提高知识产权保护水平，从而帮助具有知识产权优势的美国公司在海外拓展市场。❶ 日本政府认为，正是美国这些改革措施和重视知识产权的姿态顺应了信息时代的发展，才使得美国经济摆脱低迷状态，再次复兴领导全球发展。日本国内希望复制美国经验的呼声和愿望非常强烈，这也是日本政府在 21 世纪初高举"知识产权立国"的大旗，将"知识产权"抬升至国家政策高度的直接原因。

二、立法过程

2002 年 2 月 4 日，时任日本内阁总理大臣的小泉纯一郎在施政方针演讲中提出："从国家战略的角度，将日本研究活动和创造活动的成果作为知识产权予以保护和运用，把强化日本产业的国际竞争力作为国家目标。"日本内阁总理大臣在施政方针演讲中提及知识产权政策，还是历史首次。❷ 这次施政方针演讲也是日本围绕"知识产权立国"所开展的一系列建设活动的开端。

随后 2002 年 7 月 3 日，日本知识产权战略会议公布的《知识产权战略大纲》中宣示了日本"知识产权立国"国策。该战略会议结束后不到

---

❶ 报告全文参见：知识产权战略本部. 有关知识产权创造、保护及其利用的推进计划 [R/OL]. [2019-05-20]. https://www.kantei.go.jp/jp/singi/titeki2/kettei/030708f.html. 报告中文翻译可参见：知识产权战略本部. 有关知识产权创造、保护及其利用的推进计划（日本知识产权促进战略）[J]. 王刚，赖海龙，李娟婷，等译. 网络法律评论，2004，5（2）：305-354.
❷ 田村善之. 知财立国の动向とその将来像 [M] //田村善之. ライブ講義知の财产法. 东京：弘文堂，2012：3.

半年的时间，2002 年 12 月日本知识产权基本法颁布，并于 2003 年 3 月正式实施。基本法实施的时间，离内阁总理大臣小泉施政方针演讲仅间隔了 1 年左右，而距离公布《知识产权战略大纲》不过约 8 个月的时间。这在日本立法史上可谓非常少见的速度，足见当时日本政府在国家层面上实施"知识产权立国"政策的决心。

三、实施效果

日本通过近 20 年的发展，并没有实现恢复国际竞争力、重返 20 世纪 80 年代末世界经济竞争力第一集团的夙愿。如果单从国民经济发展的最终结果来看，日本知识产权基本法在某种意义上是"不够成功的"。

但国家经济的发展毕竟是由多种因素决定，知识产权保护也只是其中一个重要的因素，不能因此否认日本"知识产权立国"政策所起到的重要作用。毋庸置疑的是，日本通过知识产权基本法的布局提高了对知识产权的创造、运用和保护能力，令"日本制造"在很多领域仍然在世界范围内具有领先优势。目前看来，至少在以下领域取得了不俗的成效。

（一）构建知识产权领域新的政策形成路径

在知识产权基本法制定以前，日本特许厅主管特许法、实用新型法、外观设计法、商标法这些工业产权的法律，经济产业省主管反不正当竞争法，文化厅主管著作权法、农林水产省主管种苗法，各部门负责自己主管领域的法律工作，因此知识产权各部门法其实是在各部门的管辖下分别形成的。如果涉及跨领域的问题，则必须通过各部门之间的交涉协商解决。

依据日本知识产权基本法设立知识产权战略本部以及作为事务机关的知识产权战略推进事务局，是在形式上设立了新的机构。虽然没有改变知识产权各部门法由各自主管机构负责的局面，但在传统的部门法途径之外，开创了以知识产权推进计划为代表的知识产权新政策形成路径，因而具有划时代的重要意义。

"知识产权"在日本传统的政治生态中，长期处于不受关注的领域，不同的党派也很少因为知识产权问题产生激烈的争论。知识产权基本法规定在内阁中设立知识产权战略本部的机构设置，嗣后无论是自民党还是民主党上台执政，都没有影响其正常运行。说明在国际竞争力衰退和信息时代到来以及国内老龄少子化的大背景下，日本政府有感于美国全面加强知识产权保护后的成功经验，朝野一致认为有必要从国家层面重新全面设计知识产权制度，而破除各部门视角和格局的重要制度设计就是建立具有实际统筹协调职能的最高机构——知识产权战略本部。

知识产权战略本部吸纳了包括内阁总理大臣在内的内阁阁僚以及各界有识之士。对于那些需要多部门协作的重要改革措施，放在以前往往因为协调难度过高而不得不放弃，但现在中央政府通过年度知识产权推进计划代替政府各部门统一推进知识产权领域的制度改革。例如建立专门裁判知识产权纠纷的高等法院，放在以前仅仅依靠法务省是根本不可能完成的任务。又如为了缩短专利申请的审查时间，在削减公务员人数的大潮下逆势而上，为日本特许厅增加了 500 名审查官的编制。

依据日本知识产权基本法第 24 条设立的知识产权战略本部成立于2003 年 3 月。该机构的领导人（本部长）由日本内阁总理大臣❶担任，其余成员由其他国务大臣及民间的"有识者"担任。民间"有识者"包括大学校长、教授、代理师协会会长、企业法定代表人等。❷

知识产权战略本部自 2003 年成立以来，每年承担着制定和实施知识产权推进计划的任务。依据日本知识产权基本法第 23 条的规定，知识产权推进计划中原则上要写明各项政策措施的负责部门和完成时间，各部门必须按时完成推进计划中规定的任务。知识产权战略本部每年设定推进计划的内容，然后和各负责部门沟通措施实施时间和可能性，据此制定出来的年度推进计划包括含诸部门修法任务在内的各项政策措施，可以说给涉及知识产权的政府相关部门设置了长效的压力督促机制。不过知识产权战略本部的会议并不是频繁召开的，一般来讲维持在每年召开 2~3次会议的频率。从总体趋势上看，近年来召开会议的数量有所减少，另外有些年度的会议譬如 2015 年虽然会议数量是 3 次，但内阁总理大臣和国务大臣并没有实际出席，而是通过传递书面文件的方式通过的决议。有学者担心这种"形式会议"的状况如果持续下去的话，知识产权战略

---

❶　日本知识产权基本法第 27 条第 1 款。

❷　首相官邸. 知识产权战略本部成员名单［EB/OL］.［2019-08-25］. https：//www. kantei. go. jp/jp/singi/titeki2/pdf/meibo. pdf.

本部的影响力将大打折扣，❶ 好在这一现象并未持续，近些年的会议虽然数量不多，但往往由内阁总理大臣和国务大臣亲自出席。无论如何，通过会议数量可以明显看出，目前知识产权战略本部所发挥的影响力不如21世纪初刚成立的阶段。

这一路径也为我国所借鉴，2008年出台的《国家知识产权战略纲要》和每年全国专利事业发展战略推进计划等政策性文件均不同程度参考了日本的做法。

（二）知识产权创造：提高审查效率

审查效率低下是曾经长期困扰日本的问题之一。早在20世纪八九十年代，由于专利审查时间较长以及无效行政程序，日本的专利审查延迟问题一度非常严重，当时审查花费10年的时间是非常普遍的。这种保护速度实质上等于没有保护知识产权，因此常年遭受美国的指责。

为了彻底解决这一问题，营造日本良好的知识产权环境，日本知识产权基本法第14条提出国家应当采取措施完善审查体制，实现快速授权的目标。为了落实和实现这一目标，2004年日本在其知识产权推进计划中提出了更加具体的方案，即2013年日本专利审查速度要达到世界最高水平，将提出审查请求到初次通知审查结果控制在11个月以内。

为了实现这一目标，日本充分利用了2000年实施的任期制公务员制度，2004年之后的5年间每年新增98名任期制审查官，5年合计约增加了500名。这样审查官的数量就从2003年的1100人左右，增加到了2013年的1700人，10年间增加了1.5倍以上，这在行政精简的大背景下尤为难能可贵。截止到2013年，政府总共录用的3319名任期制公务员中，其中人数最多的就是日本特许厅录用的915名任期制审查官。如图1所示，日本在2013年实现了2004年提出的快速审查目标，将申请人提出审查请求到初次通知审查结果的时间，从2008年的峰值29.3个月，减少到2013年的11个月以内。2018年度初次通知审查结果的时间进一步缩短为9.3个月，标准审查期间则达到了14.1个月。

---

❶ 中山信弘. 知财制度改革の経緯と課題［J］. ジュリスト，2007，1326：2；中山一郎. 知的财产政策と新たな政策形成プロセス─「知的财产立国」に向けた10年余［J］. 知的财产法政策学研究，2015，46：8.

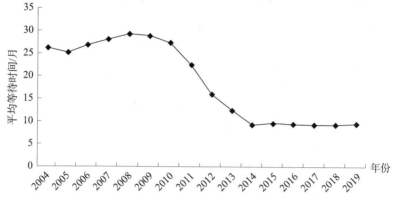

图1 日本特许厅初次通知审查结果平均等待时间变化

资料来源：日本特许厅官网公布历年《特许行政年次报告》，网址为 https://www.jpo.go.jp/resources/statistics/nenji/index.html，国家知识产权局知识产权发展研究中心于 2020 年 6 月阅览并整理分析。

（三）知识产权运用：大学成果转化的变化突出

以专利为例进行观察，日本企业所持专利的使用、许可和转让情况，自日本知识产权基本法颁布后近十年没有太大的变化。日本企业对专利许可和转让等交易行为仍然相对消极。

1. 专利的使用状况

从 2006～2018 年的数据来看，日本企业专利使用率的增加不是非常明显。如图 2 所示，以 2012 年的数据为例，企业专利的使用比例为 51.6%，剩下的未使用的专利中，有 32.2% 是防御目的未使用，而有 16.2% 的专利是单纯没有使用。但从专利布局的角度看，未使用且无防御目的的专利比例由 2010 年前的 20% 上下减少到 2015 年后的 15% 左右，对企业专利战略起到作用的专利的比例略有提升。

2. 专利权转让情况

日本专利权转让一直不算活跃。如图 3 所示，专利转让率（刨除继承和企业合并等情况）在 1995 年仅为 0.3% 左右，2001 年日本知识产权基本法颁布前后是 0.7% 左右，2006 年曾一度升至 1%，后又回落，2012 年也基本维持在 0.7% 的水平。图 3 中另有展示包括继承和企业合并等情况的专利转让率，供比对参考，可见主体变动带来的影响。

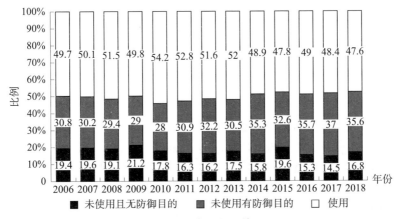

图 2　日本专利使用情况

资料来源：日本特许厅官网公布历年《特许行政年次报告》，网址为 https：//www. jpo. go. jp/resources/statistics/nenji/index. html，国家知识产权局知识产权发展研究中心于 2020 年 6 月阅览并整理分析。

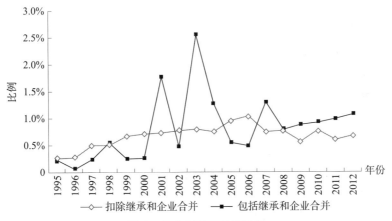

图 3　日本专利转让率推移

资料来源：日本特许厅官网公布历年《特许行政年次报告》，网址为 https：//www. jpo. go. jp/re-sources/statistics/nenji/index. html，国家知识产权局知识产权发展研究中心于 2020 年 6 月阅览并整理分析。

3. 专利权许可情况

日本知识产权研究所曾对 400 家以上的日本国内外企业开展问卷调研，统计日本知识产权基本法实施 10 年间的专利许可情况，总结被调查企业的回答，认为专利许可数量 10 年间增加的美国企业达到 55.3％，欧洲企业为 29.2％，而日本企业仅为 22.4％。欧美企业中有提供专利许可的意向，也实际开展了促进专利许可的活动的企业过半数，占到了 56.4％；相比之下，日本企业虽然有提供专利许可的意向，但没有开展任何促进活动的企业占到了 41.6％。❶ 总体来说，相较于欧美企业，日本企业对于专利许可持相对消极的态度。

4. 大学和科研机构的成果转化

尽管日本企业专利的运用情况没有发生太大的变化，但是通过日本知识产权基本法的特别制度设计，大学科研成果的转化出现了非常可喜的变化。日本知识产权基本法第 12 条、第 13 条借鉴美国 1980 年拜杜法案的理念，规定了旨在促进大学的研究成果申请知识产权并许可民间企业使用的条文，从而构建了大学向民间进行技术转移的机制。大学内部的知识产权管理机构以及技术转移机构（technology licensing office, TLO）均获得了财政上的支援。譬如在 2003 年开始的 5 年间，有 43 家大学内部的知识产权管理机构获得了国家的财政支援，同时国家认定的 41 家技术转移机构享受到了专利费用减免等优惠政策。

与之同时，日本对大学教师发明创造的权利归属制度也进行了改革。改革之前，出于国家欠缺专利管理能力等理由，国立大学的专利权归属教员所有，但伴随着 2004 年国立大学法人化改革获得独立法律地位之后，大学作为一个独立的组织机构，统一组织管理和运用专利更为合适，因此大学教师的职务发明申请权从教师个人变成了大学。

这一机构上的调整，使得来自大学的专利申请数量激增，特别是对外许可专利数量，保持了高速持续增长的态势。如图 4 所示，日本知识产权基本法实施后，以大学为权利人的专利申请量大幅增加，从 2003 年的 2775 件，增长到之后的 7000 件左右。

如图 5、图 6 所示，2003～2018 年大学向产业界授予的专利许可数量爆炸性地增长了约 217 倍，许可收入也实现了持续增长，从 2003 年的 5 亿多日元增长到 2013 年的 20 亿日元以上，到 2018 年之后更是增长至近 45 亿日元的水平。

---

❶ 知的財産研究所. 平成 24 年度特許庁知的財産国際権利化戦略推進事業報告書［EB/OL］.［2019-05-23］. http：//warp. da. ndl. go. jp/info：ndljp/pid/10322385/www. jpo. go. jp/shiryou/toushin/chousa/pdf/kokusai_kenrika/h24. pdf.

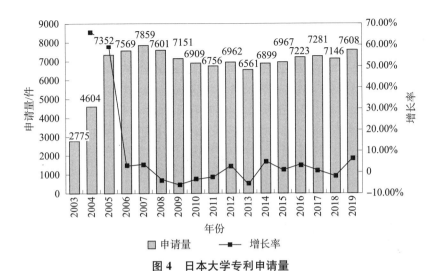

图 4　日本大学专利申请量

资料来源：日本特许厅官网公布历年《特许行政年次报告》，网址为 https：//www.jpo.go.jp/resources/statistics/nenji/index.html，国家知识产权局知识产权发展研究中心于 2020 年 6 月阅览并整理分析。

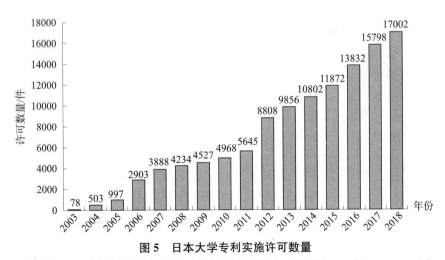

图 5　日本大学专利实施许可数量

资料来源：日本特许厅官网公布历年《特许行政年次报告》，网址为 https：//www.jpo.go.jp/resources/statistics/nenji/index.html，国家知识产权局知识产权发展研究中心于 2020 年 6 月阅览并整理分析。

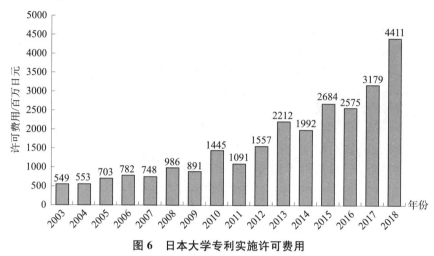

图 6　日本大学专利实施许可费用

资料来源：日本特许厅官网公布历年《特许行政年次报告》，网址为 https：//www.jpo.go.jp/re-sources/statistics/nenji/index.html，国家知识产权局知识产权发展研究中心于 2020 年 6 月阅览并整理分析。

（四）知识产权保护：设立知识产权专门法院

在知识产权基本法第 15 条框架下设立的知识产权高等法院可谓日本实施知识产权战略的标志性成果，起到向海内外展示日本政府态度的宣示性效果，是"知识产权立国"口号下最具代表性的成就。日本知识产权高等法院，也是我国设立知识产权专门法院时的重要参考对象，对我国知识产权司法保护制度构建也产生过积极的影响。

日本制度设计之初参考的是美国 1982 年设立的 CAFC，希望能通过建立一支专门审判专利案件的法官队伍来保持判例结果的相对稳定性和统一性。但与 CAFC 除了专利案件还审理其他案件不同（专利案件占一半左右），日本将各地的知识产权技术类案件（发明、实用新型专利权以及软件著作权）独立出来，二审由新成立的知识产权高等法院统一审理（一审管辖归于东京或大阪地方法院）。这种将知识产权技术类案件审理机构独立成特殊法院的做法，彰显了"知识产权"在日本"知识产权立国"国策下的特殊地位，具有重要的宣示意义。

日本知识产权基本法第 15 条原则性地规定了针对知识产权案件，国家应该当完善法院的"专门处理机制"。日本随后在 2003 年 7 月公布的知识知识产权推进计划❶中明确提出要"创设知识产权高等法院，并计划在2004年国会上提出方案"。

独立的知识产权高等法院，是"知识产权立国"的国策下体现日本国家姿态并向海内外予以宣传的重要成果。这一点不仅在政界形成了共识，同时也获得了产业的支持，譬如在司法改革推进本部组织的知识诉讼专题讨论会上，产业界的委员就高度评价了独立的知识产权法院的作用。❷ 因此尽管有专门法院可能带来的视野狭窄等问题❸，在当时的大环境下还是通过日本民事诉讼法的修改正式建立了独立知识产权法院的相关制度。

日本知识产权高等法院的设立也取得了良好的实施效果，不仅统一了知识产权领域的裁判规则，增强了类似案件的结果预测可能性，而且也大幅缩短了知识产权民事案件的平均审理时间，从2003年知识产权高等法院设立前的10.4个月缩短为6.7个月，专利无效诉讼的审理时间从知识产权高等法院设立前的12.4个月缩短为7.6个月。

（五）知识产权保护：加强海关执法和刑事规制

日本知识产权基本法第16条专门规定了针对侵权行为所采取的措施："对于国内市场存在的侵害知识产权的行为以及侵害知识产权物品的进口，国家应该在与从业者、从业者团队及其他相关团体进行紧密协作的体制下，采取必要措施，取缔侵害知识产权的违法行为，没收侵权物品。"

在这一条文的指引下，日本采取种种措施，显著提高了知识产权的保护水平。2003年以后，日本特许厅、农林水产省、经济产业省都基于自己主管的知识产权领域颁布了一系列海关检查措施。如图7所示，日本海关查处侵权案件的数量有显著增加，从2003年的7000件左右，增长到2013年的近3万件。但同时也应注意到，尽管涉及知识产权的各主管部门都采取了海关查处措施，但查处的产品类型基本上都集中在商标领

---

❶　知识产权战略本部. 有关知识产权创造、保护及其利用的推进计划 ［R/OL］. ［2020-03-28］. http：//www. kantei. go. jp/jp/singi/titeki2/kettei/030708f. html.

❷　阿部一正，加藤恒，沢山博史. 知的財産高等裁判所の創設を求める ［EB/OL］. （2003-06-02）［2020-03-28］. http：//www. kantei. go. jp/jp/singi/sihou/kentoukai/titeki/dai9/9siryou4. pdf.

❸　中山信弘. 知的財産高等裁判所への道のり ［J］. ジュリスト，2005，1293：9.

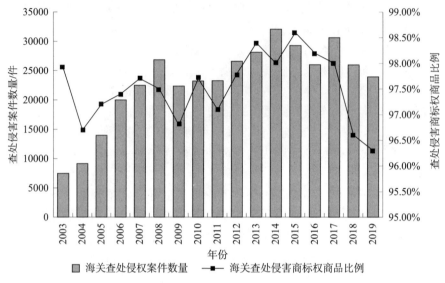

图 7　日本海关查处知识产权侵权情况

资料来源：日本特许厅官网公布历年《特许行政年次报告》，网址为 https：//www.jpo.go.jp/re-sources/statistics/nenji/index.html，国家知识产权局知识产权发展研究中心于 2020 年 6 月阅览并整理分析。

域，十余年没有发生过变化。

　　另外日本也强化了刑事规制，2006 年修法将侵犯发明专利权、外观设计专利权、商标权、著作权以及商业秘密构成侵害罪的，量刑上限提高到 10 年（实用新型是 5 年）。

　　日本 2012 年修法之前，只有互联网上的违法上传行为才侵害公众送信权，可能构成刑事犯罪（日本著作权法第 119 条）。用户下载侵权作品的复制行为，只要出于私人使用的目的，在法律上是被允许的。2009 年日本著作权法修改，当用户"明知"下载的是侵权视听作品时，即便出于私人欣赏的目的也侵犯复制权（日本著作权法第 30 条第 1 款第 3 项），可能承担民事责任。2012 年日本著作权法修改，对于用户明知是侵权视听作品而依然下载的行为，如果该视听作品是应由权利人有偿提供的，用户可能承担刑事责任（日本著作权法第 119 条第 3 款）。

四、对我国的启示

我国当前发展状况和日本知识产权基本法颁布时所面临的问题非常类似，都是经济发展到瓶颈期之后，希望通过创新驱动技术升级促使产业转型，从而实现经济健康可持续发展。

虽然将日本知识产权基本法中评价较高的核心成果，诸如知识产权专门法院、知识产权战略本部、知识产权推进计划以及快速审查措施的构建等"亮点"和我国现状比对之后发现，我国已经部分借鉴或者独立构建出类似的制度，但在如下几方面，日本实践对我国仍具有重要的借鉴意义。

（一）为制度创新提供上位法依据

日本知识产权基本法从宏观视角规定了制度创新的方向性条款。这些条款也成为日本制度创新的立法依据，是知识产权基本法对于日本知识产权制度发展的重要贡献。

如日本知识产权基本法第 18 条规定，为了应对生命科学、互联网等领域的技术革新，国家应当采取法律及其他方面的必要措施，对新兴领域知识产权及时进行制度保护。这一条款为日本特许厅频繁修法提供了直接依据，进而使其建立起每 2～3 年对专利法条款进行一次修改的动态立法机制。从 2003 年起的约 17 年的时间里，日本特许法分别于 2019 年、2015 年、2014 年、2011 年、2008 年、2004 年、2003 年进行了修改，共计 7 次，平均约 2.4 年修改一次。

又如日本知识产权基本法第 15 条规定"国家应该采取必要的措施……完善法院的专门处理机制"。这条规定成为日后东京高等法院在其内部设置相对独立的"知识产权高等法院"的立法依据，在全世界范围内开创了知识产权专门法院的先河，可谓日本知识产权基本法在司法领域的最大创新亮点。

结合我国目前的实际情况来看，对于未来可能上升到立法层面的新业态、新领域，如大数据、人工智能等知识产权保护，可以考虑通过知识产权基础性法律作出前瞻性规定，为日后的制度创新提供上位法依据。

（二）建立更高层级的统筹协调机构

当前，我国不同知识产权管理部门之间的协调和沟通，仍存在一定的困难和障碍。为解决我国知识产权领域长久以来多部门管理和重复执法的问题，2018 年国务院机构改革将商标和原产地地理标志的管理职责划入国家知识产权局，这一举措很大程度上缓解了"九龙治水"的分散管理局面。但是，除国家知识产权局之外，目前知识产权领域仍存在多个管理部门，如中宣部下属的国家版权局、商务部、国家林业和草原局、农业部、工业和信息化部、海关总署等部委都具有相关领域的知识产权管理职能。尽管建立了国务院知识产权战略实施工作部际联席会议制度，但实践中各部门之间的协调和沟通仍存在一些实际困难。

建议我国借鉴日本的成功经验，通过知识产权基本法等知识产权基础性法律来系统地规定知识产权战略协调机构的设置和职能。和目前正在实际运行的国务院知识产权战略实施工作部际联席会议制度相比，新的协调机构应该：（1）有更高的工作层级，建议借鉴日韩的经验，由国务院领导担任牵头人或负责人，这样可以更加有效地在政府不同机构之间统筹和协调知识产权工作；（2）明确协调机构的具体职能；（3）形成定期召开会议的机制。

（三）知识产权创造：研究"审检分离"机制

我国通过在各地设置专利审查协作中心，解决了审查员数量严重不足的问题，但在目前专利审查提质增效的大背景下，如何进一步提升专利审查的质量和效率，仍是目前面临的重要课题。

日本目前的专利审查速度，在五大局中处于领先的地位。除了大幅增加专利和商标的审查官数量之外，依据日本关于工业所有权相关手续特例的法律的规定，日本特许厅可以将专利审查业务中涉及调查现有技术、分类以及要约书的审查内容外包给日本特许厅之外的机构负责。这种"审检分离"的机制，如何在外包的情况下同时满足保密性和安全性的要求，审查官和检索人员如何开展合作分工，这些运行机制的内容值得我们系统研究。

（四）知识产权运用：培育成果转化机构

大学和科研机构作为国家的重要研究力量，其科研成果及转化的成效攸关国家科技竞争力水平的高低。

在日本知识产权基本法制定之前的很长一段时间，日本大学的职务发明成果都是归属于教师所有，成果转化率也很低，没有形成和产业界的良好互动。日本政府也充分意识到这个问题，在 20 世纪初的改革中将申请职务发明的权利从教师收回到大学手中，鼓励以大学为主体申请和利用职务发明成果。

在大学和科研院所的职务发明成果转化上，日本没有把重心放在如何调动教师的积极性上，而是通过扶持专业的技术转移机构来实现促进成果转化的目的。日本政府通过优惠政策和财政资金扶持技术转移机构的发展，一个学校或几所学校联合设立 TLO，这一思路值得我们借鉴。

另外，日本政府鼓励大学和企业开展产学研联合研究，共有专利成果。这一措施为大学的科研活动带来了更加充裕的研究资金，研究成果运用也更具有导向性。但是值得警惕的是，因为和日本大学开展联合研究的企业往往都是非常具有实力的大企业，联合研究的成果双方共有，对于大企业而言，运用新技术进行"产品创新"实质是否定已经非常成熟的热销产品，而创新产品能否取代现有热销产品获得成功以及需要前期投入的成本都阻碍了大企业运用新技术。这反而导致大量的产学研成果被"束之高阁"，没有被实际转化和运用。

"有恒产者有恒心"，一项权利如果由不同的权利人共有，其行使和利用必然受到非常大的限制。鉴于我国目前正在对利用国家财政资金产生的知识产权成果进行"共有"制的改革，日本产学研"共有"专利产生的负面作用，应当引起我们的高度关注。

（五）知识产权基本法的公私法定位问题

尽管日本很早就建立了相对完备的知识产权制度，但上至政府官员、下至普通百姓，并没有树立符合其经济发展水平的知识产权意识。甚至在很长的一段时间里，日本作为后来者追赶其他西方发达国家的时候，也是知识产权的"模仿大国"，直至 20 世纪 90 年代日本开始全面提高知识产权保护水平之后，甚至是 21 世纪初小泉政府树立起"知识产权立国"国策后才真正让知识产权走入政府和普通民众的视野。

尽管通过知识产权基本法的宏观布局和设计，日本知识产权的创造、运用、保护能力和意识都得到了显著提升，但是其知识产权基本法本身作为公法性质的规范，并没有规定私法条款，这也导致其存在感却非常低下。

目前我国正在开展的知识产权基础性法律研究制定工作也面临着是否纳入私法条款的问题。这一两难选择在于：一方面，抽象出相对上位的知识产权私法条款，从立法技术角度上来讲非常困难，也没有可以借鉴的他国经验；另一方面，如果在我国知识产权基础性法律中不规定私法条款的话，可以预见将面临和日本知识产权基本法非常类似的处境。

五、小　结

为了实现重返世界经济竞争力第一集团的夙愿，日本于 21 世纪初制定了知识产权基本法。经过近 20 年的发展，现在再回顾其实施效果，尽管没有完全实现当初的目标，但是日本知识产权的创造、运用和保护能力均得到了显著提升，知识产权统筹协调机构、年度推进计划、专门法院等制度创新也对周边国家的知识产权制度构建产生了积极影响。

对于建立知识产权专门法院等重大制度创新，在知识产权基本法制定之前的时代，仅靠日本法务省等个别部门是很协调完成的。我国目前所面临的新业态、新领域的重大制度创新问题，同样需要制定基本法级别的知识产权基础性法律来提升战略协调机构的级别，并提前规划和设计方向性内容，只有这样才能更好地实现知识产权领域的重大制度创新，为我国的创新驱动发展提供坚实的制度保障。

参考文献

[1] 田村善之. ライブ講義知的財産法［M］. 東京：弘文堂，2012.

[2] 中山一郎. 知的財産政策と新たな政策形成プロセス—「知的財産立国」に向けた10 年余［J］. 知的財産法政策学研究，2015，46：1-67.

[3] 津田博. 商标与日本知识产权立国［J］. 中华商标，2003（11）：7-8.

[4] 京俊介. 著作権法改正の政治学—戦略的相互作用と政策帰結［M］. 東京：木鐸社，2011.

[5] 日本特許庁. 産業財産権制度 125 周年記念誌～産業財産権制度この15 年の歩み～［R/OL］.［2019-05-20］. https：//www.jpo.go.jp/introduction/rekishi/125th_kinenshi.html.

[6] 日本特許庁. 特許行政年次報告書 2020 年版［R/OL］.［2020-08-14］. https：//www.jpo.go.jp/resources/report/nenji/2020/index.html.

[7] 日本知的財産研究所. 知的財産国際権利化戦略推進事業報告書［R/OL］.［2019-05-20］. https：//www.kantei.go.jp/jp/singi/titeki2/kettei/030708f.html.

[8] 東京大学. 大学発特許による経済的効果に関する研究［R/OL］.［2020-08-14］. https：//www.jpo.go.jp/resources/report/sonota/document/daigaku-chizai/tokyo.pdf.

［9］経済産業政策局知的財産政策室，産業技術環境局基準認証政策課，特許廳公務
課．第四次産業革命を視野に入れた知財システムの在り方に関する検討会-報告
書［R/OL］．［2020-08-14］．https：//www. meti. go. jp/report/whitepaper/data/
20170419001. html.